火柴棍游戏

李文勇◎主编

HUOCHAIGUN YOUXI

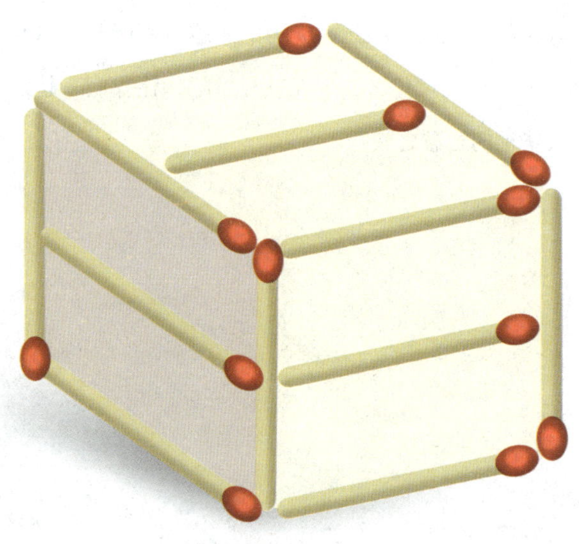

吉林出版集团 吉林科学技术出版社

前言

QIANYAN

本书精心设计主人公——巧儿来解决一个个火柴棍难题，难易程度不同。火柴棍游戏的方法很简单：在既有摆放的基础上，通过去掉、添加或是移动一根或几根火柴，组合出新的图案来；而游戏本身并不简单，需要充分运用想象力和逻辑思维能力，甚至需要运用一些数学知识才能完成。每一道均与火柴棍相关，通过题目的要求，精心选择你要移动的火柴棍，你会发现这个世界很奇妙，简单的一根火柴棍可以改变一个图形的方向，简单的一根火柴棍可以改变一个数字的大小，简单的一根火柴棍能够让等式成立。最主要的是简单的一根火柴棍能够带给你无限的联想，无穷的乐趣；并能开发你的大脑，激发你的潜能。你还犹豫什么，现在就开始吧，让我们一起跟着主人公巧儿开始火柴棍的智慧之旅吧。

第一章 视觉大发现

突破心理定势，用火柴棍揭开令人惊喜的谜底

第二章 推理大本营

层层剥茧，用火柴棍完美解析最好的答案

第三章 数字算术堂

寓教于乐，痴迷火柴棍能有助于提高数学能力

第四章 语言文字屋

奇妙组合，驾驭火柴棍游戏，采撷语文中的瑰宝

第五章 巧手来创意

拼拼搭搭，用火柴棍将智慧和创意发挥极致

答案

第一章

视觉大发现

突破心理定势，用火柴棍揭开令人惊喜的谜底

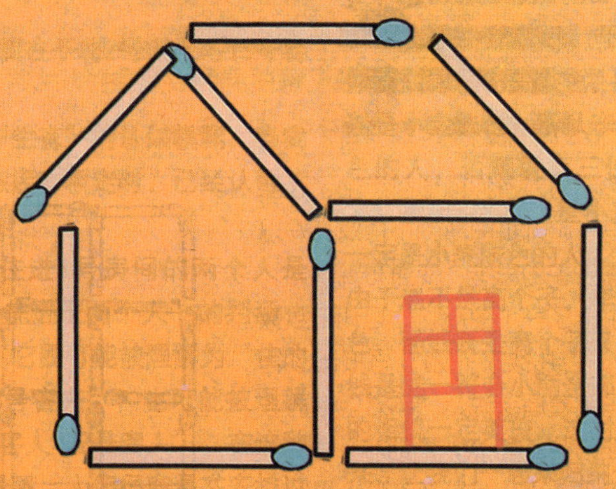

001 谁是一家人

巧儿放学回家后一直皱着眉头，妈妈很奇怪，平时叽叽喳喳的巧儿不是这样的啊！妈妈："巧儿，今天遇到什么难题了吗？"巧儿嘟着小嘴："老师留了一个家庭作业，要自己去认识三角形和正方形，可是我还有些不明白呢。"看着巧儿委屈的样子，巧儿妈计上心来。她想让孩子自己先动手、观察，最后再去思考，学习效果会更好一些。巧儿妈安慰巧儿："作业先放一边，跟妈妈先玩个游戏吧！"于是妈妈把巧儿叫到茶几边上，手里变魔术一样拿出一盒火柴。妈妈让巧儿分别用火柴棍先拼出大的正方形，然后依次拼成下面的图形，让巧儿说出来在这组图形里有多少个正方形和三角形？谁和谁是一家人呢？

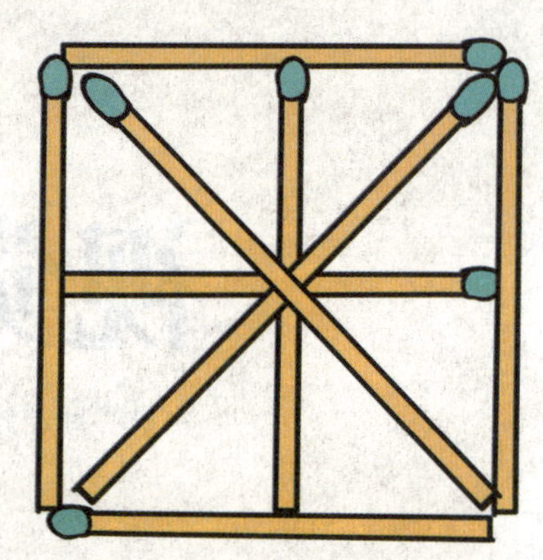

Q 巧儿看到这个火柴棍拼的图形，很快就找出了每组里面的正方形和三角形，巧儿的答案是：有4个正方形和8个三角形。她的答案正确吗？聪明的小朋友你找到了没有？谁和谁是一家人？在这个图形里正方形和三角形又分别有多少个呢？

002 数正方形

巧儿在接触了图形之后对各种图形都产生了强烈的兴趣，经常央求妈妈一起玩拼图形的小游戏。妈妈也很乐意通过游戏锻炼孩子的思维、变通和观察力。这天巧儿妈用火柴棍拼出了一个图形，让巧儿来数数里面有多少个正方形。巧儿数了一遍立马报出了答案："12个。"巧儿妈皱着眉头说："不对，你再数数看，你已经知道了正方形的特点，再细心一点儿就能找到正确答案。"这不，巧儿又趴在茶几上研究起来。

Q 那么究竟在这个图形里有几个正方形呢？

003 摆三角形

这段时间巧儿已经对正方形有了很明确的认识，并且能够很细心地数出每个图形中的正方形，这让妈妈很欣慰。下面要让巧儿学习的就是三角形了。巧儿妈从火柴盒中拿出8根火柴棒，让巧儿用8根火柴棍摆出8个大小一样的三角形和两个一样大小的正方形。这下可难倒了巧儿，8根火柴棍怎么才能拼出8个三角形呢？巧儿问："妈妈火柴棍可以折断么？"妈妈很严厉地说："当然不可以，要自己开动脑筋多想想，多拼拼。"

10分钟，20分钟，半个小时过去了，巧儿好像突然发现了新大陆，高兴地喊妈妈过来："妈妈，我成功了，这个图形不是正好8个三角形，两个正方形吗？"巧儿妈看了图形满意地点点头说："不错，非常好，我的巧儿真聪明！"

Q 巧儿是怎么拼的呢？你也能拼出这个图案吗？自己动手试试吧！

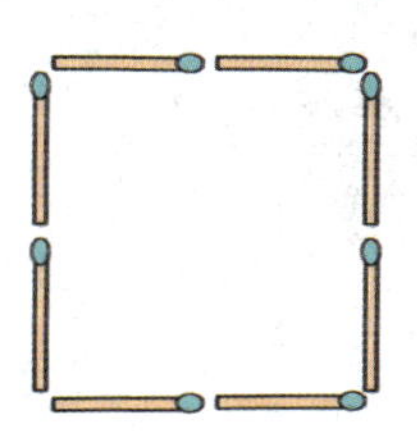

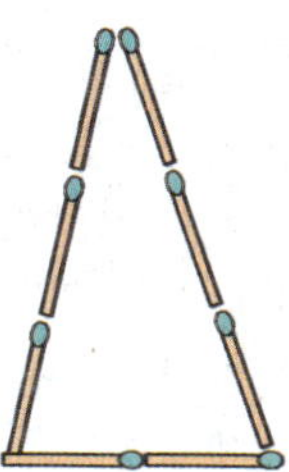

004 变换图形

这天巧儿妈又找到一个非常有趣的图形游戏，赶紧拿出来跟巧儿一起分享。据说这个变换图形的游戏可以让小朋友开动脑筋，发挥想象力！巧儿看妈妈很快地把图形拼好，就等着妈妈说游戏规则。妈妈："游戏的规则是用8根火柴棍拼成一条游动的金鱼，只移动其中2根火柴棍改变金鱼的游向，让它找到回家的路。"图形如下：

Q 巧儿看着这条火柴金鱼，左边拿一根右边拿一根，拿完又放回去。妈妈见巧儿有些不耐烦，便对着金鱼说："看来这条金鱼想回家找妈妈都不可能喽！它一定想说巧儿加油！帮帮我！"巧儿被妈妈这么一说又静下心沉思起来。小朋友们你们想出答案没有呢？

005 巧变三角形

这几天，巧儿经常自己拿出火柴棍玩拼图游戏，星期天妈妈见巧儿用16根火柴棍又拼出一个新图形来。巧儿妈有意要考考巧儿的思维能力和想象力就又给巧儿出难题了。巧儿拼出的图形如下：

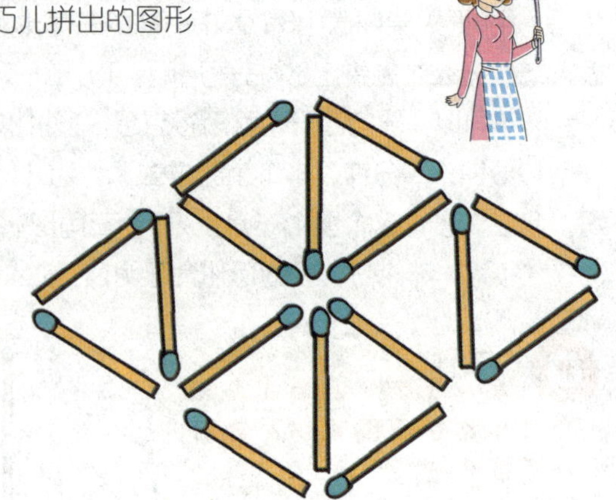

Q 妈妈的问题是：请巧儿拿去4根火柴棍，让这个图形变成仅剩4个相等正三角形来。

巧儿二话不说就在原图上动起手来，这次只用了5分钟就被她找到了答案。把巧儿妈妈乐得合不拢嘴。那么巧儿的答案是什么呢？你也试一试吧！

006 巧变正方形

巧儿在对三角形有了较深的认识后对火柴棍游戏也情有独钟了，妈妈不得不参考很多资料，找到一些跟火柴棍游戏相关的学习游戏。这样既增加了孩子的兴趣，也能通过游戏让巧儿学会更多的知识，还能让孩子学会自己思考！妈妈一鼓作气又继续把这个正方形的火柴拼图摆到巧儿面前。如下图：

妈妈想让巧儿做的是：在这个由8根火柴棍组成的图形里，怎么才能拿掉其中2根火柴棍，让它变成3个正方形？

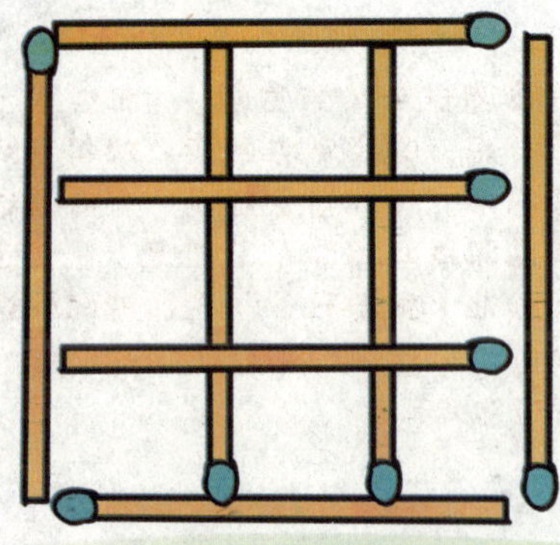

Q 巧儿不费吹灰之力，很快就找到了答案。她高兴地喊妈妈过来："妈妈，我拿的对吗？这样拿不是正好还剩下3个正方形吗？我数给您听，1、2、3。"边说边用小手比照着给妈妈看。妈妈又笑了。小朋友们你们知道巧儿拿的是哪两根火柴棍吗？

007 鱼骨头变多边形

巧儿的午餐吃得非常多，因为妈妈今天做了一条很大的糖醋鲫鱼，这是巧儿最喜欢的美味之一！巧儿把鱼吃得干干净净，盘子里只剩下一根带刺的鱼骨头了。巧儿妈可没闲着，看到鱼骨头她又想起一个好玩的火柴游戏来。巧儿妈拿出火柴盒对巧儿说：“妈妈可以用火柴拼出一个鱼骨头的图形来哦！”巧儿马上跟过来：“妈妈，我也要学。”说着就乐颠颠地跑了过来。这时候妈妈已经在拼图了，不一会儿一个鱼骨头就拼好了。如下图：

Q

巧儿妈留给巧儿的问题：

（1）挪动其中8根，使之变成8个全等的三角形。

（2）挪动其中7根，使之成为5个全等的四边形。

巧儿利用午睡的时间终于把这2组图形完成了，小朋友们你们也知道答案了吗？

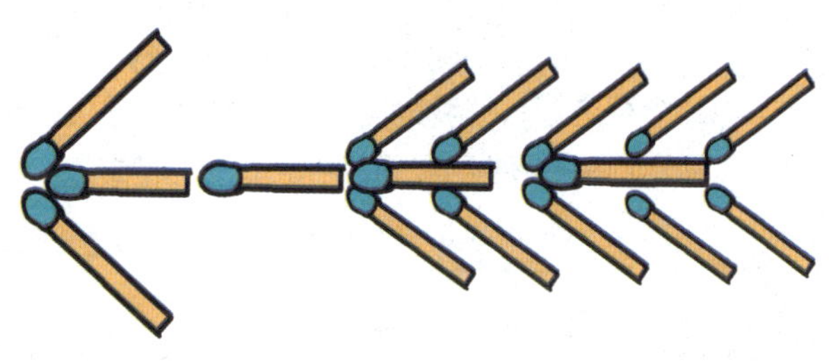

008 W变三角形

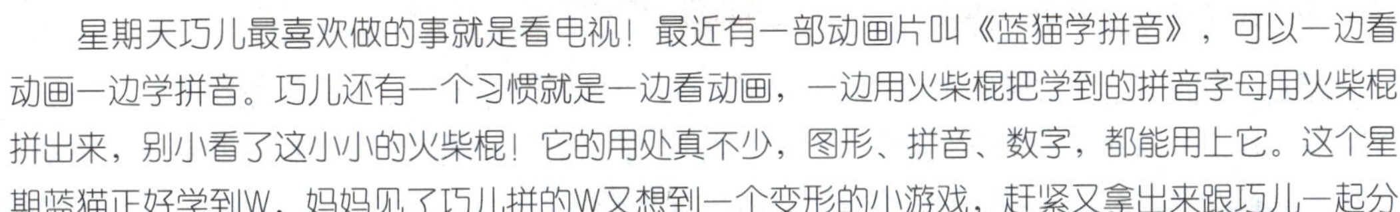

星期天巧儿最喜欢做的事就是看电视！最近有一部动画片叫《蓝猫学拼音》，可以一边看动画一边学拼音。巧儿还有一个习惯就是一边看动画，一边用火柴棍把学到的拼音字母用火柴棍拼出来，别小看了这小小的火柴棍！它的用处真不少，图形、拼音、数字，都能用上它。这个星期蓝猫正好学到W，妈妈见了巧儿拼的W又想到一个变形的小游戏，赶紧又拿出来跟巧儿一起分享啦！妈妈：“现在你用4根火柴棍拼出了一个W，我再给你3根火柴棍，你能将它变成有9个三角形的图形吗？”巧儿一听这个又皱起了小眉头：“好像很难哪！”妈妈：“世上无难事，只怕有心人。你只要用心就没有做不成的事呢，好好想想吧！记住9个三角形可以是不同的三角形。”

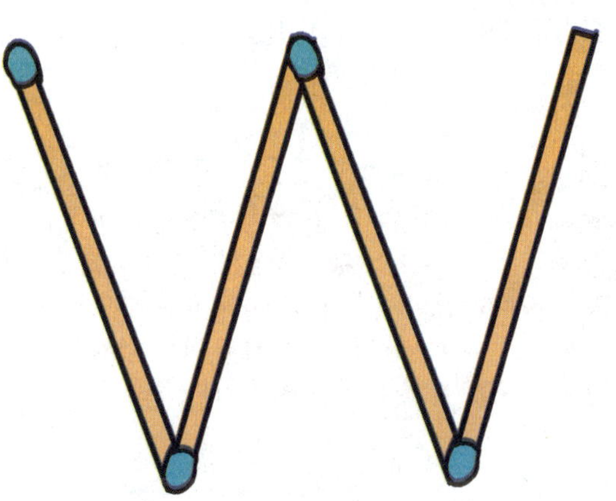

妈妈走后巧儿又进入了沉思状，现在巧儿已经能够经常独立思考问题并且还有点不达目的不罢休的精神呢！

009 分身有术

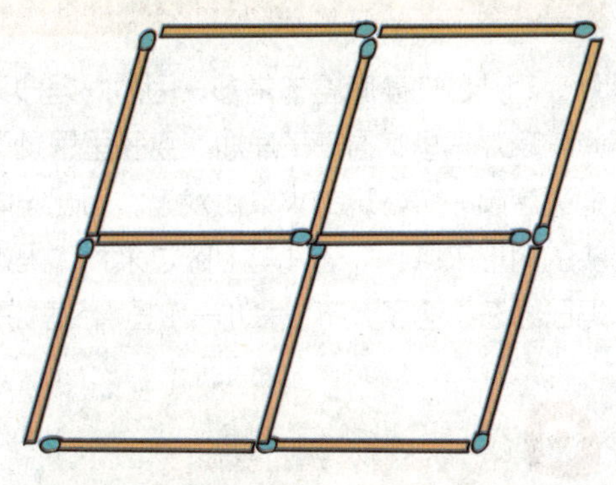

巧儿现在已经不用爸妈接送，每天放学都是自己乘公交回来。这天放学到家后显得特别兴奋，到家就去找火柴盒，还喊着：“妈妈，妈妈，今天老师表扬我啦！全班同学我是最快完成这个游戏的，不过这还要多谢这小小的火柴棍呢！”巧儿一边说一边用火柴棍拼出一个图形来。“妈妈，平时都是您给我出题，今天我也给您出个题吧？看我这个图形。”

巧儿继续说道：“我的问题是，给您12根火柴棍，将我拼成的图案分成4块形状一样的图形，并且分成的图形要与我现在拼成的图形相似哦！”说完，巧儿得意地递过来12根火柴棍来。

Q 巧儿妈看着这个图形还真有点难，不禁心里也夸奖巧儿的聪明。妈妈当然不能认输啦！很快巧儿妈按照要求完成了图形，巧儿给了妈妈100分。那么聪明的小朋友，你知道巧儿母女是怎么拼成图形的吗？

010 平分菜园

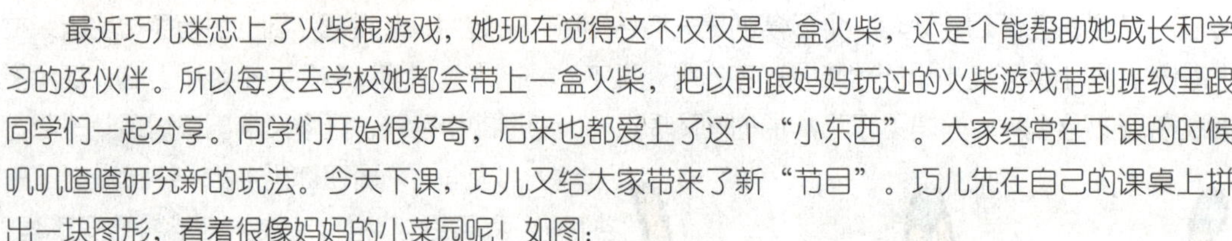

最近巧儿迷恋上了火柴棍游戏，她现在觉得这不仅仅是一盒火柴，还是个能帮助她成长和学习的好伙伴。所以每天去学校她都会带上一盒火柴，把以前跟妈妈玩过的火柴游戏带到班级里跟同学们一起分享。同学们开始很好奇，后来也都爱上了这个“小东西”。大家经常在下课的时候叽叽喳喳研究新的玩法。今天下课，巧儿又给大家带来了新“节目”。巧儿先在自己的课桌上拼出一块图形，看着很像妈妈的小菜园呢！如图：

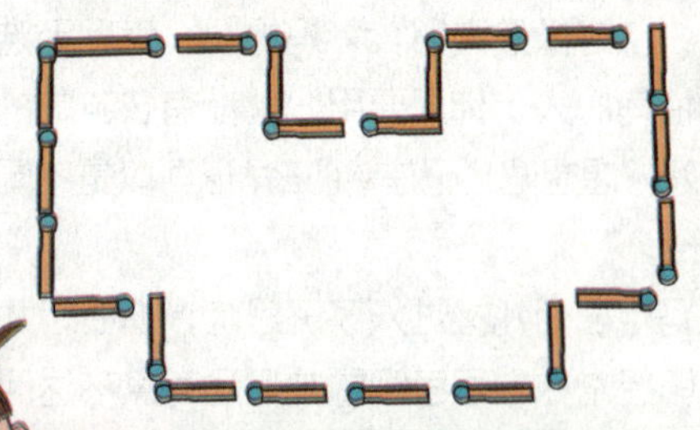

Q 巧儿说：“这是一个由22根火柴棍拼出的小菜园，请大家试试用13根火柴棒，将它分成4个形状完全相同的图形。”巧儿刚说完，同学们就都回到自己座位上拼起来啦！原来同学们都带了小火柴呢！很快王子航同学最先分好了菜园，同学们你们都分好了吗？

011 移形换位

这天巧儿把作业写完后就坐在电视机前看动画片《喜羊羊与灰太狼》，看到灰太狼又发明了一个机器人来对付小羊羔，对于灰太狼这种百折不挠的精神巧儿非常钦佩。巧儿想：既然灰太狼能发明各种机器，为什么我就不能自己创造一些有趣的游戏带给同学们呢！根据机器人的头部构造，巧儿很快又想出了一个非常考验智力的火柴游戏，她首先用火柴把需要的图形拼好，然后就喊妈妈过来答题！

Q 巧儿的问题是：如何只移动4根火柴，使它分成4块形状一样的图形呢？看到妈妈苦思冥想还是没有答案。巧儿得意地笑了："这就是明天我给同学们带去的小游戏喽！"

012 谁最大

最近巧儿的数学课程已经涉及了图形的面积，巧儿妈针对前段时间的学习经验，已经能够把握巧儿的学习兴趣和方法，这次当然也不能例外，为了让巧儿更快掌握关于面积的新知识，妈妈又给巧儿找了个小游戏。她发现通过这个火柴棍的小游戏，不但能开拓孩子的思维更能直观地表现出习题中不能理解的知识。既然这么有效，那还等什么呢？巧儿妈熟练地拿出两组8根火柴棍，随意地摆出了下面两个图形，如下图：

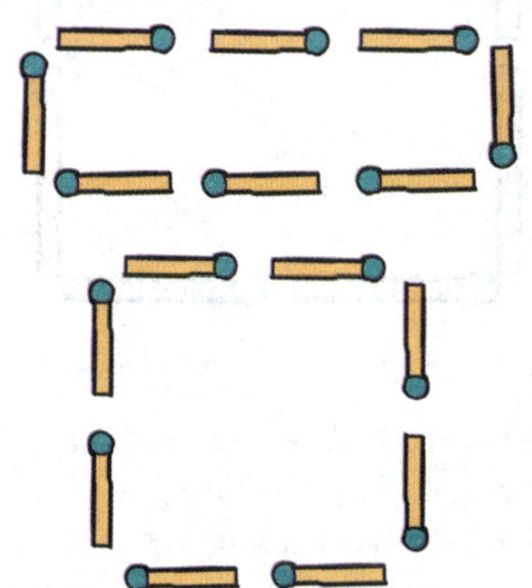

Q 巧儿妈留给巧儿的问题是：用8根火柴棍可以拼出很多种图形，这两种都不是面积最大的，8根火柴棍摆出的最大面积的图形是什么呢？巧儿想了一想："是呀，好像大小都差很多，这是为什么呢？那就让我自己拼拼吧！"没过一会儿，巧儿发现了一个规律，她终于找到了8根火柴棍能拼出的最大面积的图形。亲爱的小朋友们，你们也发现了吗？

013 以小搏大

在上个游戏中，巧儿妈发现巧儿对几何图形有一定的兴趣，并且可以举一反三。这是一个非常好的现象！巧儿妈可不会错过宝贝女儿的天赋，得加紧挖掘孩子的潜能！午饭结束后，巧儿正准备去看动画片又被妈妈叫住了：“巧儿，今天想不想给同学们再带小游戏呀？妈妈这里又有智力大考验！”巧儿一听到考验二字立刻兴奋起来，平时爷爷奶奶只要夸巧儿聪明，巧儿非常高兴。对自己的智商她显得非常自信。“妈妈，那您还等什么呢？等等我就要去学校了。快点开始吧！”巧儿妈拿出火柴棍，分成两堆，一堆8根，一堆10根。妈妈的问题是：用8根和10根火柴棍分别摆出两个图形来，10根火柴棍摆出图形的面积要是8根火柴摆出图形面积的2倍。巧儿又皱起小眉头：“哎呀，好像这个不可能，不过我试试吧！”妈妈笑着告诉巧儿：“在任何事情没有看到结果前，不要轻易下定论，你好好想想吧！”

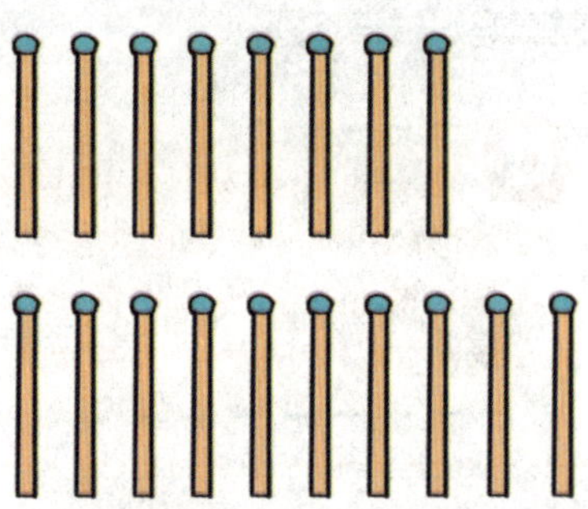

Q 上学的时间到了，巧儿只好把两堆火柴棍带到了学校，同学们能帮巧儿找到方法吗？

014 大小不变

在上一个问题上巧儿借助了同学们的帮助终于找到了答案，那么换一种方式是不是她也能找到答案呢？这次巧儿没有了上次的兴奋劲，撒娇跟妈妈说：“妈妈每次都拿很多难题来，为什么不出简单点的游戏呢！”巧儿妈可没那么好糊弄，她认为学习是个循序渐进的过程，如果不增加难度会让孩子产生惰性，失去兴趣。所以在选择游戏的时候，她总是在以前的基础上增加一些新知识，这样孩子才能全面进步。巧儿妈扬起嘴角：“我们家的巧儿难道这点儿小难题都怕了么？”“谁说怕了？那您出题吧！”巧儿可不是轻易认输的孩子。妈妈拿了8根火柴棍，拼成面积为4的图形，如右图：

Q 她的问题是：再给巧儿2根火柴棍，即共用10根火柴，摆出面积仍然是4的图形来。

015 面积分一分

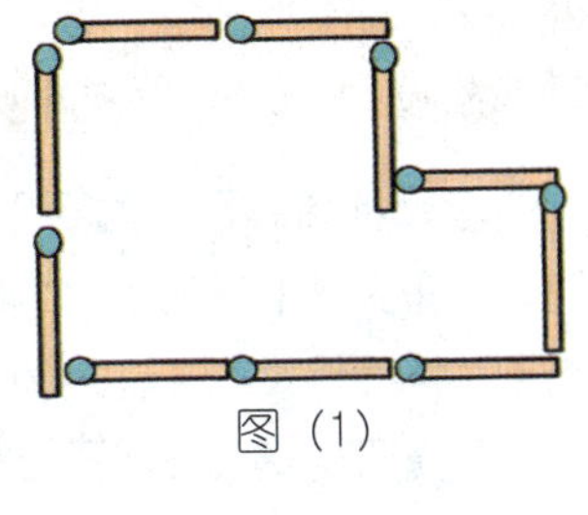

图（1）

巧儿妈发现巧儿对面积知识还学得很不透彻，这样对以后几何方面会有很大的影响！不过巧儿妈相信只要继续培养孩子的兴趣，激发孩子的创造力，巧儿很快就能摸透其中的关系和规则。所以妈妈能做的还是引导孩子，激发孩子的潜能。很快巧儿妈又找到几个火柴棍游戏，都是关于面积方面的。游戏一：用10根火柴棍摆成图（1）形状，再用5根火柴棍将其分成3等分。游戏二：用10根火柴棍摆成图（2）等腰三角形，是否只能动3根火柴棍使变化后的图形面积为原来三角形性面积的一半。巧儿妈告诉巧儿，这两个游戏都是关于面积的小游戏，只要开动思维并不很难。

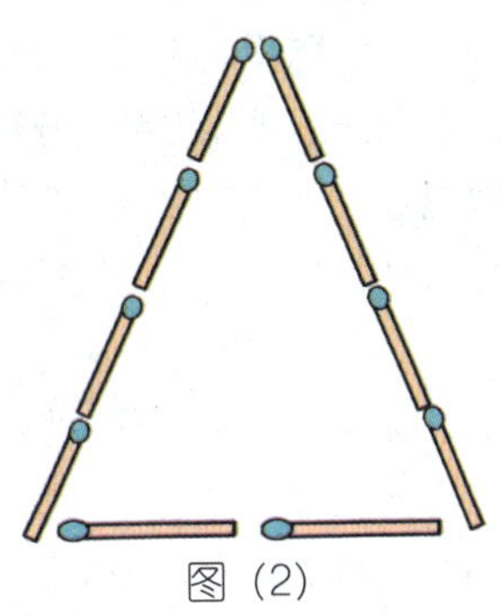

图（2）

那么聪明的巧儿能找到答案吗？

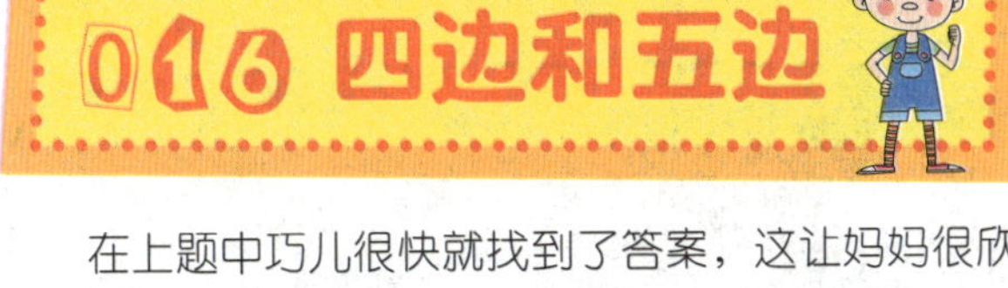

016 四边和五边

在上题中巧儿很快就找到了答案，这让妈妈很欣慰。那么这次的游戏是一定要加大难度的了，要不以巧儿的个性又该沾沾自喜，骄傲起来。一直以来巧儿妈对孩子的关注不仅仅是学习方面，对于性格的塑造她也颇费了一番脑筋。每次发现问题之后，巧儿妈不会斥责，而是让孩子自己发现不足并改正。当然这教育孩子的工作也是要费很多脑细胞的，这次也不例外。巧儿妈又找来了火柴棍游戏，谁让巧儿就钟情这小游戏呢？巧儿又乐颠颠地含着棒棒糖跑了过来："妈妈，有什么难题尽管拿出来吧！我可不怕。嘻嘻！"妈妈点点头："那么开始吧！"首先巧儿妈拿出18根火柴摆出了两个图形（如图），其中较大的矩形面积为较小的矩形面积2倍。

妈妈让巧儿做的是：现在仍然用20根火柴棍：

（1）改成两个四边形，使其中一个面积是另一个的3倍。

（2）改成两个五边形，使其中一个面积是另一个的3倍。

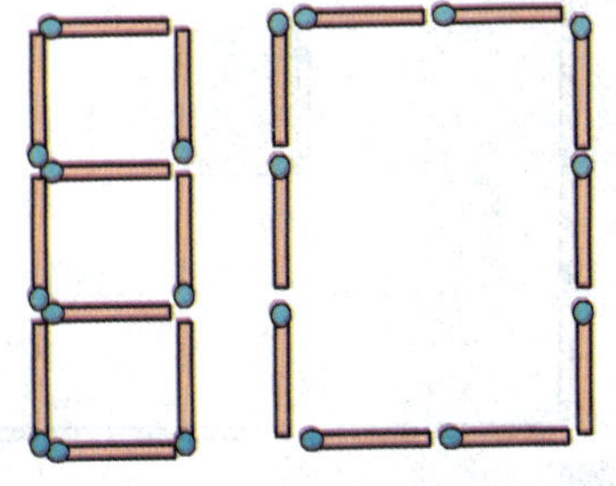

Q 让巧儿妈想不到的是，巧儿仅仅用了不到20分钟就完成了图形。那么聪明的小朋友，你们猜巧儿摆出的图形是什么样的呢？

017 设计小果园(一)

今年的暑假很快就要到啦！这对巧儿来说是几分欢喜几分愁，本来天天上学都是一大堆的作业，放了假作业更不会少。又想到乡下爷爷家的果园去摘桃子呢！听说爷爷种了一种新品种的桃树，到夏天能结很多桃子。爷爷家的果园里除了桃树还有杏树、梨树、枣树和板栗……想着想着她口水就要流下来了。巧儿一心想着怎么才能说服妈妈答应这个暑假到爷爷家呢！妈妈好像早就看透了巧儿的心思。吃完晚饭，巧儿妈拿了一个“小果园”到巧儿的房间来，原来这是妈妈用火柴棍拼的小果园。妈妈说：“这个暑假想去爷爷家吗？爷爷家的果园有好多水果呀！”巧儿连连点头：“嗯，嗯，当然想去。”妈妈说：“先把我们眼前的小果园解决再说吧！”巧儿一看，这是妈妈用16根火柴棍在书上拼的正方形果园（如右图），果园的中间有所房子（即图中用4根火柴棍摆的阴影正方形）。妈妈的问题是：用10根火柴棍将果园中所有空地，分成5块全等的图形。

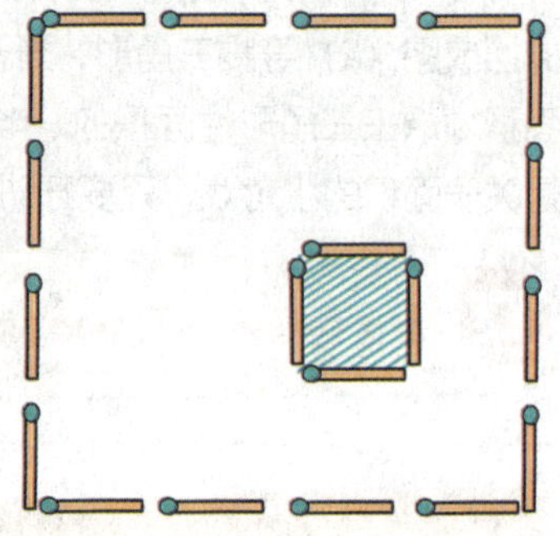

Q 为了暑假能去果园，这个绝对不是问题，巧儿颇费一番心思终于把这个问题解决啦！小朋友们你们也试一试吧！

018 设计小果园(二)

巧儿妈见巧儿在拆分图形、解剖图形和对面积的理解能力已经增加很多，感到非常欣慰，这段时间的学习没有白费！为了能巩固这方面的知识，巧儿妈又拿来一个游戏，这是跟刚才类似的果园（如右图）。

Q 妈妈的问题：（1）用18根火柴将果园划分成6个全等图形。（2）用20根火柴将果园划分成8个全等图形。这次聪明的巧儿能解决好吗？我们拭目以待吧！

019 多一只长颈鹿

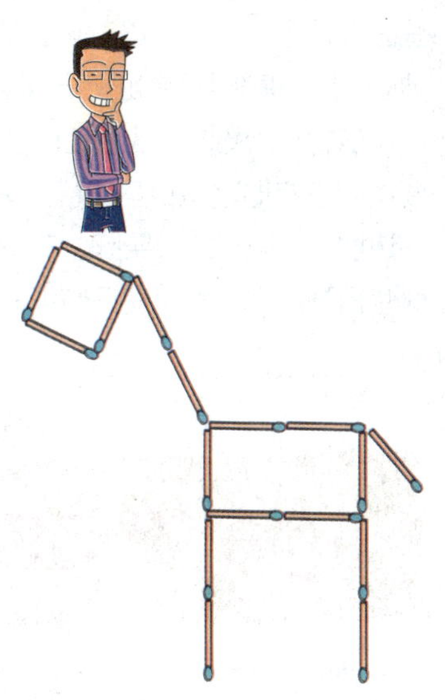

今天是星期六，巧儿的心情非常好，因为爸爸答应今天带她去动物园看长颈鹿。长颈鹿是巧儿最爱的动物，她最喜欢看它们伸长脖子吃树叶的可爱模样。其实，爸爸并不是轻易答应带巧儿去动物园的，在此之前，她还经过了一番大考验呢。

昨天晚上，当巧儿得知爸爸星期六休息的时候，就讨好地让爸爸陪她去看长颈鹿。爸爸却笑着说："去动物园没问题，但是你得能够回答出下面的问题。"爸爸一边说，一边动手在桌子上用火柴棍摆了一个长颈鹿的图形。如右图所示。

拼好后，爸爸说，只要移动一下其中的两根火柴棍，就可以再添一只小长颈鹿。

巧儿听完之后立刻头大了起来，这怎么可能？组成一只长颈鹿需要那么多根火柴棍，爸爸的要求是只能移动其中的两根就增加一只长颈鹿。巧儿拼命想了半天，还是没有一点儿头绪，她无辜地看着旁边微笑着的爸爸。

"能给点提示不？"巧儿可怜巴巴地问。

爸爸哈哈一笑："想象一下这只长颈鹿是只母鹿。"

Q 母鹿？巧儿转换角度，重新思考了一番，最后，她得出了答案。你想到了吗？

020 消失的正方形

周末，巧儿和爸爸妈妈一起到叔叔家去玩，叔叔家有一个调皮的小孩儿，大家都叫他球球。球球非常淘气，他总是想办法捉弄巧儿，一会儿往巧儿口袋里放蚯蚓，一会儿躲起来吓唬她。因此，巧儿特别讨厌这个和自己同龄的男孩子，要不是爸爸妈妈都过来了，巧儿说什么也不会来这个叔叔家。

这不，刚进门，巧儿就被球球缠住了。不过这一次，这个调皮的小男孩儿没有恶作剧，而是把巧儿带到一个火柴阵面前，哭丧着脸说："你能不能帮帮我？这是爸爸给我出的题，我如果答不上来，今天就不能陪你玩了。"不能和我玩正好，巧儿心想。但她看见球球一脸可怜相，便答应帮他一起想办法。她看了看桌面上的火柴阵，发现那是一个由很多火柴棍摆成的正方形，如右图所示：

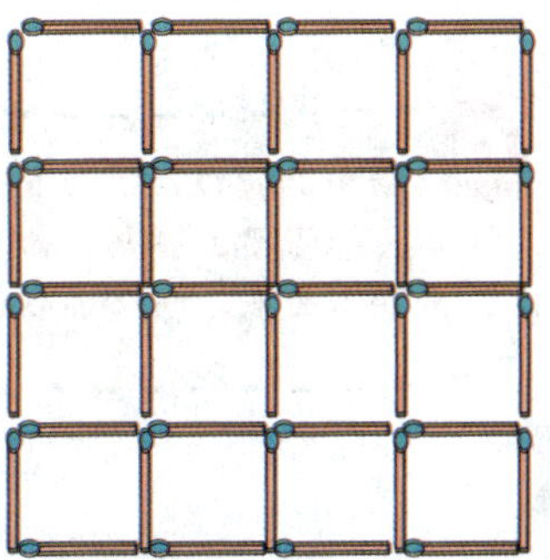

“这是一个由40根火柴棍组成的图形，就像你看见的，这里面有很多正方形。爸爸说，他要考考我能不能去掉这里面的9根火柴，使得图上的正方形完全消失。”球球在一旁解释。

去掉9根火柴？从而让所有的正方形都消失？那么就一定要找到正方形之间相互连接的关键火柴了。巧儿一边思考着，一边摆弄着眼前的火柴阵。不一会儿，她就抽去了9根火柴棍，而使得图形中不再存在正方形。

Q 球球在一边看得目瞪口呆，这个小女孩的聪明超出了他的想象。他至今都不知道巧儿是怎么想出答案的，你知道吗？

021 流动的竖线

做完作业之后，巧儿便一个人在沙发上看动画片。不一会儿，新闻联播的音乐声响起，巧儿的动画片看完了。这时候，爸爸还没有下班，妈妈在厨房烧饭，客厅只有巧儿一个人。她觉得很无聊，就去厨房找到妈妈，让她陪自己玩游戏。巧儿妈正在切菜，但是她不忍心拒绝巧儿的要求，于是洗完手之后陪巧儿来到客厅。很快，聪明的巧儿妈想到了一个好主意，既让巧儿有事做，又不耽误自己做饭。

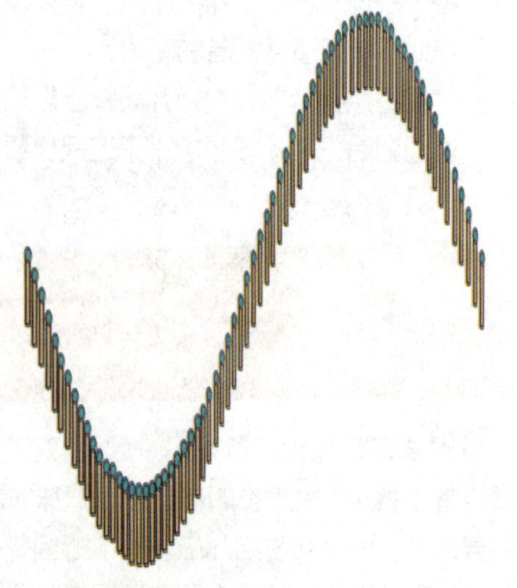

她伸手从抽屉里找出一盒火柴，对巧儿说：“乖女儿，妈妈一直有个问题不知道答案，刚好你现在没事，要不帮帮妈妈？”一听说是妈妈都解不开的题，巧儿马上就来了兴致，她兴致勃勃地接受了妈妈的提议。于是巧儿妈用火柴棍在桌子上摆了右图所示的火柴阵。

“这是妈妈上学时，数学老师出的题，到现在妈妈都不会呢！你看，这是一个S形的流动竖线，你能找到最长的那一条竖线吗？”妈妈摆完之后对巧儿说。

Q 最长的竖线？而且是流动着的？巧儿皱着眉仔细观察着桌面上的图形，可是想了半天都想不出答案，她根本没有发现妈妈已经窃笑着溜进厨房继续烧饭了。直到爸爸下班回来，巧儿还在思索着。你能帮帮她吗？

022 鸡鸭鹅的火柴游戏

小朋友们有没有好奇，一向笑嘻嘻的巧儿，怎么会有心情不好的时候呢？她在为什么事情心烦呢？其实，巧儿也是有烦心事的，而最让她心烦的，就是遇到高难度的火柴棍游戏了。参加抽奖比赛的时候，就是因为老想着在学校里遇到的火柴棍游戏，巧儿才没有帮妈妈赢到电脑的。那么，到底是什么样的游戏，连被称为火柴游戏高手的巧儿都犯愁了呢？游戏是这样的：

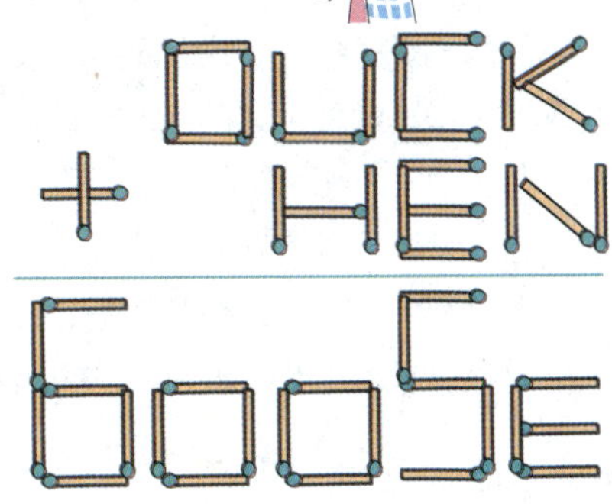

小朋友们都会算式计算结果吧？那有没有试过英文字母用算式计算呢？巧儿遇到的游戏就是这样的。如右图所示。

Q 这三行英文字母分别代表鸭、鸡和鹅，用横式表达出来，就是鸭+鸡=鹅。这是什么奇怪的等式呢？其实，将这些英文字母换成不同的数字时，这个等式就成立了。那么，你还等什么呢，动手试试看吧。

023 老爷爷的难题

如果有人说巧儿笨，巧儿肯定不答应，但是，如果你说巧儿马虎，她可就没话说了，证明巧儿马虎的例子太多了。上次，她还因为太马虎，被小店的老爷爷“修理”了一顿呢。事情的经过是这样的：

巧儿妈妈急着烧晚饭，所以没时间出去买盐，于是让巧儿去附近的超市买。巧儿拿着钱就跑了，到超市之后，找老爷爷买了一包盐和一个冰激凌后就哼着小曲回家了。回到家之后，巧儿才发现忘记找钱了。当她再回到超市要找零的时候，老爷爷可不答应了，他决定让小丫头长点记性。于是给巧儿出了一道难题。老爷爷用7颗棋子和4根火柴棍在桌子上摆了如下图所示的图案。

摆完后，老爷爷又给了巧儿3根火柴棍，要求她将火柴棍添加在图上，使之成为一个常用语。这可难坏了巧儿，妈妈还在家等着呢，她决定以后一定要改掉马马虎虎的坏习惯。不过，在此之前，我们还是提醒巧儿，先过了老爷爷这关再说吧，呵呵！

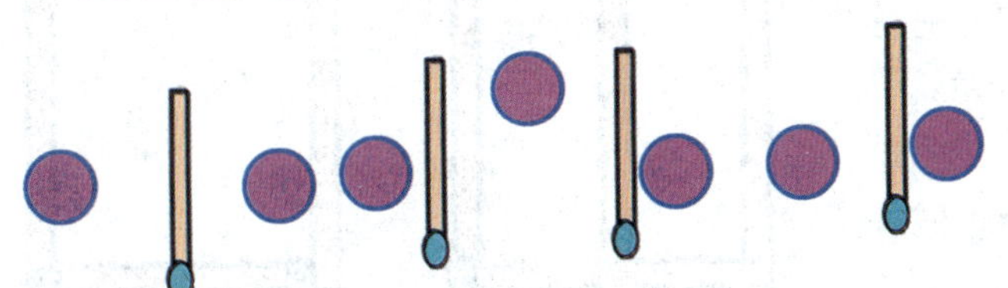

024 巧变花名

因为马虎的个性，巧儿实际上没少闯祸。不过，经过上一次老爷爷的"故意为难"之后，巧儿改了很多，她甚至觉得自己应该谢谢老爷爷，要不是他，自己肯定还会吃更多亏呢。于是，巧儿一有时间就去和超市的老爷爷聊天，顺便也陪他一起玩自己擅长的火柴棍游戏。不过，巧儿可没料到，老爷爷可是火柴棍游戏高手中的高手呢。

上次那个棋子火柴棍游戏把巧儿难住了很长时间，这一次，没想到老爷爷还是用一个棋子和火柴棍游戏把巧儿难住了。只见他用4颗棋子和12根火柴棍，摆出了下图所示的图案：

Q 老爷爷告诉巧儿，只要移动其中的2颗棋子和3根火柴棍，这个奇怪的图形就会变成一种花的名字。巧儿想破了脑袋，尝试了各种各样的移动方法，还是不知道能变成一个什么样的花名。老爷爷在一边抿着嘴笑，一点儿都没有要帮帮巧儿的意思。这可怎么办呢？要不，你来帮帮她吧。

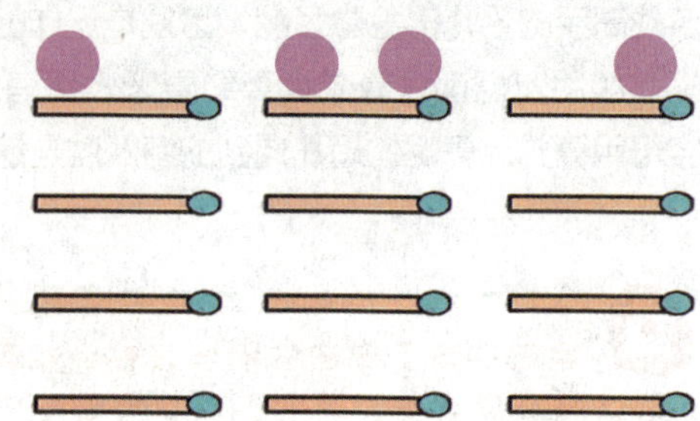

025 奇怪的日本名

洗完澡之后，巧儿和爸爸在一起看电视，是一个纪录片，讲述的是二战中犯下重罪的日本战犯山本五十六。

"山本五十六，日本帝国的海军元帅，他曾经策划了著名的珍珠港事件，发动了太平洋战争。"巧儿听到主持人开始介绍这个甲级战犯的历史。突然，爸爸听到巧儿大笑一声，觉得很奇怪，就问她笑什么。

"爸爸，那个人的爸爸妈妈怎么给他取这么奇怪的名字？姓山本，还叫五十六。他弟弟是不是叫五十七？嘿嘿，日本人的名字真的是太奇怪了。"

爸爸听巧儿说完也笑了。其实，这和日本的姓氏起源有关，他们的姓氏都非常奇怪，有山本、山口，还有姓西园寺的呢。不过，说到山口，见多识广的巧儿爸爸又想到火柴棍游戏了。他用火柴棍在桌面上拼了一个"山口"的字样，然后对巧儿说，移动其中的2根火柴棍，就可以将这个姓氏变成一味中药了。

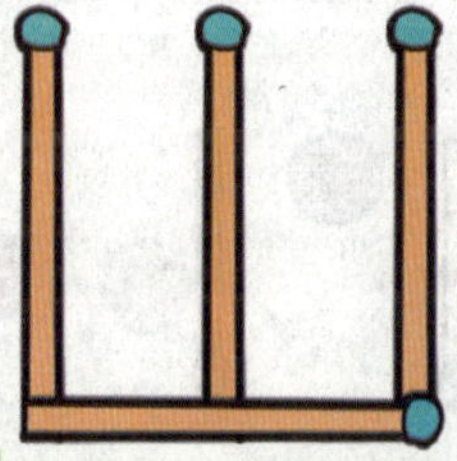

026 小船变成的国家

盼了好几个星期，总算盼到端午节了，巧儿高兴极了。不过，她可不是为了吃粽子哦，而是为了看划龙舟呢。不过，当巧儿提出要去看龙舟的时候，巧儿妈却不答应了，因为她那一天约了朋友见面，没有时间陪巧儿去。

“我已经是大人了，一个人去也没关系，况且龙湖离家很近的，琪琪她们也会一起去。好妈妈，让我去吧。”巧儿央求妈妈。

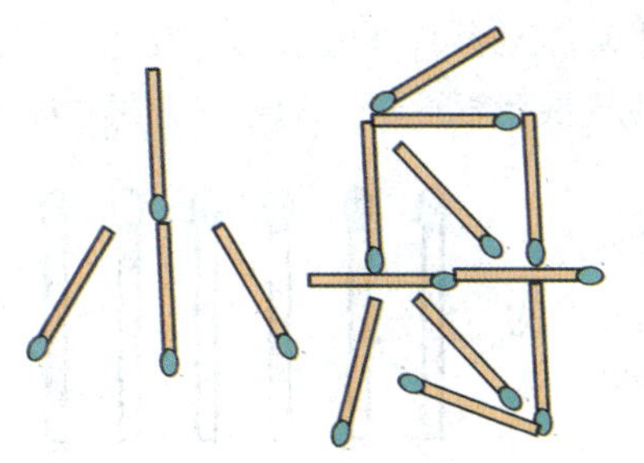

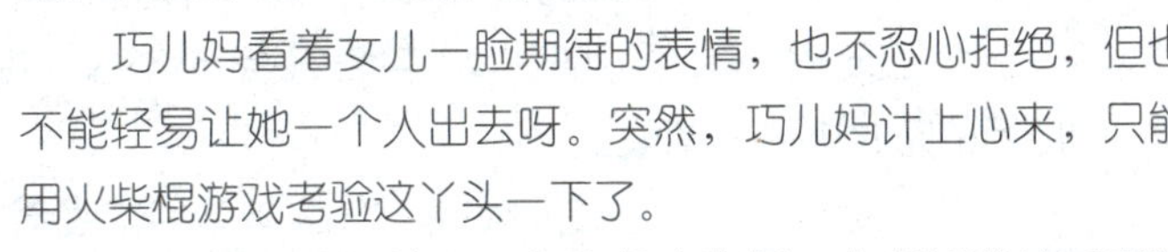

巧儿妈看着女儿一脸期待的表情，也不忍心拒绝，但也不能轻易让她一个人出去呀。突然，巧儿妈计上心来，只能用火柴棍游戏考验这丫头一下了。

巧儿看到妈妈从桌子上拿起火柴棍，立刻知道接受考验的时刻到了。她笑嘻嘻地等着妈妈出题。桌子上出现了妈妈用15根火柴棍摆出的“小舟”字样，随后，妈妈让巧儿移动其中的2根火柴棍，从而使“小舟”变成一个国家名。

Q 这能做到吗？试试看吧！

027 老爷爷的棒棋又回来了

大家没有忘记“刁难”过巧儿的超市老爷爷吧？他可是一位非常有趣的老爷爷，经常会出现在巧儿的生活中，尤其是他独特地将棋子和火柴棍结合起来的游戏，巧儿玩得可是津津有味呢。看，就在不远的前方，老爷爷又来了。

这一次，老爷爷使用的是4颗棋子和5根火柴棍，他在桌子上摆出了如下图所示的图案：

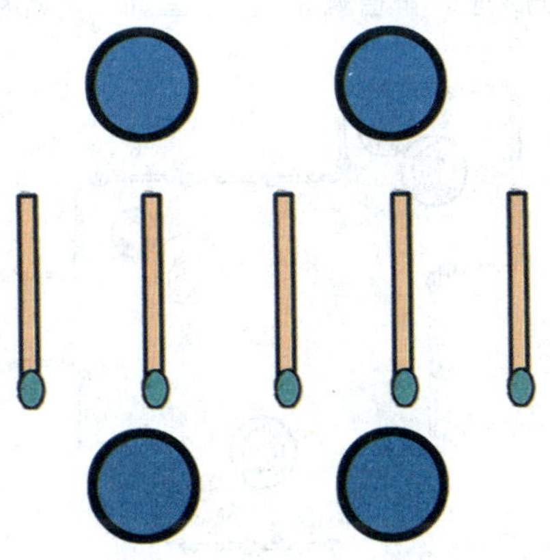

Q 大家仔细看看这个图案，能看出有什么与众不同的地方吗？巧儿盯着看了半天，可是什么都没有发现哦。不过，老爷爷在拼完图之后却告诉巧儿，只要移动3颗棋子和1根火柴棍，就能将上面那个看起来一点儿规律都没有的图案变成一个中国地名。到思考时间了，大家积极开动脑筋，和巧儿比赛吧，看看谁先找到答案！

028 巧儿的反击

棋子和火柴棍结合的游戏，每一次都让巧儿输得一败涂地，这对一个号称火柴棍游戏高手的人来说，可绝对不是一件光荣的事情。因此，在经历了第三次失败之后，巧儿下定决心要进行反击了，她要用棒棋结合的游戏，击败总是“战胜”她的老爷爷。不过，她倒是没有有难度的这类游戏啊，只好暂时收兵，回去找爸爸帮忙了。

巧儿爸爸真不愧是玩火柴棍游戏长大的，他一听巧儿说完事情的经过，马上就教了女儿一个“绝招”。第二天一大早，巧儿就兴冲冲地去找老爷爷了。她先找老爷爷要了5颗棋子，然后按照下图所示的方式排列在桌面上。

然后，巧儿给了老爷爷6根火柴棍，得意洋洋地对老爷爷说：“爷爷，可不能移动棋子呀，用您手上的6根火柴棍，结合桌子上的棋子，摆出一个中国地名吧。您是前辈，所以我得给您规定时间，请在5分钟之内给我展示出结果。”

巧儿以为这样就可以难住老爷爷了，可谁知，1分钟的时间还不到，中国地名就已经出现在巧儿眼前了。这才是真正的高手啊！巧儿不禁在心中感慨道。

029 大闹花果山

看到这个题目，你是不是大吃一惊呢？巧儿又不是孙悟空，她怎么会大闹花果山呢？当然，在现实生活中，巧儿当然没有那么大的本领，但是在梦里，咱们可就限制不了她啦。这不，她正在花果山闹得欢呢。

话说在梦里，巧儿走到一片果园里，里面尽是熟透了的果子，一看就让人口水直流。巧儿发觉自己很长时间没吃东西了，于是上前摘了果子就吃起来。几秒钟之后，有人冲过来了，不，是猴子。其中一个体型最大的猴子生气地吼了一声：“什么妖孽？竟然来花果山偷吃！”猴子们怎么都不放巧儿走，最后，有一只猴子出了个主意。原来它们正在计划把这个果园分成形状和面积都一模一样的3份呢，只是大家都不知道正确的分法。最终，猴子们决定把这个难题丢给巧儿，如果她能帮它们分了果园，偷吃果子的事就不计较了。下面就是果园的形状：

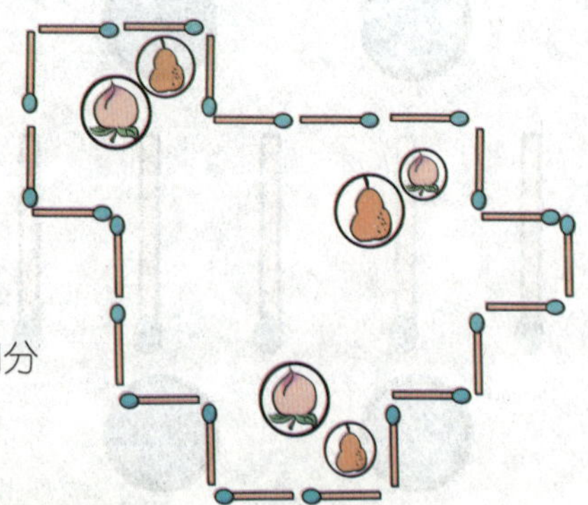

030 等分“蝙蝠”

真是千钧一发呀，巧儿没想到，直到最后一刻，她都没能帮猴子们把果园分了。猴子们气愤地拿着各种钉耙追上来打她，醒来的巧儿吓出了一身冷汗。她轻轻拍了拍胸口，好像还没有从梦中回过神来的样子。刚好，巧儿妈进来喊巧儿起床，看到了巧儿的动作，于是关心地问她怎么了。

巧儿把刚才做的梦向妈妈重复了一次，妈妈听完之后大笑，“谁让你总是那么贪吃！”不过，笑完之后，巧儿妈倒是没忘记将分果园的方法告诉巧儿。更巧的是，巧儿妈最近也正遇到一个和这个类似的游戏，只不过等分的不是果园，而是“蝙蝠”。这是巧儿妈在买菜的时候，看见卖菜的人玩的一个游戏，他们在菜摊旁边的空位上用火柴棍摆了一个蝙蝠的形状：

Q 请用火柴棍将它们分成面积和形状都完全相同的三等份。

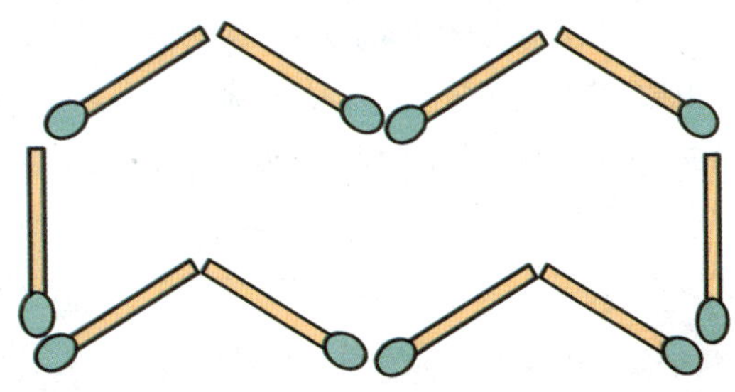

031 分梯形田

以前有人问巧儿，对农民伯伯来说，最重要的东西是什么？巧儿想了很长时间，结果还是回答不上。可是，上次去爷爷家的时候，发生了一件事，让巧儿了解到农民伯伯最在乎的东西是什么了，那就是田地。事情是这样的：

吃完晚饭，巧儿和爷爷一起去田野里散步。突然，她听到前方传来一阵争吵声，他们走过去一看，原来三位叔叔正在因为分田的事情争吵呢。他们有一块梯形田，想要三家平分，可是又想不到完全等分的办法，于是急得吵了起来。爷爷用火柴棍将梯田演示出来，如下图所示：

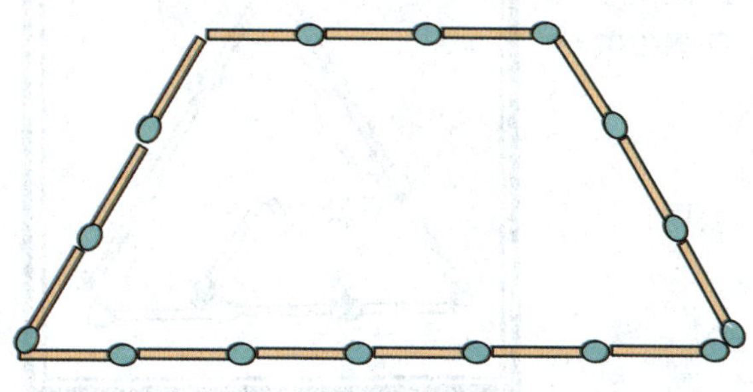

Q 如果你是巧儿，遇到这种情况的时候，你会怎么做呢？

032 图形中的花

按理说，情人节这天是不关巧儿什么事的。可是，她下午放学回家的时候，却在大门口收到一大捧漂亮极了的玫瑰花，还有卡片呢：亲爱的老婆，这些年辛苦你啦，情人节快乐！落款是老爸的名字，敢情不是送给自己的呀！不过，巧儿还是兴冲冲地帮老妈把花收下了。

巧儿可不愿那么轻易就把花交给妈妈，谁让她平时总是“为难”自己呢！今天，巧儿决定也要让妈妈尝点“苦头”。她把花拿到厨房，告诉妈妈这花是爸爸送的。

“但是，如果你不陪我玩一个火柴棍游戏，就不要想我会把花给你！哈哈！”巧儿边说边得意地笑。同时，她伸手从花束上摘了几个玫瑰花瓣儿，然后拿出火柴棍，在桌子上摆出了如右图所示的图案：

Q “这是用12根火柴棍围成的4个长方形，里面放着6朵玫瑰花。现在，请妈妈您移动火柴棍，使长方形变成其他的形状，并且里面同样得放着玫瑰花。”巧儿把其他的花插进花瓶时对妈妈说。猜猜看，巧儿妈能不能完成游戏呢？

033 三角形的连续变化

上午第二节课上完之后，巧儿就趴在桌子上准备睡觉，昨晚看课外书看得太晚了，今天上课的时候就一直打瞌睡。但是，她刚刚趴在桌上，就听见琪琪在她背后大喊一声：“巧儿，不许睡！”巧儿不理她，于是琪琪跑到巧儿课桌前面，硬是把她的脑袋扳了起来。

睁开眼的巧儿看见琪琪一张严肃的脸。

“哼哼，巧儿，我告诉你，从这一刻起，我正式向你下战书。”琪琪说。

“什么战书？”巧儿一脸无奈地问。

“当然是火柴棍游戏，我要和你一决胜负！看，我

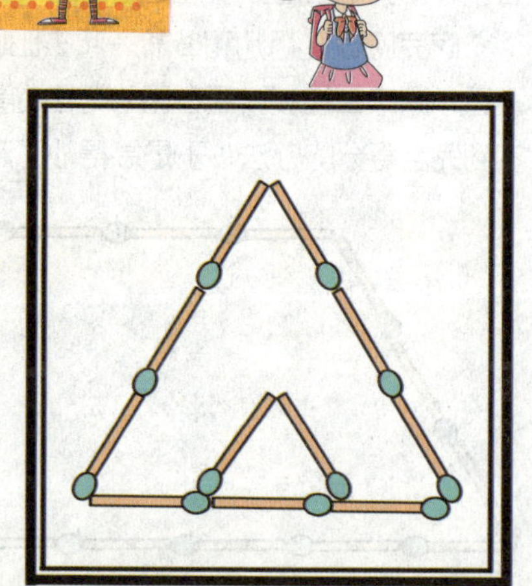

这里就有一个游戏，你要是赢了我，我就承认你比我厉害！”我才不要你承认呢，巧儿听完之后心想。不过，看情况，不陪琪琪玩这个游戏，她恐怕也是睡不了的，好吧，这一次就陪她玩吧。

只见琪琪在课桌上用火柴棍摆了上页图所示的图案。

这是用11根火柴棍摆成的两个三角形，移动其中的2根火柴棍，你将会增加一个三角形。在此基础上，再移动2根火柴棍，又能增加一个三角形。连续移动四次，三角形的个数将会增加六个。

Q “难倒你了吧？嘿嘿，这可是我想了半天才想出来的游戏呢！”琪琪出完题就得意地回座位了，留下巧儿一个人在思考着……

034 减少的三角形

明明和爸爸已经说好了，周末一起去博物馆的。可是，昨天晚上，爸爸却突然说要去加班。巧儿当然不同意了，她很早就在期待这个周末了，为了和爸爸一起出去，她连和小朋友们一起去海边的机会都推掉了呢。

“乖女儿，爸爸也是临时接到通知，如果不去的话，爸爸以后可就没钱给宝贝买好吃的东西了！”巧儿爸爸耐心地哄着巧儿。可巧儿听完之后仍然撅着嘴，她怎么会这么轻易就被爸爸说服呢，最起码，现在得陪自己玩会儿游戏才能走哇。巧儿爸爸很快就看穿了巧儿的心思，他从桌上拿起巧儿的火柴盒，在桌面上摆了一个奇怪的连体三角形，如下图所示。

“乖女儿，移动其中的2根火柴棍，三角形的数量就减少一个。现在，连续移动两次，使四个三角形只剩下两个，可以做到吗？”爸爸笑着问巧儿。当然可以做到，巧儿可是很厉害的，只不过，她现在还不想和爸爸说话，只想和他玩游戏。

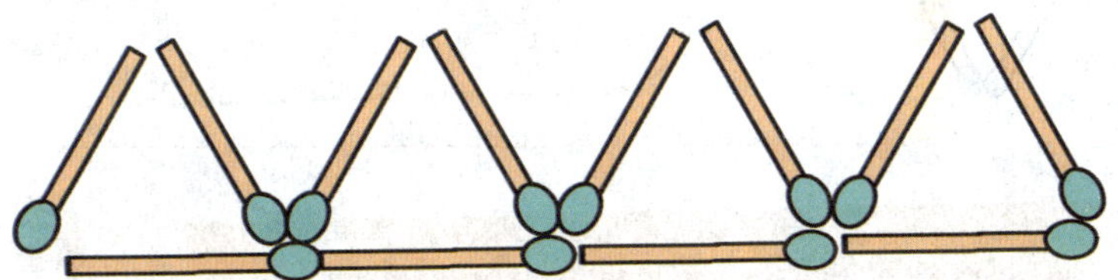

035 智减三角形

有些小朋友上课的时候，就是喜欢开小差，这不，巧儿就看到新来的乐乐同学正偷偷在桌子下面玩火柴棍游戏呢。因为是同桌，巧儿能把乐乐摆出来的图形看得一清二楚，如下页图所示。

这是一个由三角形组成的游戏，巧儿最近也在玩关于三角形的火柴棍游戏，她立刻也来了兴

趣。

“这个游戏怎么玩？”巧儿用书本挡住前面，小声问乐乐。沉浸在游戏中的乐乐被吓了一跳，开始还以为是老师来了呢，知道是巧儿之后，乐乐大舒一口气。然后告诉巧儿，这个由13根火柴棍拼成的图案中，包含了7个三角形。如果拿去其中3根火柴棍，三角形的数量就会变为3个。应该怎么做呢？巧儿也开始思考了。不过，就在这时，老师居然轻手轻脚走到他们旁边，两个小朋友只能接受惩罚了。

036 增加的菱形

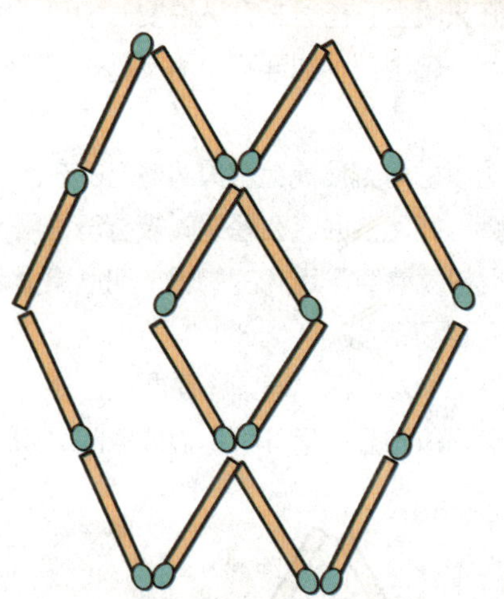

玩惯了三角形游戏的巧儿突然遇到了一个新鲜的图形——菱形。大家有没有玩过关于菱形的火柴棍游戏呢？这里就有一个，和巧儿一起玩吧。首先，用16根火柴棍拼成大小不同的三个菱形的形状，如左图所示：

Q 然后，移动其中的2根火柴棍，让菱形的数量增加一个，连续移动5次，最终让菱形的数量为8个。听起来是不是很复杂，可是巧儿已经开始动手玩了。时间已经过去三分钟了，巧儿已经连续移动了四次，你呢？不想认输的话，就赶快动手吧。

037 变不可能为可能吧

巧儿又迎来了一个大挑战，这一次给她出难题的居然是一向胆子很小的亮亮。话说，亮亮为什么变得这么大胆，敢向火柴棍游戏高手巧儿挑战了呢？原因是周末，亮亮在家和小朋友们玩的时候，遇到了一个非常难的火柴棍游戏，连老师们都对此束手无策。因此，亮亮就想到用这个“艰难”的游戏来考验巧儿了。

说了这么多，这到底是个什么样的游戏呢？请看上页图：

这是由9根火柴棍组成的三个图形：一个三角形和两个正方形。但是，亮亮对巧儿说，仍然是这样的9根火柴棍，仍然是大小相同的三角形和正方形，但是拼成的数量却不一样——两个三角形和三个正方形。

Q 你认为这有可能吗？别急，看看巧儿是怎么做的吧，她可以把不可能变为可能的噢。

038 立方体的变化

到现在为止，巧儿在游戏中涉及的图形大多是平面图，比如正方形、三角形、菱形、梯形等，但是，今天，她遇到了一个关于立体图形的游戏。当巧儿把立方体的图形摆出来的时候，所有小朋友都惊讶地张大了嘴巴呢，就连琪琪都忍不住大叫了一声。下面，我们就先将图形展示给大家看看吧：

Q 这是由45根火柴棍组成的6个立方体。要求是，移动一些火柴棍，再添加一些火柴棍，使立方体的个数增加到7个。你知道最少需要移动几根火柴棍，添加几根火柴棍吗？听完题后，巧儿的同伴们马上就开始思考了哦，你和你的同伴是不是也已经开始寻找答案了呢？

039 数火柴

玩了这么长时间的火柴棍游戏，有没有玩过数火柴棍的游戏呢？呵呵，可不是简单地1、2、3哦，下面，和巧儿一起来数数火柴棍吧，很有意思。

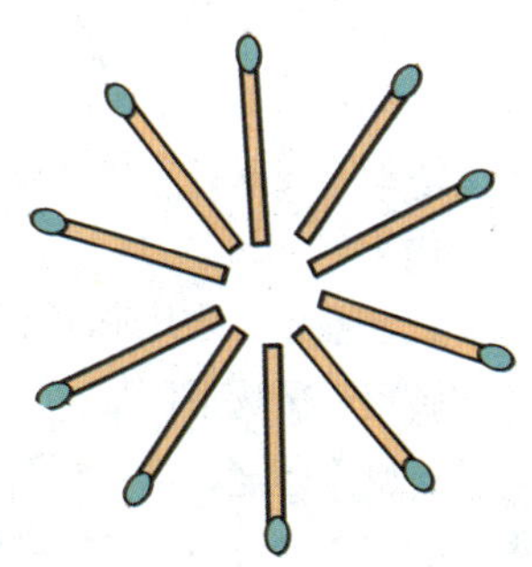

先用10根火柴棍摆一个右图所示的圆放射形：

然后顺时针或者逆时针数，数到第四根火柴棍的时候，拿有颜色的笔在这根火柴棍的内圈画一个叉做记号。数的时候可以从任何一个位置开始，但是，一旦某根火柴棍被做上了记号，就不能再给这根火柴棍做记号了。

Q 那么，为了让这10根火柴棍中，没有被画上叉的火柴棍最后只剩下一根，我们应该怎么数呢？

040 添加2根

上一次去海边是在什么时候呢？巧儿一边收拾衣服，一边歪着头想。具体日子已经记不清了，但一定很久没去过了，好想念海水和沙滩的味道。不过，幸运的是，明天就可以和爸爸妈妈一起去海边度过一个完美的周末。

记得上次去海边的时候，巧儿爸爸还和巧儿在沙滩上玩了一个好玩的火柴棍游戏呢。爸爸从巧儿手中接过她总是随时携带的火柴盒，在柔软的沙滩上插了如右图所示的图案：

黑点表示的是插在沙子中的火柴棍，一共是14根。要求是添加2根火柴棍，从而使这些火柴棍组成4行，并且每一行有5根火柴棍。

041 改错题

脑筋急转弯也是巧儿和小伙伴们很喜欢玩的一个游戏，不过，巧儿对此很不在行，基本上她都抢答不出答案，有时候早早举起了手，但要求她回答的时候，她就会呆呆愣愣的站在那，不知道说什么。虽然不是个中高手，但要巧儿直接服输，也是万万不能的。

“1+1在什么情况下等于1？抢答开始！”随着琪琪的一声令下，立刻就有小伙伴举起了手。当然不是巧儿啦，是薇薇。

“做梦的时候！”薇薇肯定地说。

“错！”

“我知道！”巧儿举起了手，她突然想起这个脑筋急转弯有一次和爸爸在家玩过。

“做错的情况下！”

“正确！但是，这一题可没有到此为止。”琪琪突然说，她一边说话一边用火柴棍在旁边的桌子上摆了一个“5+5=5”的算式。大家一看就知道这个算式是不成立的，纷纷出声提醒琪琪。琪琪却微笑着不为所动，只是在大家都收声的时候，说道：“这个算式确实是错误的，不过只要移动其中2根火柴棍就可以使等式成立。好吧，终于有了发挥的余地，巧儿在心中暗暗窃喜，同时在脑中运算开来。你已经开始解题了吗？

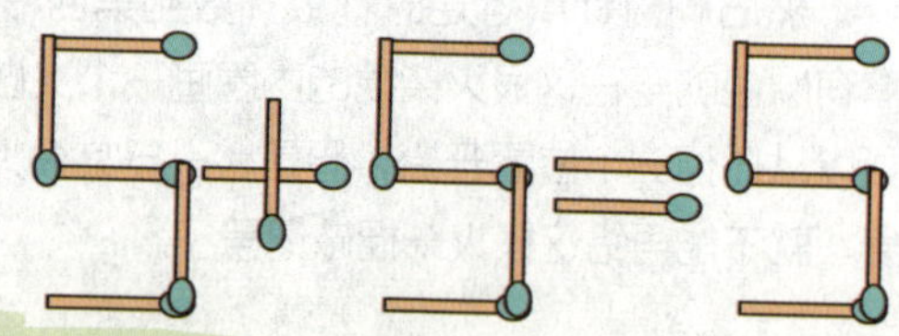

042 神奇的折线

好不容易全家一起出来玩，巧儿妈妈也是打定心思要痛痛快快放松两天。虽然她最喜欢做的事是逛街和买东西，但是谁让巧儿和巧儿爸爸都是火柴棍游戏迷呢？为了和这两个爱玩的人打成一片，巧儿妈也特意准备了一个火柴棍游戏。

妈妈从爸爸手中拿来16根火柴棍，然后按照右图所示的方式排列在沙滩上：

看起来图形很简单，但是要求却很苛刻。巧儿妈摆完图形之后，就笑嘻嘻地对他俩说："看看你俩谁能最先用2条折线将这些火柴棍连接起来形成一大一小两个三角形！输的那个人回家之后要帮忙打扫家里卫生。"巧儿和爸爸同时惨叫一声，然后就争先恐后地玩游戏去了，他们可都不想做家务。

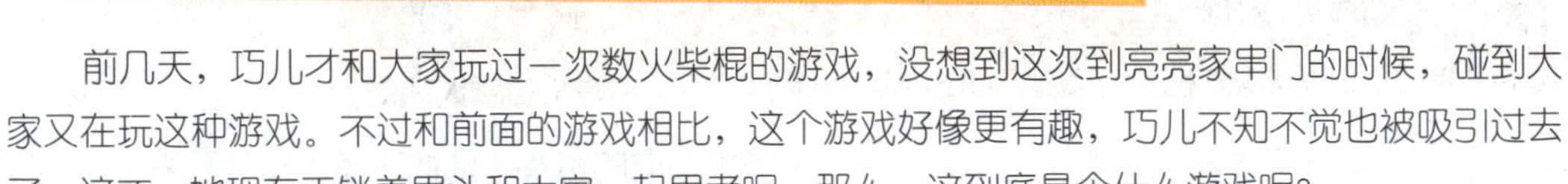

043 一起来数火柴棍吧

前几天，巧儿才和大家玩过一次数火柴棍的游戏，没想到这次到亮亮家串门的时候，碰到大家又在玩这种游戏。不过和前面的游戏相比，这个游戏好像更有趣，巧儿不知不觉也被吸引过去了。这不，她现在正锁着眉头和大家一起思考呢。那么，这到底是个什么游戏呢？

在亮亮家的沙盘上，有12根普通的火柴棍和1根红头的火柴棍，它们在沙盘上呈圆形排列着，如下图所示：

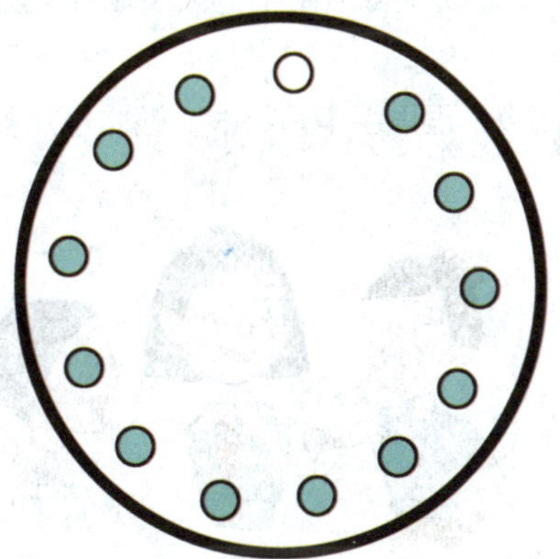

Q 暂时用大家看到的空白点代替红头的火柴吧。和前面一样，请大家顺时针或者逆时针数火柴棍，每当数到数字"13"的时候，将那根代表13的火柴棍拔出来。那么，要从哪一根火柴棍开始数起，才能保证最后一根数到13的火柴棍是红头的火柴棍呢？

044 剩下哪一堆

巧儿觉得爸爸、妈妈像小孩儿一样，他们有时候会非常好，有时候又会因为一点点小事而吵架。最让巧儿觉得他们像小孩儿的是，他们喜欢用玩游戏的方式决定听谁的，比如上周，爸爸要去西餐馆庆祝结婚15周年的纪念日，可妈妈非要自己在家做饭。这本来是一件非常高兴的事，可是就因为谁也不听谁的，害得巧儿一整天都没饭吃。

最后，巧儿终于饿得受不了了，她给爸爸妈妈出了一个主意，用火柴棍游戏来一决胜负，谁赢听谁的。爸爸妈妈相视一眼，都同意采用巧儿的建议，于是巧儿开始出题了。桌子上有巧儿摆的6堆火柴棍，它们的数目分别是15根、16根、18根、19根、20根和31根，她让爸爸拿走了两堆，又让妈妈拿走了三堆。现在已知的是，妈妈拿走的火柴棍数是爸爸的两倍。

Q 请问，剩下的那一堆火柴有多少根火柴棍呢？

045 每人有多少根火柴棍

有一天巧儿突发奇想，她决定和大家玩一个猜火柴棍的游戏。她把琪琪、薇薇和君君叫到家里，然后分给女孩子们一些火柴棍，让男孩子根据女孩子说的话，猜出她们手中的火柴棍数目。

先说的是巧儿，她说："我手里一共有22根火柴棍，比琪琪少2根，但是比薇薇多1根。"

琪琪接着说："我手里的火柴棍不是数目最少的那个，我和薇薇手中的火柴棍数量相差3根，薇薇手中一共有25根火柴棍。"

最后说话的是薇薇，她说："我手中的火柴棍比巧儿少，琪琪手中有23根，她比巧儿多3根火柴棍。"

Q 已知三个女孩儿中，有一个人说的是假话，另一个说的是真话。你能猜出她们每个人手中的火柴根数目吗？

046 消失的三角形

不要以为小孩子在一起就知道玩游戏，偶尔，他们也会谈谈理想和人生这些大话题呢。大家一定不知道，巧儿的梦想是想当可敬可爱的小学老师，琪琪的梦想是成为一名数学家，薇薇的梦想是环游世界。最有意思的是亮亮，他的梦想是成为一个隐形人，想什么时候消失就什么时候消失。

“你最想什么时候消失？”巧儿曾经问亮亮。

“挨打的时候！爸爸一伸手，‘呼’，我就不见了！哈哈！”亮亮得意地说。

“就算你再怎么想，你都不可能成为隐形人的。”琪琪有时候说话很像一个大人，她总是毫不客气地泼冷水，“不过，我这边倒是有一个关于‘隐形’的火柴棍游戏，大家要不要玩？”

“要！”小朋友们异口同声的回答。琪琪对这个答案很满意，她微笑着用9根火柴棍摆了右图所示的图形：

“移动其中的2根火柴棍，使这三个三角形都消失不见！”

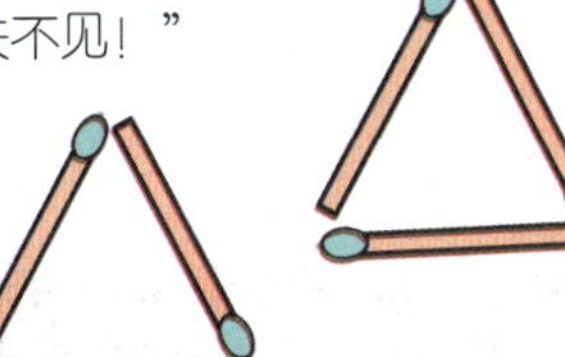

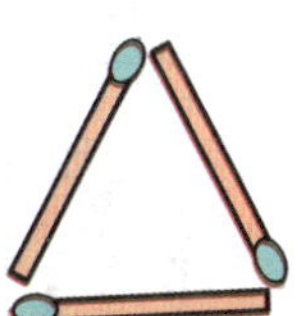

047 钓火柴

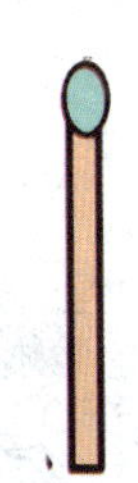

夏天的傍晚，巧儿总是看到有很多老爷爷会坐在河边安静地钓着鱼。夕阳从天边照向这里，老爷爷身上好像笼罩着一层金光，好看极了。这引起了巧儿的兴趣，周末的时候，她缠着爷爷陪她去河边钓鱼。

钓过鱼的小朋友一定知道，钓鱼可是需要有耐心的，鱼儿可不是笨蛋，它们不会轻易咬钩，常常要等很长时间，才有机会钓到一条鱼。可是巧儿却一点儿耐心都没有，她才钓了一会儿就觉得没意思，嚷着要回家。爷爷决定先用一个火柴棍游戏哄巧儿安静下来，等钓几条鱼再回家。

“巧儿，如果你能用1根火柴棍钓起另外3根火柴棍，我就陪你回家。如果做不到，可要在旁边安静地陪爷爷钓鱼啊！当然，不能把火柴棍折断或者弯曲。”

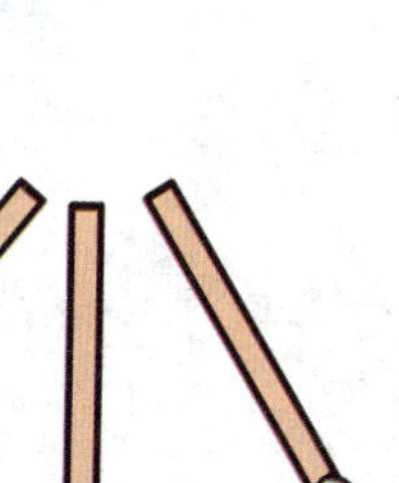

钓火柴？从来没有玩过的游戏，巧儿能赢吗？

048 五边都相交

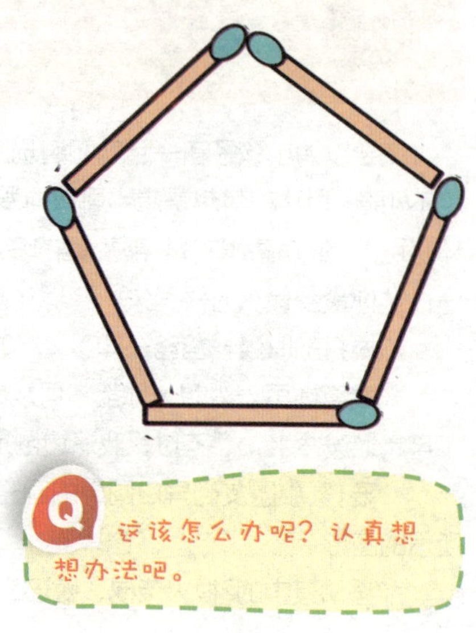

开始玩游戏之前，请小朋友们先回答一个问题：什么叫直线？巧儿在数学课上，听见老师这么说："两端没有终点，可以向左右无限延长，无法测量长度的叫直线。"根据这个定义，我们是不是可以确定，位于直线上的点一定都是在同一个延伸方向的呢？是的，我们可以得出这样的结论。

可是，巧儿现在就遇到了一个和这个结论有些矛盾的火柴棍游戏，大家一起来看看是怎么回事吧。请先用火柴棍摆出一个五边形，条件是，这个五边形的五条边都要与某一直线相交。

Q 这该怎么办呢？认真想想办法吧。

049 挂锁的杯子

为什么要把锁挂在杯子上呢？做这么奇怪的事情有什么意思？嘿嘿，大家都不知道，这不是我们关心的，巧儿和所有小朋友一样，最关心的是这个奇怪的游戏应该怎么玩呢？听起来，这和火柴棍游戏可一点儿关系都没有！当然不是，因为连接杯子和锁的，就是火柴棍。

这个游戏听起来非常简单：用2根火柴棍，将一个锁挂在杯子口。需要提醒小朋友的是，锁必须挂在杯子口，而不是手柄上。悄悄告诉你一件事，巧儿花了大半天的时间，用了整整一盒火柴，都没能把锁挂在杯子口。

Q 看看你需要多少时间吧！

050 火柴们的接触

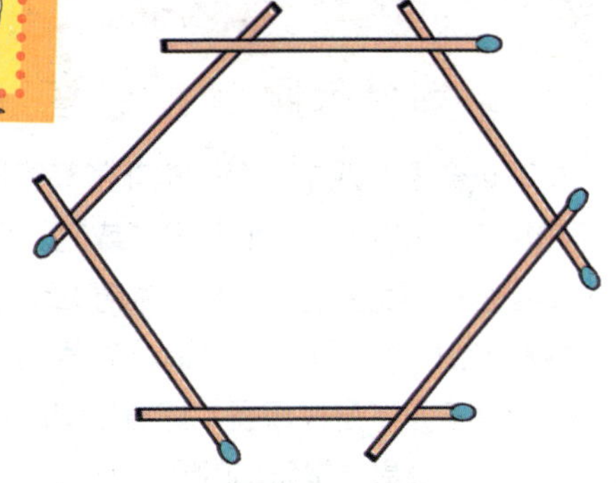

巧儿一个人在房间里做作业已经做了两个多小时了，她想出去玩了，劳逸结合才是最好的学习方式嘛！但是，当她偷偷打开门的时候，发现妈妈像金刚一样站在门口，颜色很难看。

“巧儿，国庆节七天假，你每天就都只知道玩，明天就要上学了，作业都没有写完，怎么还想着出去玩呢？”巧儿妈恨铁不成钢地说。巧儿撇撇嘴，又把门关上了。可是一直写作业也没有效率呀，有些明明很简单的题，因为太疲劳了，竟也想不到答案。这时候，巧儿妈又拿着火柴棍走进来了，她其实也认为巧儿应该放松一下，玩火柴棍游戏对巧儿来说就是最好的放松方式。

Q 这个游戏很简单，给你6根火柴棍，请按照一定的方式排列，让每根火柴棍都和其他5根火柴棍相交，并且不能弯曲和折断。

051 火柴大力士

课间休息的时候，巧儿听见亮亮和君君在聊天。君君问亮亮最崇拜什么人。

“军人！”亮亮说，“你呢？”

君君没有立刻回答，他想了想，才说：“大力士！明明只有一百几十公斤的体重，但是居然可以举起两百多公斤的重物，简直太厉害了！”

“是呀！我也这么认为！”巧儿突然插话，把两个小男孩儿吓一跳。接下来，巧儿就开始和他们玩起了一个火柴大力士的游戏。她从火柴盒中拿出14根火柴棍。

“你们知道吗？火柴棍中也有大力士。看，我能用2根火柴棍，把剩余的12根火柴棍全挑起来！”

Q “别吹牛了，巧儿！”亮亮撇撇嘴说，他才不相信巧儿那么厉害呢！不过，很快，亮亮就后悔自己说过的话了，因为巧儿确实做到了，你知道她是怎么做的吗？

052 1根都不动

在火柴棍游戏中，有一类非常有意思的游戏，就是在一个错误的算式上，移动其中的1根、2根或者3根火柴棍，从而让等式成立。巧儿以前经常玩这样的游戏，还曾经和小表弟参加过这类火柴棍游戏的比赛呢。但是，她怎么也想不到，这样的火柴棍游戏还有一个特例，那就是一根火柴棍都不动，同样能使一个错误的等式成立。

听起来是不是很奇怪？你看到图形的时候可能就不这么认为了。下面，让我们和巧儿一起来看看这个游戏具体是怎样的吧。

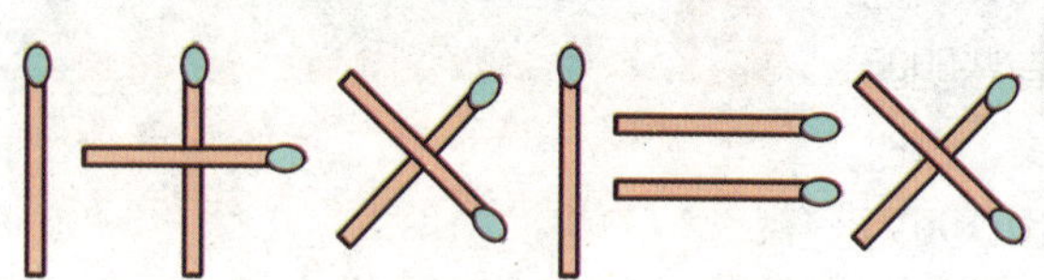

Q 如左图，是一个明显不成立的等式，不移动其中的火柴棍，你能使等式成立吗？给小朋友们一个提示，不要按照常规的方式审题，反过来看看吧。

053 4个三角形

巧儿给君君拿了3根火柴棍，让他搭出一个三角形。很快，君君就把三角形摆出来了。巧儿故意装出大人的样子说："很好，很好！"君君白了巧儿一眼，问她到底想做什么。巧儿却开始卖关子了，她笑着不说话，只是又给了君君3根火柴棍，让他再摆一个三角形。君君虽然觉得很奇怪，但还是照做了。

"错！我要的是用6根火柴棍摆出来的4个三角形，而不是2个！"巧儿突然大声说。

"巧儿，你傻了吧？6根火柴棍怎么能摆出4个三角形呢？你这么小就学会说谎，我明天去学校的时候要告诉大家，你这个小骗子！"君君开玩笑地说。

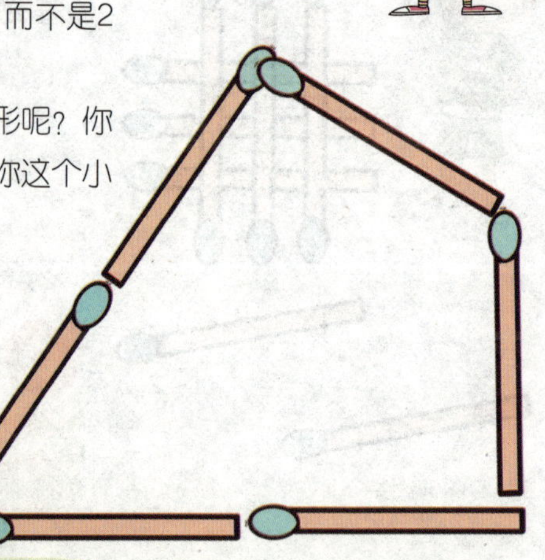

Q "你要是输了，你就是骗子。因为我真的可以用6根火柴棍摆出4个三角形，不信的话，你看！"巧儿一边说话一边移动火柴棍，她居然真的摆出了4个三角形。你知道她是怎么做的吗？

054 巧分池塘

爷爷家有一块池塘，里面养着美丽的睡莲和金鱼。每年，爷爷都会从自家池塘里给巧儿带来漂亮的小金鱼和莲蓬。不过，今年暑假，爷爷来的时候却没带任何东西，反而还一脸为难的样子，巧儿爸爸连忙问出了什么事。原来，爷爷想把池塘用竹篱分成三个部分，养殖一些其他的东西，但池塘的形状非常难以三等分，因此爷爷愁得连睡莲和金鱼都没有精力去管理了。

巧儿对爷爷的池塘非常熟悉，她用火柴棍把池塘的形状拼了出来，如右图所示。

Q 应该怎么样使这个池塘分成完全一样的三等分呢？巧儿开始动起了脑筋，她想把爷爷解决这个难题。

055 师傅的烦恼

巧儿家有一个做木匠的远亲，平时根本没有来往，所以巧儿一直不知道这位木匠爷爷。可是上周，这位木匠爷爷突然来到他们家，并请巧儿爸爸帮一个忙。什么忙呢？原来这位爷爷收了三个徒弟，每一个都十分出色，并且对师傅也非常孝顺。现在，眼见着徒弟们都长大了，该成家了，做师傅的却没有什么东西送给他们，想来想去，只好把自己仅有的一块地平分给他们。可是那块地的形状非常特殊，木匠爷爷不知道怎么办才好，于是来找巧儿爸爸帮忙。

木匠爷爷用火柴棍将土地的形状摆出来，就如左图所示。

Q 要不你来帮木匠爷爷想想办法，将这块地三等分吧。

056 花圃的等分

巧儿家附近有一个公园，是十几年前修建的。最近，巧儿听妈妈说公园要重新扩建了，会增加很多好看的树木和花，最重要的是，在公园的正中心，将会修建一个非常漂亮的大喷泉，巧儿和小朋友们简直高兴坏了。

公园有一处梯形的花圃，就是这个花圃，将会被种上各种各样美丽的花树。不过，为了种植的方便和美观，花圃必须等分为三等分，并且每一部分仍然是相同的形状，只是面积变小了而已。

Q 如右图是花圃的形状，想想看，应该怎么把它三等分呢？

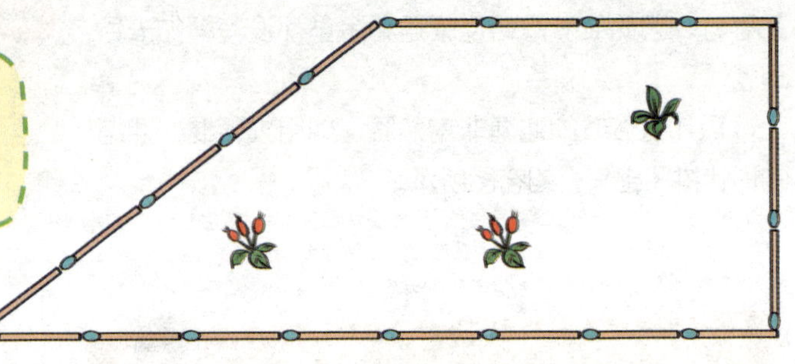

057 巧分兔棚

小朋友们有没有养过可爱的小白兔呢？最近，巧儿受表姐的影响，决定也去买一只小白兔回家养。周末的时候，她和表姐一起来到了宠物市场，看到了各种各样的兔棚和小兔子。转了一圈，两个小女孩儿最终选定了一家店，进去之后，她们看到这个宠物店里有整整4个小兔棚，如下图所示：

Q 图上是用24根火柴棍组成的兔棚。你能不能用8根火柴棍，把这个大兔棚分成面积和形状都一样的4个小兔棚呢？当然，每一个兔棚里面都不能缺少兔子的，因此被等分的4个兔棚中，每一个里面都必须要有一只兔子哦。

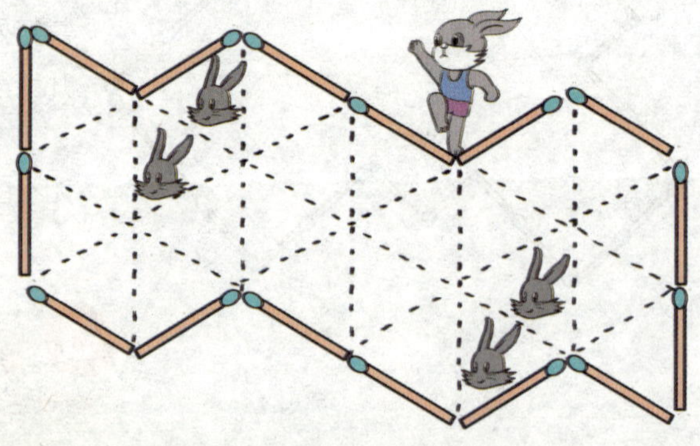

058 给爷爷倒酒

每个人都有不同的喜好，比如巧儿，最喜欢的是火柴棍游戏，巧儿妈最喜欢的是给家人做好吃的饭菜，而爷爷最喜欢的就是酒。每次爷爷过来，爸爸妈妈都会提前准备一瓶好酒，不然爷爷吃饭都会觉得不香。

每一次陪爷爷吃饭，巧儿家都有一个规定，爷爷喝的第一杯酒要由巧儿亲手去倒。如果将酒杯和酒瓶都用火柴棍的形式表现出来，如右图所示。

Q 用18根火柴棍摆出来的相互排列着的酒杯和酒瓶，移动其中的3根火柴棍，从而使得酒瓶口对准酒杯。应该怎么移动呢？

059 巧变邮编

今天的语文课上，老师教大家写信的格式，巧儿学习完之后，就一直想亲自给爸爸妈妈写一封感谢信，因为有些话不好意思说，在信里面说就方便多了。于是放学后，巧儿就在书房里开始认认真真地写信了。

最后，巧儿把写好的信装进信封，在信封上写上收信人的地址和姓名，最后写上邮编。她偷偷把信放进家里的信箱，这样晚上爸爸妈妈就可以看见信了。巧儿高高兴兴地等着爸爸妈妈夸奖她懂事，但其实，她把邮编写错了，少写了一个数字。巧儿爸后来还用这个邮编和巧儿玩了一个游戏呢。巧儿写错的邮编如右图所示。

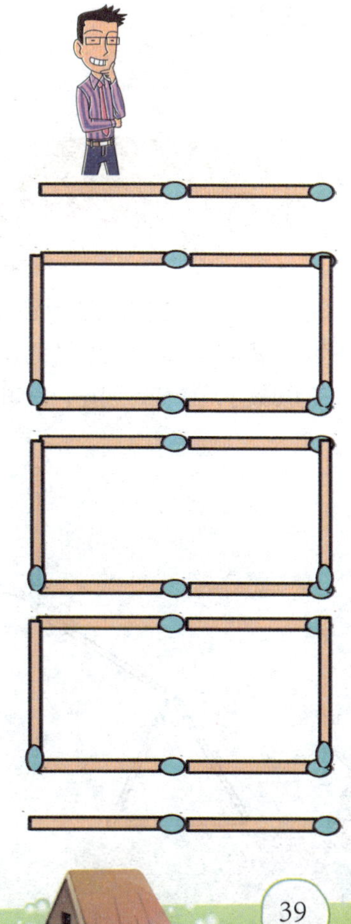

Q 这是数字“10001”，移动其中的3根火柴棍，这个错误的邮编号就能变成一个年代数。

060 灵活的九节鞭

说到功夫影星，就不能不说巧儿最崇拜的李小龙了，每一次看到有关李小龙的报道，巧儿都能激动好几天睡不着。那样有骨气有本事的英雄，谁会不喜欢呢！巧儿班上的小伙伴们也非常喜欢，有些男生甚至还练起了李小龙的双节棍呢，当然，他们练得非常不好啦。所有男生中，亮亮的双节棍使得最好，不但如此，对九节鞭他也学过，原来他曾经在一家武术馆学习过。

巧儿对九节鞭也感兴趣，不过她不是想学，而是想到了一个关于九节鞭的游戏，如右图所示，是一个用9根火柴棍摆成的九节鞭。

Q 移动火柴棍的位置，你能不能摆出3个正方形和7个长方形呢？

061 天平不平

天平最重要的功能是什么呢？当然是用来称量的。可是，如果一个天平是斜的，它称量出来的结果就是错误的。上次，巧儿妈去市场买菜的时候，就遇见了一个根本放不平的天平，害得她白白损失了几块钱。现在，假如用火柴棍给你摆出一个倾斜的天平，你能不能把它放平了呢？

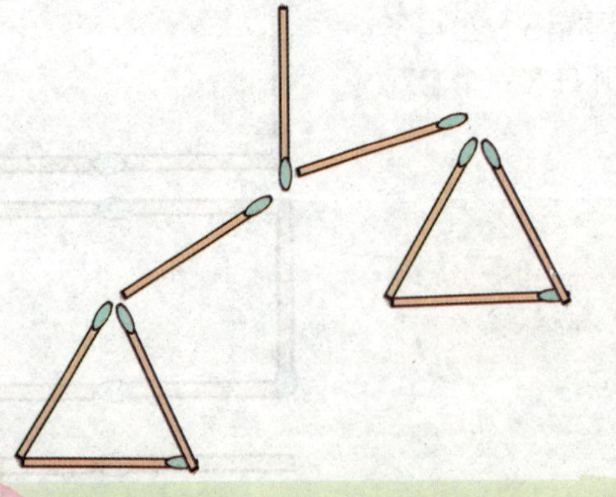

Q 左图所示的就是一个用9根火柴棍摆出的不平的天平，如果用它称东西，就会让人们损失很多钱。怎么移动这上面的5根火柴棍，使天平平衡呢？和巧儿一起动手试试吧。

062 不变的10字

巧儿和乐乐打了一个赌，用8根火柴棍，可以排列成数字10，可巧儿说，用9根火柴棍，同样能摆出数字10。乐乐当然不相信了，于是他和巧儿打赌，如果巧儿真能用9根火柴棍摆出数字10的话，下个星期，巧儿可能得到一个惊喜。

惊喜可是巧儿的最爱。其实，乐乐这一次可吃了大亏，他哪里知道，就算巧儿摆不出来，她也一定会为了一个惊喜去请琪琪帮忙。

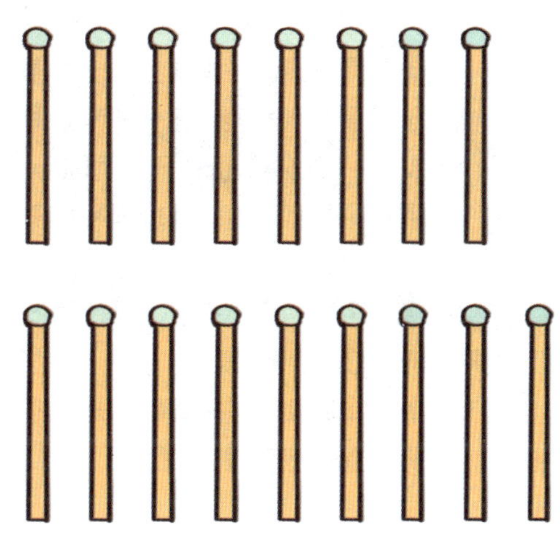

Q 人家不是说三个臭皮匠赛过诸葛亮吗，有琪琪帮忙，巧儿怎么会输呢？

063 楼房变正方形

巧儿家附近新搬来一户新住户，听妈妈说，他们不但将旧房子拆了，还重新盖起了两座新楼。如果用火柴棍将这两座楼房的形状和位置摆出来，你将会发现这是一个非常有意思的游戏。下面，我们就一起看看巧儿摆出来的图形吧。

Q 右图就是用15根火柴棍摆成的楼房的形状，移动其中的4根火柴棍，这两座楼房就会变成2个面积不一样的正方形。听起来是不是有意思呢？小朋友们自己动手试试吧。

064 快问快答

和巧儿一起玩一个快问快答的火柴棍游戏吧。看，先用火柴棍在桌面上摆出数字0—9，然后倒着看这些数字，在一分钟时间内，和小朋友们一起抢答下面的几个问题。

（1）哪几个数字倒过来看也是和原来一样的呢？

（2）哪几个数字倒过来看之后，就不是我们熟悉的阿拉伯数字了呢？

（3）哪几个数字倒过来看仍然是阿拉伯数字，但是数值已经不一样了呢？

Q 这是一个快问快答的游戏，所以思考的时间很短，小朋友们，看看自己灵活变通的能力怎么样吧？巧儿可是很厉害的哦，千万不要输给她。

065 小猪变乌龟

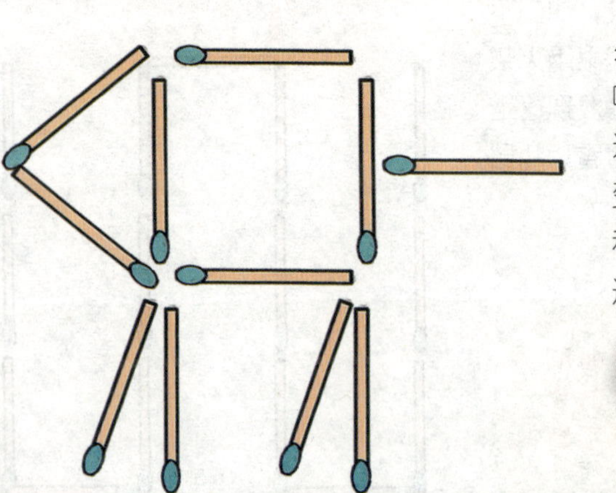

小朋友们一定见过胖墩墩的小猪吧？那么，有“长命百岁”称号的乌龟有没有见过呢？如果这两种小动物你都见过，那就一定知道，它们之间的差距可是非常大的，不管怎么变化，小猪都不会变成小乌龟。可是，如果你和巧儿一起玩这个火柴棍游戏，你就会知道，这也是有可能的。

Q 这是一个由火柴棍摆出来的小猪的形状，其实，你只要移动其中的2根火柴棍，就可以让小猪变成可爱的小乌龟哦。动手试试吧。

066 小天鹅来了

著名的童话《丑小鸭》大家还记得吗？一只出生在鸭群中的小天鹅，因为自己和鸭子长得完全不一样，而被所有的伙伴们嘲笑。可是最终，这只被认为最丑的“鸭子”，居然变成了美丽的小天鹅了。

虽然这只是一个童话故事，但是在现实生活中，我们还是能够见证这样的奇迹。只不过，这就需要借助火柴棍来帮忙了。

Q 这是一只由12根火柴棍拼成的小鸭子的图形，如果你能够在此基础上，加上4根火柴棍，然后再移动3根火柴棍，就会发现，丑小鸭居然能够变成白天鹅。

067 八卦图的变动

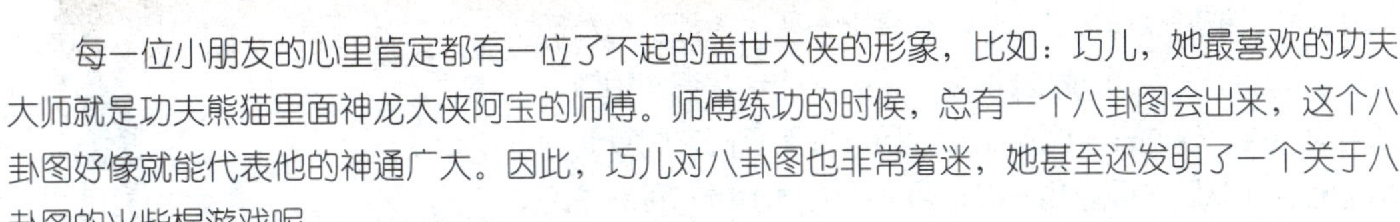

每一位小朋友的心里肯定都有一位了不起的盖世大侠的形象，比如：巧儿，她最喜欢的功夫大师就是功夫熊猫里面神龙大侠阿宝的师傅。师傅练功的时候，总有一个八卦图会出来，这个八卦图好像就能代表他的神通广大。因此，巧儿对八卦图也非常着迷，她甚至还发明了一个关于八卦图的火柴棍游戏呢。

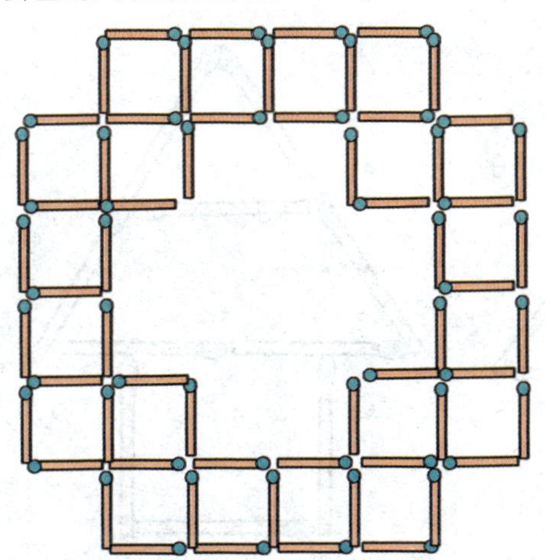

Q 这是用60根火柴棍摆成的八卦图，里面包含着20个正方形。现在，请减少其中的8根火柴棍，从而让正方形的数目减少8个。你可以做到吗？

068 钓鱼

巧儿是个没有耐心的孩子，因此，爷爷为了锻炼巧儿的耐心，决定经常带她去钓鱼。但是，在钓鱼的过程中，巧儿要么放下渔竿去追蜻蜓，要么就拿着渔竿在水面上晃来晃去，害得鱼儿都不敢来咬钩。最后，爷爷终于没办法了，决定让巧儿一个人去玩，可是一个人也没什么好玩的呀，于是巧儿又去缠着爷爷了。

爷爷想了想，决定让巧儿玩一个和钓鱼有关的火柴棍游戏。他用8根火柴棍在地面上摆了一个鱼儿被钓住的图形（右图），只不过，这条鱼被钩住的不是嘴巴，而是背部。

Q 那么，应该怎么移动火柴棍，使鱼钩钩住鱼嘴呢？

069 房子变成的小树

巧儿在生活中有一个非常好的习惯，那就是善于观察，她很细心，能够从身边的事物中观察出一些大人都没有发现的小规律。上周，巧儿就发现房子和树木的形状有些相似，她用火柴棍将这两样东西摆出来，还发现了它们之间其他的秘密呢。让我们先像巧儿一样，用火柴棍摆出树木和房子的形状吧，如右图：

图形的左边是一棵小树，右边是一所房子，看一看，它们是不是很相像？更奇妙的是，移动房子中的３根火柴棍，房子就可以变成３棵和小树长得一模一样的树。不相信的话，就自己动手试试吧。

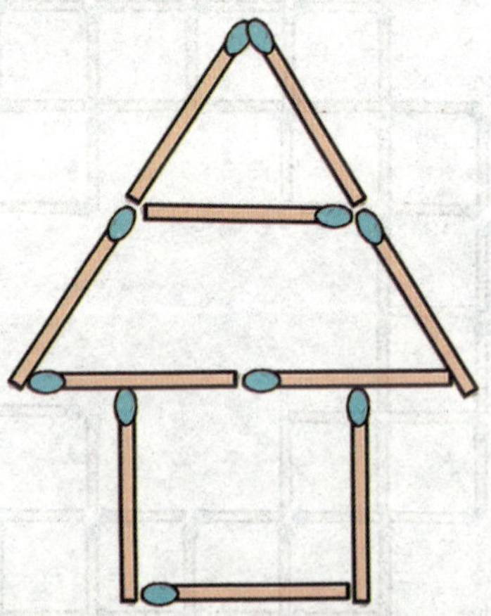

第二章

推理大本营

层层剥茧，用火柴棍完美解析最好的答案

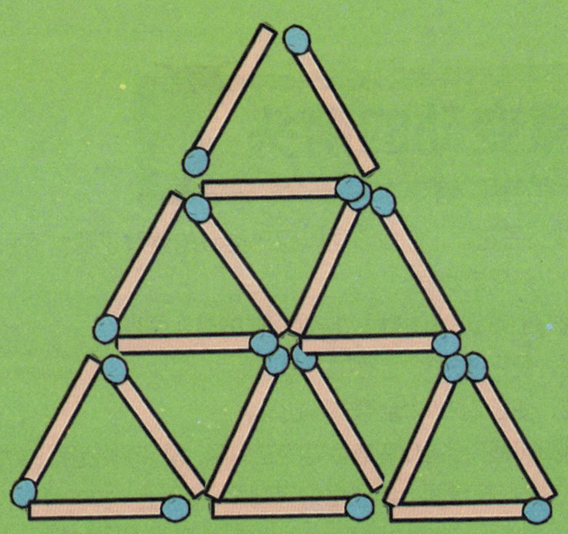

001 随意变动的房子

火柴棍游戏中，变动最多的就是房子，巧儿便经常摆出房屋的图案，然后移动其中的火柴棍，让房子发生变动。不过，一般情况下，房子的变动只有一次，但最近她在新买的游戏书上却发现，同一种摆法的房子，有很多种变动方式。那本书上的游戏是这样的：

下图是由11根火柴棍摆成的房屋图形：

(1) 移动2根火柴棍，使之变成是11个正方形；

(2) 移动其中4根火柴棍，使之变成15个正方形。

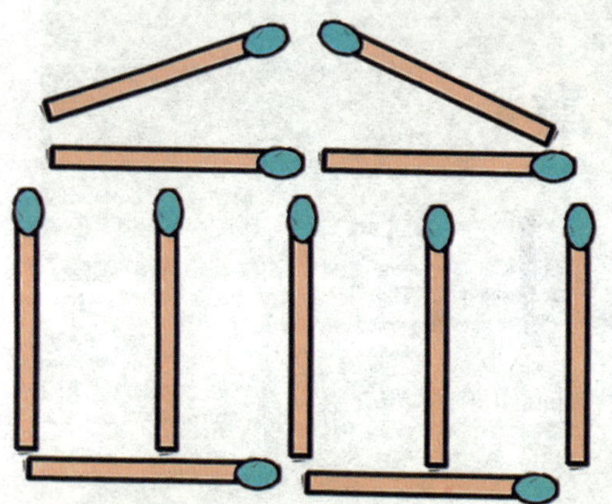

Q 巧儿的视线重新转移到房屋上，如何移动2根火柴棍呢？她觉得看书上的图形根本不能帮她解决问题，于是从口袋里掏出火柴棍，自己在桌子上摆出了书中的图案，然后尝试着移动其中的火柴棍。然而，不管是移动2根还是4根，巧儿始终无法摆成固定数目的正方形。她想向小朋友们求助，你能帮她想想办法吗？

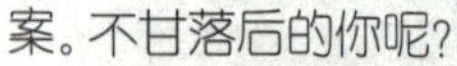

002 随意变动的箭头

有了上面那个游戏做例子之后，你应该可以应对类似的游戏了吧？下面，让我们和巧儿一起，再玩一个多次变动的火柴棍游戏吧。

下图是巧儿在新游戏书上看到，由16根火柴棍组成的箭头图形：

（1）移动8根火柴棍，使它成为8个全等的三角形；

（2）移动7根火柴棍，使它成为5个全等的四边形。

看清题目，题 (1) 是移动8根火柴棍，变成全等的三角形，题 (2) 则是移动7根火柴棍，成为全等的四边形。巧儿看完图形之后，在桌面上自己摆好了图案，有了上一次的经验，她很快就找到了答案。不甘落后的你呢？

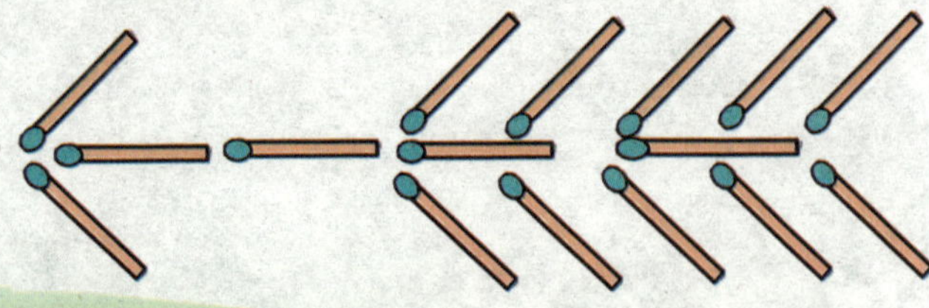

003 神奇的螺旋线（一）

课间休息的时候，薇薇悄悄地告诉巧儿，每个人的指纹都是特定的，而且它还和一个人的命运息息相关呢。

“怎么可能呢？这是迷信！”巧儿笑着反驳薇薇。

“为什么不可能？为什么每个人手指上的指纹都是不一样的？而且，你仔细看看自己的手指肚，那上面的螺旋线，是不是很神奇？你有没有感受到一种奇特的力量吗？”薇薇煞有其事地说。但是巧儿看不出一丝神奇之处，不过指肚上的螺旋线到让她想到了一个好玩的火柴棍游戏。她转过头，笑着对薇薇说：“我给你摆一个火柴阵，如果你能够‘破阵’，我就决定相信你！”

“怕你呀！”薇薇一向不擅长玩火柴棍游戏，但是她为了让巧儿同意她的观点，只好答应了巧儿的要求。只见巧儿拿出火柴棍，在课桌上摆了一个由35根火柴棍组成的螺旋线图案（如右图所示），乍一看，确实挺像我们的指纹形状。

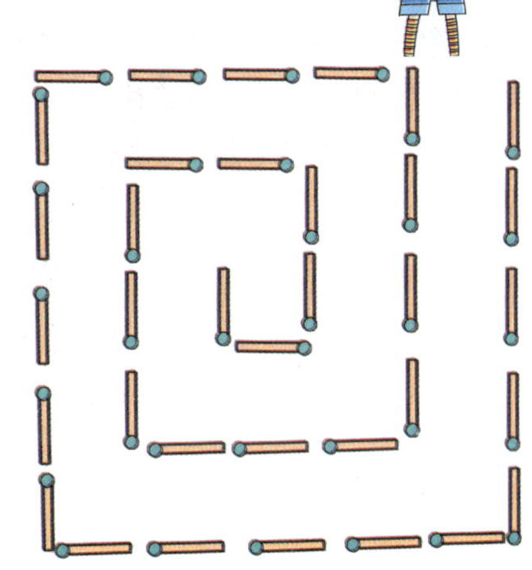

“如果你能移动其中4根火柴棍，使之成为三个正方形，我就相信你！”巧儿说。

薇薇看着桌面上那个奇怪的图案，怎么都想不出办法使之按照要求形成正方形。正在她绞尽脑汁的时候，上课铃响了，薇薇连忙回到自己的座位上。

Q “我已经想到怎么移动火柴棍了，不过现在上课了，下课之后我再告诉你！”她边走边对巧儿说。实际上，薇薇并不知道怎么做，但是她想利用上课的时间找到答案。你能在这45分钟之内，帮助她吗？

004 神奇的螺旋线（二）

关于螺旋线的火柴棍游戏，巧儿熟悉的可不止上面一种。有一次晚饭之后，巧儿爸爸没有像平常一样一头扎进书房，而是陪女儿玩起了火柴棍游戏。当他看到一些简单的游戏根本难不住巧儿的时候，就想到了下面的螺旋线游戏。

爸爸取来一些火柴棍，在桌面上摆下了右面的图案：

巧儿还没有来得及思考，爸爸又在那个图案的旁边，摆了另外一个图案：

图1

“第一个图案，要求移动3根火柴棍，让它变成3个正方形；第二个图案，要求移动5根火柴棍，变成4个正方形。哈哈，怎么样，乖女儿？是不是被爸爸难倒了？要是不会做，可以向爸爸请教哦！”爸爸在一旁幸灾乐祸地对巧儿说。他太低估巧儿了。巧儿才不是那种知难而退的女孩儿，她只会勇往直前，用自己的智慧推开一切阻碍。一个小时之后，巧儿将答案完美地摆放在爸爸面前，爸爸一下子就傻眼了。

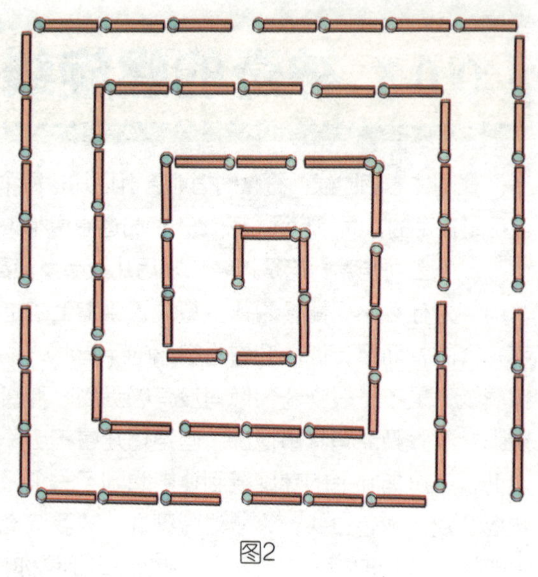

图2

Q 这个游戏是他在公司上班的时候，同事出的题，他用了差不多一天的时间才得出答案，而巧儿才用了一个小时的时间想出答案。你能用多长时间想出答案呢？

005 英语老师的兴趣

不知道从什么时候起，年轻漂亮英语老师开始和小朋友们围在一起，玩起了火柴棍的游戏。巧儿非常喜欢这位英语老师，她很亲切，像个大姐姐一样，总是关心、爱护同学们，因此他们也非常愿意和她一起玩游戏。不过，既然是英语老师，那么她出的题也一般都是和英语有关的。

上个星期，英语老师就曾经和孩子们玩过这样的游戏：她用4根火柴棍在桌面上摆了一个英文字母“W”，然后要求同学们在此基础上增加3根火柴棍，使其成为有9个三角形的图形。大家围绕着“W”想了很长时间，但一直没有人找到答案。最后，英语老师不得不在上课之前将答案告诉了同学们。巧儿知道答案之后，再回头看那个“W”，觉得这一题很简单。不过，如果太执着找到“W”和三角形之间的规律，你还是难以得出答案的。

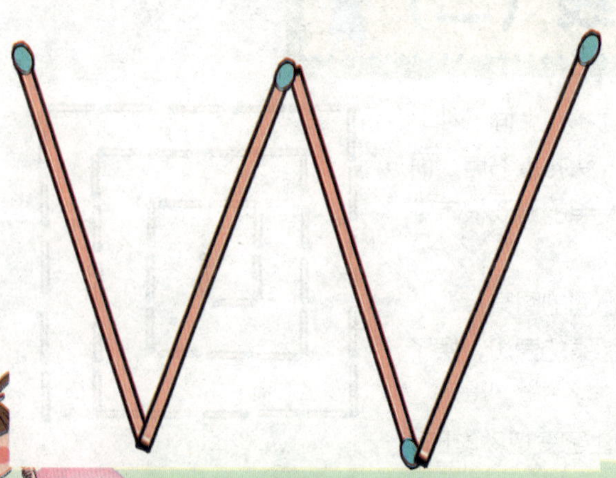

006 多变的“田”字

现在有很多小朋友不知道农田的样子，不过，幸运的是，姥姥家现在还保留着几亩农田，每年夏天，巧儿都会和爸爸妈妈一起去农田里“劳作”一番。她很喜欢农田，也很喜欢自己劳动之后的满足感，果然，劳动的人是最美的。

每次劳动结束之后，爸爸都会在农田附近的小店里给巧儿买一个冰激凌，然后在树荫下乘凉和聊天。这时，爸爸会和巧儿玩火柴棍游戏，因为这是他们两个人都十分拿手的。今年夏天，爸爸就农田的“田”字，给巧儿出了一系列的难题。他先用火柴棍在地面上摆成一个标准的“田”字，然后连续提了四个要求：

（1）拿走其中2根火柴，使其成为两个正方形；

（2）移动其中3根火柴，使其成为三个正方形；

（3）移动其中4根火柴，使其成为三个正方形；

（4）移动其中4根火柴，使其成为十个正方形。

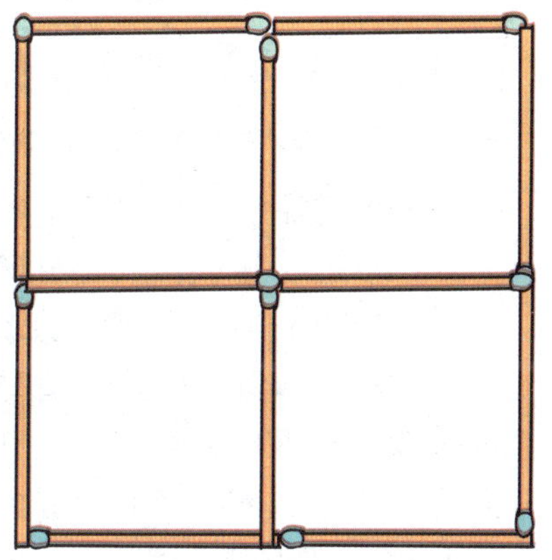

Q 巧儿有些目瞪口呆地看着爸爸说出的四个要求，这么简单的一个“田”字，居然会有那么多变化？而且，不管是移动3根火柴还是4根火柴，都能让那个“田”变成三个正方形？不过，怎么想不如马上行动，巧儿决定从第一个要求开始。用了接近半个小时的时间，她想到了题（1）和题（2）的答案，但是题（3）和题（4）完全被卡住了。你有头绪了吗？能不能帮帮巧儿？

007 往反方向走

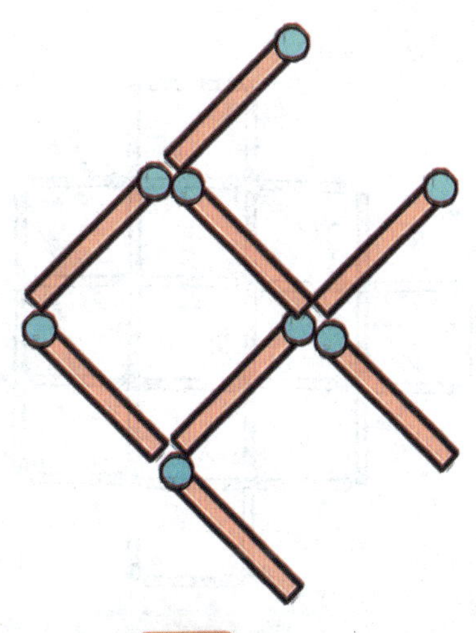

星期天，巧儿决定在家和小朋友们玩一个好玩的拼火柴棍游戏，她把最好的朋友都找过来了，要求她们每人摆一个火柴阵，然后根据火柴阵出题，另外的伙伴进行抢答。巧儿让妈妈做裁判，谁答对了，妈妈就在谁的脸上用红笔做一个胜利的记号，最后谁脸上的红记号多，谁就是最终的胜利者，而获得最终胜利的人，将获得妈妈颁发的一份神秘大奖。大家纷纷举手参加，对那份神秘大奖万分期待。巧儿也不甘示弱，她随着妈妈的一声“开始”，开始出第一题：巧儿先用火柴棍在桌子上摆出一头非常可爱的小猪和一条小鱼，然后要求好朋友们移动最少数目的火柴棍，使小猪朝相反的方向跑，小鱼往相反的方向游。

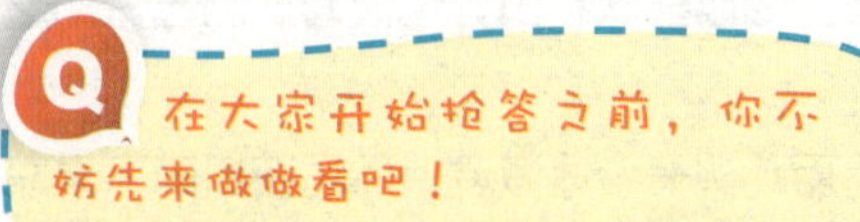

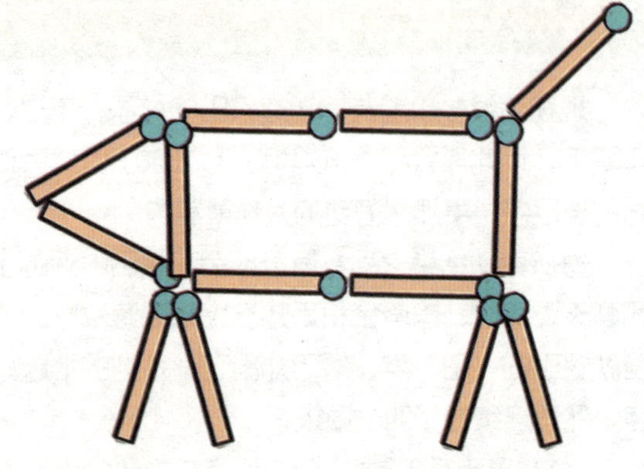

008 复杂的红十字

巧儿出完题后，大家很长时间都没有想出答案，为了不耽误比赛，妈妈决定暂时将这个问题放起来，另一个人接着出题。巧儿最好的朋友娇娇早就忍不住了，因此妈妈的话刚说完，她就迫不及待地拿起了火柴棍，把早已想好的图形摆出来了，那是一个复杂的红十字图案：

娇娇摆完火柴阵之后，得意洋洋地拍了拍手，然后对伙伴们说："这是一个由36根火柴棍，摆成的13个正方形的图案，它是一个复杂的红十字会标志。你们谁能从中拿走4根火柴棍，而使这上面的正方形数量减少5个，与此同时还保持红十字的标志不变呢？"

大家都认真盯着这个图形，妈妈也在一旁仔细地看，她还真没想到，自己这么大个岁数，居然被一个小女孩儿给难住了。但是，为了掩饰自己，妈妈故意咳嗽了一声，对巧儿说："乖女儿，这么简单的问题，不用妈妈出马帮你吧？"巧儿立刻摇摇头，她才不需要别人的帮忙呢。

Q 果然，很快就有人抢答了，这个人就是聪明的班长琪琪，她很快从里面抽走4根火柴棍，从而达到了娇娇的要求，你知道她是怎么做的吗？

009 重组图形

巧儿真是不服气，自己刚刚才理出头绪，琪琪居然就已经知道了答案，她感到自己受到了伤害。不过，这就是比赛。获得第一个红记号的琪琪已经出题了。琪琪同样先在桌子上摆了一个由火柴棍组成的图案：

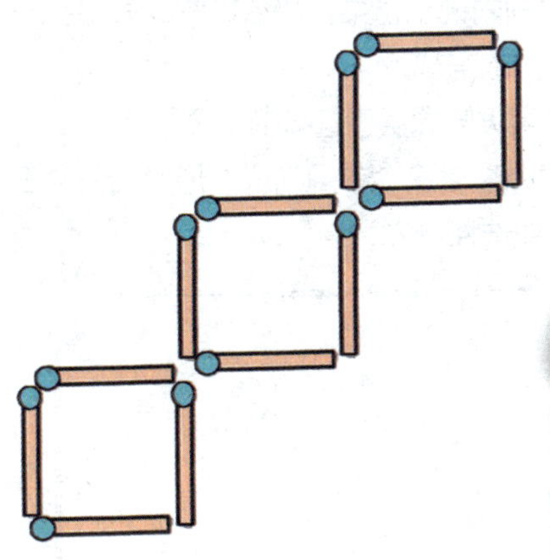

这是一个由12根火柴棍连接在一起的三个面积相等的正方形，游戏的要求是，移动上面的火柴棍，重新组成一个新的图形，使新图形的面积是原来3正方形面积的三倍。

Q 巧儿还沉浸在失败的“痛苦”中，她还没有反应过来，于是琪琪只好把问题重新说了一次，巧儿听完之后，决定要第一个得出答案。亲爱的小朋友，你能不能帮帮她？

010 增加的正方形

巧儿终于抢答了一道题，她红彤彤的小脸上被妈妈划着一个大大的红记号，乐得巧儿嘴都合不拢。接下来出题的是最近才搬过来的小邻居微微，如果她的题目简单，那么巧儿便有可能再获得一个红记号，因此，她两眼冒光地等着微微的题目。

微微自从搬到新家之后，这还是第一次和小伙伴们一起玩游戏，所以她有些紧张，这也是为什么前面三题她都没有回答的原因，实际上，这个小女孩儿非常聪明，最初巧儿出的那个题目，她心里已经有答案了，聪明的微微很快就在桌子上摆出这样的图形：

由15根火柴棍组成的4个正方形，游戏的要求是移动其中的两根火柴棍，使正方形的数目增加到6个。琪琪心想：又是增加正方形的数目，微微真是一点儿创意都没有。

不过，这样刚好给了她抢答的机会，琪琪正准备举手说答案的时候，娇娇又站起来了，她抢在琪琪之前说出了正确答案，琪琪很遗憾，不过很遗憾也没用，因为妈妈的红记号已经醒目地画在娇娇的小脸蛋上了。你想知道娇娇是怎么做的吗？

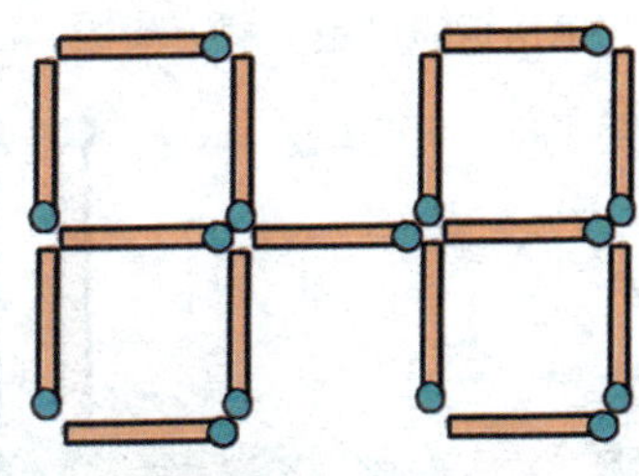

011 巧变三角形

游戏最后，只有副班长茗茗一道题都没有答对，她一个人孤零零地站在一边，看着小朋友们高兴地跳着。巧儿妈看到茗茗闷闷不乐的样子，于是提议再给茗茗一次机会，这次由妈妈出题，只许茗茗一个人回答。但是限定时间，如果茗茗在规定的时间内说出答案，那么她同样会得到一个红标记，大家都认为这是个好办法，于是茗茗开始了一个人的奋战。

妈妈把大家带到巧儿平常学习的房间里，然后在桌子上用火柴棍摆了这样的一个图：

这是一个缺了一角的正方形，妈妈说，如果茗茗能够想办法使这个不规则的图形变成两个三角形的话，就算获胜。可供选择的工具不限于火柴棍，但只能选择一样。

Q 当然，妈妈在出这道题的时候，目光不住看着茗茗，她同时希望其他的小朋友能够利用自己的聪明才智，想出答案。如果你已经知道答案了，能不能帮帮委屈的茗茗？

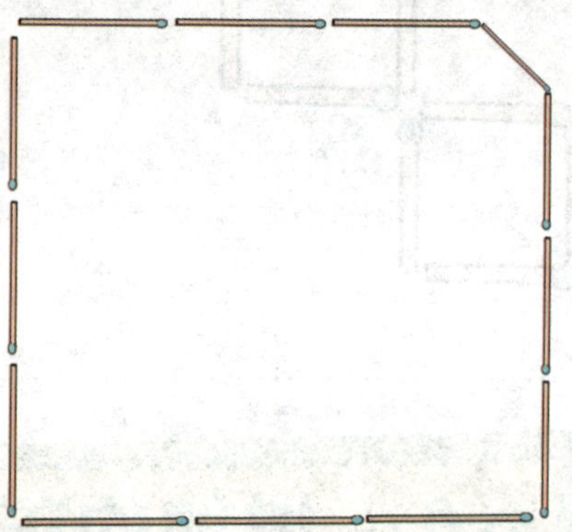

012 取火柴

今天是周五，从明天起，大家又可以在家玩两天了，巧儿和小朋友们都非常高兴，约定了放学后一起去巧儿家玩。不过，大家准备玩火柴棍游戏的时候，出现了一点儿小矛盾，巧儿和琪琪为了一盒火柴棍吵起来了，她们都说这盒火柴是自己的，可谁也拿不出有力的证据。这该怎么办呢？大家可不是来看她们俩吵架的。

最终，巧儿想到了一个主意，用火柴棍游戏来决胜负，谁赢了这盒火柴就归谁。琪琪听完之后也觉得这个主意好，于是由亮亮出题，比赛开始了。亮亮从火柴盒中拿出11根火柴棍，让巧儿和琪琪轮流从桌上拿火柴棍，每人每次可以拿1—3根，拿到最后一根的人算输。你知道应该怎么拿呢？

013 调头的黄牛

一大早，巧儿妈就接到姥姥打来的电话，原来舅舅在放牛的时候，不小心让牛顶了一下，受了重伤，现在正在医院治疗。巧儿妈急急忙忙把巧儿送进学校，然后就赶去了医院，直到巧儿放学才回来。

吃过晚饭，巧儿妈又带着巧儿去了医院。巧儿看见舅舅微笑着和她打招呼，好像伤势并不严重。舅舅笑呵呵地说是姥姥太担心，只是轻轻被牛撞了一下而已，巧儿松了口气，坐在舅舅床边陪他聊天。聊着聊着，舅舅突然说两个人玩一会儿火柴棍游戏，因为他从这次的受伤事故中想到了一个新游戏。巧儿当然兴高采烈地答应舅舅。只见舅舅在病床旁边的桌子上用13根火柴棍摆成了一头黄牛，右图所示。

Q “移动两根火柴棍，让黄牛调头，就算你赢。”舅舅摆完后笑着对巧儿说。巧儿听完题之后就静静思考着，可她想了很长时间，仍然一点儿头绪都没有。眼见巧儿妈催着她回家了，你能不能及时帮帮她呢？

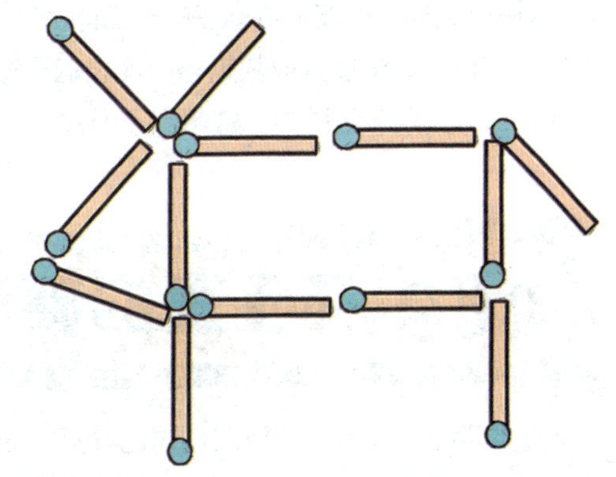

014 回游的金鱼

舅舅在医院给巧儿出的题，巧儿直到第二天放学都没有想明白，最后只好让舅舅说出答案。知道答案之后，巧儿闷闷不乐，因为她觉得那道题实在是很简单，自己为什么就没有想到呢？巧儿是个非常聪明的小姑娘，她觉得这样移动火柴棍的方式可以演变出很多同类的游戏。这不，她的小脑袋里立刻就有了一个，她要去和小朋友们一起玩。

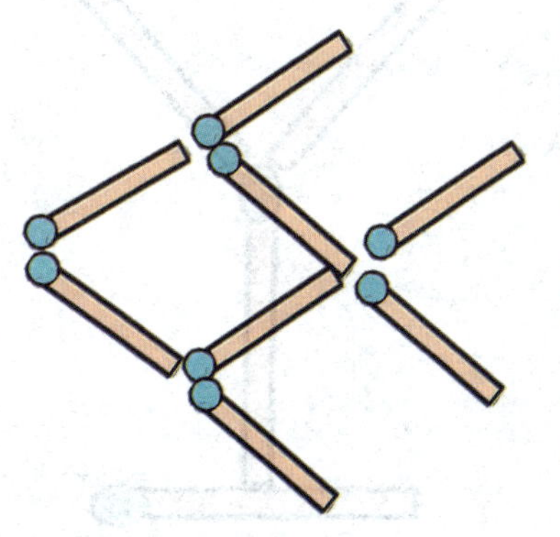

巧儿把平常一起做游戏的小朋友们聚在一起，然后用8根火柴棍在地面上摆了一条金鱼（左图所示）。要求只移动其中的两根火柴棍，就使金鱼改变先前的游向。出完题之后，巧儿就在一旁看着伙伴们讨论，她觉得大家肯定解不出答案，最后一定会有人求她公布结果。可惜呀，她忘了最聪明的琪琪也在这里。几分钟之后，琪琪就按照要求让金鱼朝相反的方向游了。

不知道你有没有得出答案呢？

015 倒扣的杯子

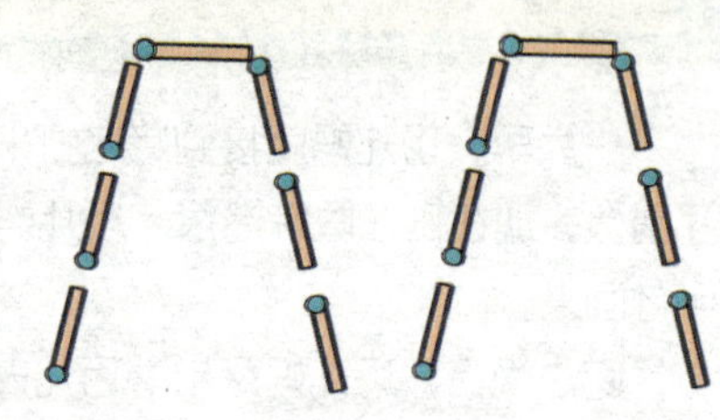

巧儿最近发现妈妈有一个非常奇怪的习惯，就是每次刷完碗或者喝完水之后，总喜欢把盘子或者杯子倒扣。为什么要倒着放呢？巧儿觉得非常奇怪。后来，巧儿妈告诉她，这样能保持杯子内部的干净。巧儿若有所思地点点头。巧儿妈突然笑着对巧儿说：“乖女儿，妈妈刚才想到了一个好玩的游戏，你要不要玩？”听到游戏两个字，巧儿的双眼就在发光，她怎么会不玩呢？

巧儿妈很快用14根火柴棍在旁边的桌子上摆了两个看起来倒扣着的杯子。“你能不能只移动其中5根火柴棍，让这两个杯子的开口向上呢？”一听到移动5根火柴棍，巧儿就知道麻烦来了。要知道，移动火柴棍的根数越多，代表她要思考的移动位置也越多。巧儿只好硬着头皮去思考。其实，这个问题非常简单，你想到了吗？

016 杯子里的硬币

上学路上，巧儿和小朋友们讨论最喜欢的动画片。

“我最喜欢看《火影忍者》，鸣人太帅了！”一个小男孩儿说。

“不，《海贼王》才好看，路飞比鸣人更厉害！”另外一个小男孩儿不服气地争辩。两个人吵得面红耳赤。巧儿和几个女孩子走在前面，听见他们的话后同时转过身，说：“我觉得包拯比他们都帅！”旁边的女同学都点头表示赞同，男同学则无语地跟在后面。

“你昨天看《少年包青天》了吗？包拯简直太聪明了。那个小店老板在柜台上摆的那个火柴棍游戏，你想到答案了吗？”巧儿兴高采烈地和伙伴们讨论。

“我摆给你看。”巧儿停下来，从口袋里掏出火柴棍，“这是由4根火柴棍摆成的高脚杯，这枚硬币放在高脚杯中。移动其中2根火柴，既要让杯子倒置，还要让硬币出杯。”

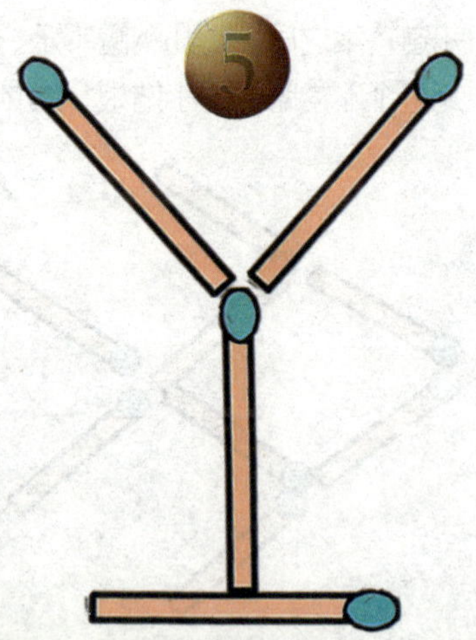

“我觉得很难！我不会！”薇薇看完之后说。几个男孩儿也围上来，但是他们看完之后也不知道怎么揭开谜底。因此大家商量着到学校之后，问问班长琪琪。

017 救出被困的蜜蜂

夏天一到，巧儿最讨厌的苍蝇也跟着到了。这些讨厌的家伙整天在家里“嗡嗡嗡”地叫个不停，巧儿简直气坏了。她让妈妈在超市帮她买了一个苍蝇拍，苍蝇在她周围出现的时候，她就立刻拍下去，有时候能一下打死两只苍蝇呢。

巧儿妈见巧儿在客厅气呼呼地和苍蝇“战斗”，忍不住一个人躲在厨房偷笑。不过她又想到了一个好玩的火柴棍游戏，于是她来到巧儿身边，笑着对巧儿说：“乖女儿，你抓住的要是勤劳的蜜蜂，可怎么办？”巧儿撇撇嘴，她才不会拍蜜蜂呢，她喜欢它们还来不及。

“假如一只蜜蜂被困在了苍蝇拍上，你应该怎么把它救出来呢？”巧儿妈边说，边用5根火柴棍在桌子上摆了右图所示的图案。

Q “你能不能只移动2根火柴棒，从而让拍子调头，救出困在里面的蜜蜂呢？”妈妈问。巧儿盯着图案想了一会儿，这真算不上一个难题，巧儿稍微思考一下就救出了蜜蜂。你想知道她是怎么做的吗？

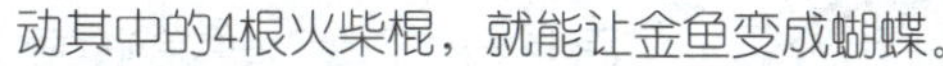

018 变成蝴蝶的金鱼

前几天，巧儿和小朋友们玩了一个关于金鱼的火柴棍游戏，这不，她又在一本游戏书上发现了新的金鱼游戏，而且比上一个游戏更好玩呢！

巧儿马上把大家召在一起，小朋友们纷纷围坐在巧儿家的客厅里，巧儿妈从冰箱里拿出一个大西瓜，切开了放在小朋友们旁边。不过，这群馋嘴的小孩儿此刻却没有心思去吃西瓜，因为他们的视线全被巧儿摆在桌面上的游戏吸引住了。那是一个由16根火柴棍摆成的金鱼，巧儿说，移动其中的4根火柴棍，就能让金鱼变成蝴蝶。

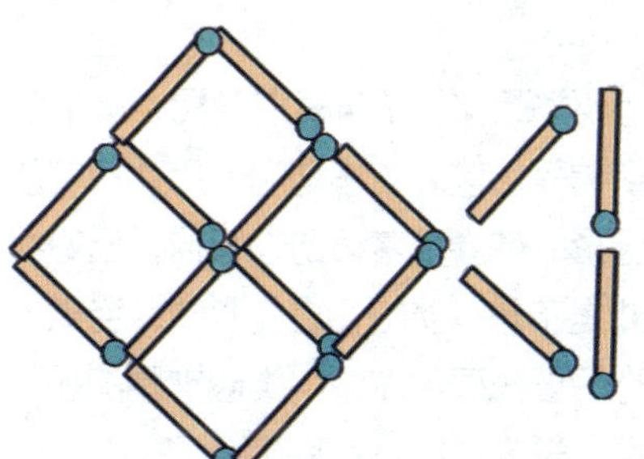

大家听完之后，就立刻七嘴八舌地讨论开了。大多数小朋友认为不可能，金鱼怎么能变成蝴蝶呢？就连平时反应最快的琪琪，此时也在一边默不作声，她也没想到答案，正在皱着眉头思考着呢。左面的图形，就是巧儿摆在桌子上的火柴棍图案，仔细观察一下，看看你能不能找到解题的关键吧。

019 树丫变房子

巧儿姥姥家所在的山区是一个著名的风景旅游区，那里有很多古老的传说和令人流连忘返的风景。过年的时候，巧儿就和爸爸妈妈一起去了风景区，他们参观了千年古刹，攀登了陡峭的悬崖绝壁，还爬进了老虎洞、狮子林，巧儿玩得开心极了。不过，所有的风景中，最让巧儿在意的，是一间竹子屋，那间屋子完全是用竹子盖起来的，里面的地板、家具、楼层，统统使用的是竹子。巧儿觉得新鲜极了。

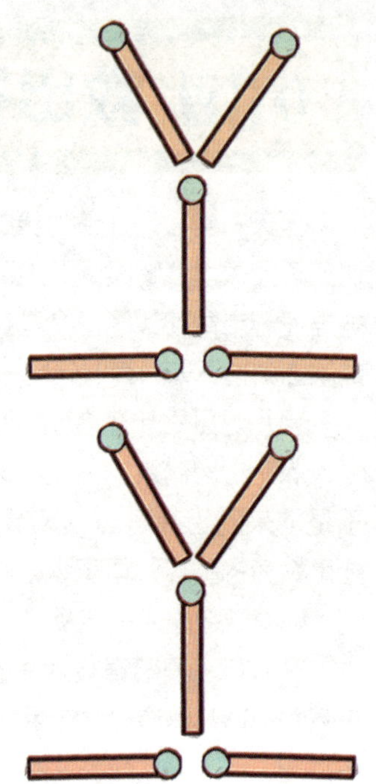

回去之后，爸爸告诉她在云南的某些地方，人们就是住在这样的房子里。巧儿觉得有些不可思议，世界上果然有很多神奇的事情，等着她去发现和体验。爸爸说完之后，灵机一动，想到了一个相关的火柴棍游戏，他用10根火柴棍摆成了两个树丫，右图所示。

Q “巧儿，你能不能移动其中6根火柴棍，让这两棵树丫变成一间屋子呢？”爸爸问。

巧儿仔细观察了一番，发现这个树丫的摆放确实看起来有点儿像屋子的一部分，接下来只要完成它的另一部分就可以。巧儿心想。她接受了爸爸的挑战，思考了半个小时，终于，巧儿按照爸爸的要求将树丫变成了房子。你想到了吗？

020 神奇的图形

完成课后作业之后，巧儿一个人在爸爸的书房里找书看，她最感兴趣的就是火柴棍游戏类的书，可是书房里所有有关这方面的书都被她看完了。巧儿只好随手在书架上拿了一本以前看过的游戏书来看，她随意地翻动着书页，突然，她发现了一个以前忽视了的游戏。巧儿立刻从口袋中拿出火柴棍，按照游戏介绍，用6根火柴棍在地面上摆出了一个左图的图案：

这是一个神奇的图形，因为移动其中的4根火柴棍，就能让这个莫名其妙的图案变成一所房子。该怎么移动呢？巧儿把书放到一边，紧锁着眉头观察着图形。她尝试着移动火柴棍，但始终拼不出房屋的形状。这个游戏是不是错误的？巧儿心想。当然不是，这个游戏其实很简单，你只要先确定左图中类似房屋的那一部分，然后再移动其他火柴棍，将房屋补充完整就行了。

021 菊花的改变

周末，巧儿陪着妈妈去逛花市，家里的百合花已经开败了，而且明天就是姥爷的忌日了，妈妈说要去花市买一些菊花去拜祭姥爷。巧儿从来没见过姥爷的样子，只听姥姥和妈妈说过，姥爷是一个非常好的人。从她们说的事情中，巧儿非常喜欢姥爷，因此她主动要求和妈妈一起去给姥爷买花。

花市真是芳香扑鼻，巧儿一进去，就连打了两个喷嚏。妈妈仔细挑选了几朵半开的白百合，然后到另一家买了些菊花。看着手上花瓣狭窄的小菊花，巧儿突然想到前几天和好朋友们玩过的一个游戏。那是一个由12根火柴棍摆成的菊花图案，只要移动其中的8根火柴棍，菊花就会变成4个正方形。

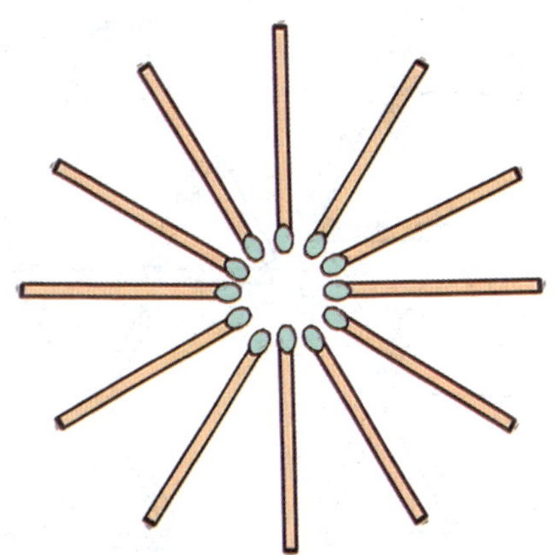

说起来，巧儿到现在都没有找到答案呢。右面的图形就是巧儿心中所想的菊花图，仔细观察一下，你能不能发现其中的规律，然后帮巧儿找到答案呢？注意其中水平方向和垂直方向的火柴棍，它们就是解题的关键。

022 2个变4个

巧儿很爱黏着爸爸，有一天巧儿放学回家，看到爸爸正趴在桌子上写东西，于是巧儿一脸坏笑地跑到爸爸跟前，让爸爸讲故事。爸爸很无奈地跟巧儿说："爸爸正在工作，你自己去玩吧。"巧儿一听不高兴了，缠着爸爸就是不放手。这时候爸爸灵机一动，拿出一盒火柴对巧儿说："我现在用6根火柴棍摆成两个同样大小的三角形。如果你能移动3根而使它变成4个大小一样的三角形，我就给你讲故事。"巧儿很高兴，趴在爸爸旁边开始研究。

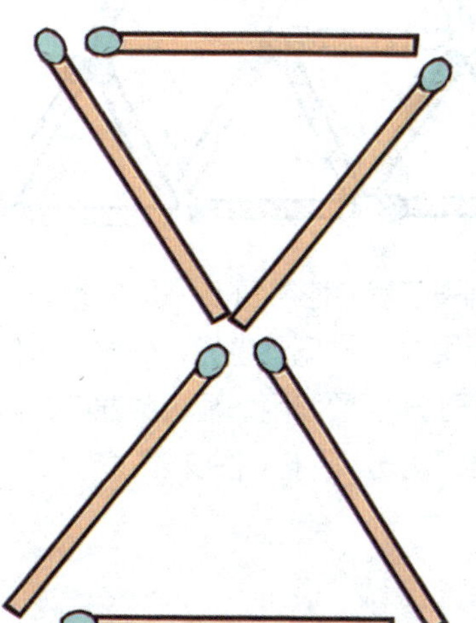

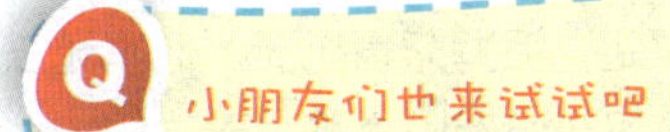

023 5个变7个

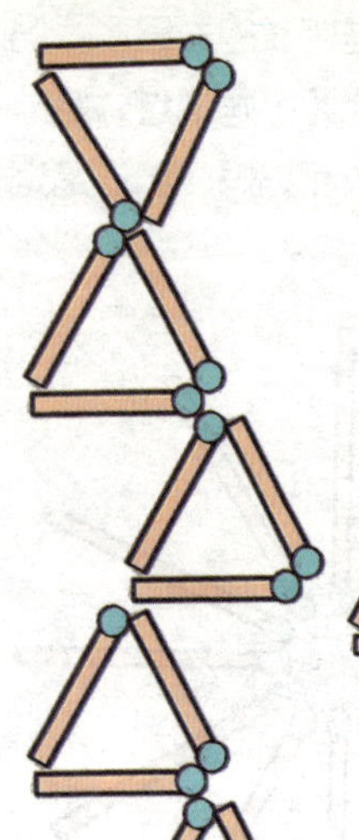

晚上睡觉前妈妈给巧儿讲了一个故事：快过年了，所有的鸟儿都要去拜见凤凰，以讨凤凰开心。喜鹊是有名的马屁精，总想表现自己，她在说了一大堆吉利话之后，看到乌鸦进来，计上心来。她朝凤凰行了个礼说：“大王，有一句俗话叫做：喜鹊登枝——抬头见喜，乌鸦进宅——灾祸自来，这话有无根据？”

话音刚落，乌鸦飞到喜鹊身边，抬起一条腿放了一个很响的屁，转身飞了出去。喜鹊愣了愣神，没明白什么意思。凤凰却笑得把眼泪都流出来了。喜鹊不解于是询问凤凰，凤凰说：“我出道题给你，你能解出来，我就告诉你，如何？”喜鹊答应，凤凰说：“15根火柴棍可分别摆成左面的图形，它们各有5个全等的三角形。请分别移动3根火柴棍，而使它们变成7个全等三角形的图形。”

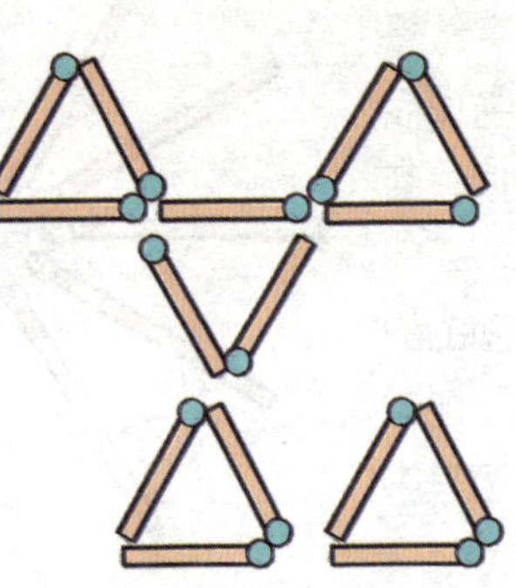

聪明的你也来试试吧！

图1　　图2

024 巧变三角形

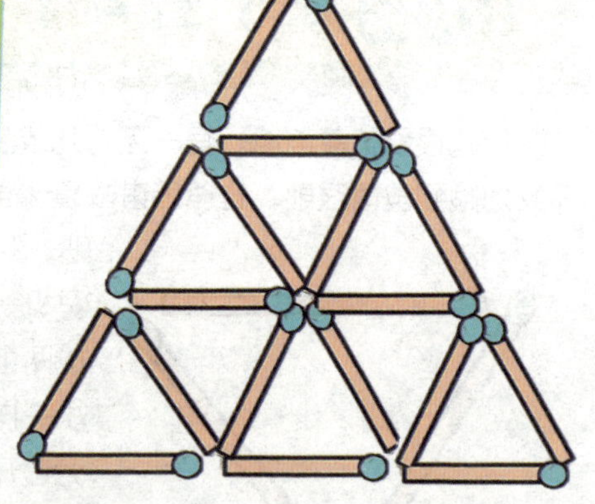

有一天，乡下的爷爷来看巧儿，巧儿高兴极了，拉着爷爷的手给爷爷讲自己看过的小故事：有一只乌鸦发现了一个很大的蜂巢，怎样才能得到蜂蜜呢？它想了一会儿，就在蜂巢底下睡起来，边睡还边说梦话：“山南的那片花真是天降奇花呀，这要是酿成蜜不知得多甜呢。”几只工蜂听到了乌鸦的梦话，赶紧报告了蜂王，蜂王命令蜜蜂倾巢出动，去采集奇花花蜜。乌鸦则毫不费力地得到了一罐蜂蜜。

乌鸦衔着一整罐的蜂蜜往家走，被狗熊看见了。他垂涎三尺地问：“乌鸦老兄，你是怎么得到蜂蜜的。”乌鸦说：“哈哈，那我给你出个题，看你能不能答上来：“我用18根火柴棍可以摆成9个全等的三角形（右图），拿走一根火柴棍使它变成8个全等三角形？”你们快来试试吧！

025 添两根组汉字

有一天巧儿早上起床，发现房子里的东西都是粉红的。突然，巧儿想了起来：美羊羊的房间是粉红的，我就是美羊羊！巧儿一照镜子，里面是美羊羊。于是穿好衣服，走了出来，沸羊羊："美羊羊，快，要迟到了。"迟到？巧儿这才想起来：羊，也要上课？好心情没了，虽然巧儿的成绩还不错。

"大肥羊学校"，正门比电视上的壮观多了。上课了，慢羊羊走了进来，真的比蜗牛还慢。慢羊羊村长走到讲台上，说："同学们，最近狼堡总是爆炸，我怀疑灰太狼又在做什么东西，大家要小心。开始上课！先出一道题：用3根火柴棍摆成的图形，请大家再添2根火柴棍使它组成一些汉字。"小羊们快快行动吧。

026 网变字

这是巧儿从课外书上看到的故事：春天到了！中午，小白兔聪聪看到阳光明媚，就一蹦一跳地去郊外画画，她看见郊外的花五颜六色，争奇斗艳，竞相开放，美丽极了；郊外的草郁郁葱葱，是那么翠绿可爱。小白兔画得正起劲儿，忽然，发现身后有一只大灰狼，在虎视眈眈地盯着她，把小白兔吓得心里咚咚直跳。

小白兔聪聪一看，吓得撒腿就跑，狼在后面使劲儿追。

小白兔聪聪跑着跑着，忽然灵机一动，想出了一个好办法。她转过身对大灰狼说："大灰狼，我不怕你，因为你太笨了。"大灰狼："谁说的，我可聪明了。"聪聪说："那好我给你出一道题，你要能答上来，我就跟你回家：16根火柴棍摆成的图形（含12个全等的等腰直角三角形）。拿去5根使它变成3个汉字，此外还保留原来6个三角形。"大灰狼眼睛一闭当场晕倒。

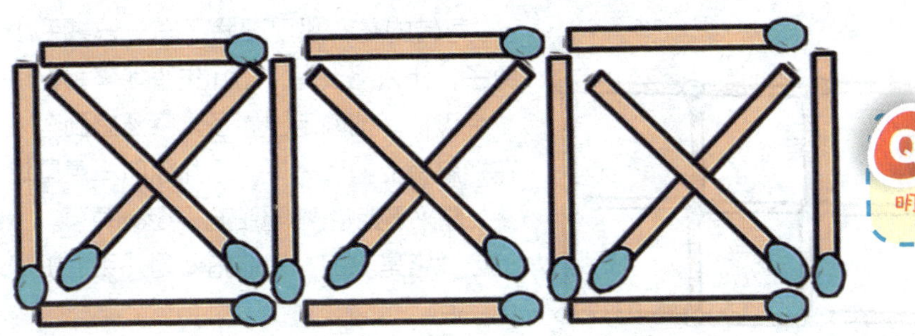

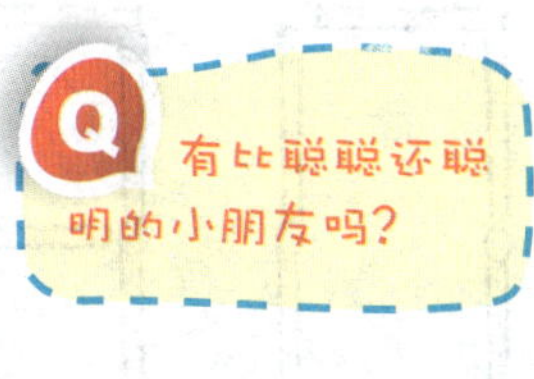

027 连续变化

巧儿很懒，总是让妈妈帮着穿衣服。为了改掉这个毛病，妈妈给她讲了个故事：在森林王国里有一只小白兔，既聪明又漂亮，雪白雪白的毛，走起路来一蹦一跳的，可爱极了。小伙伴们都喜欢她。可是，她不是一只勤快的小兔。早上太阳都照屁股了，她还懒洋洋地不愿起来，而且，她什么事也不会做，穿衣服啦，吃饭啦，洗脸啦，都得要妈妈帮忙。

可是有一天，兔妈妈要出门去了，把小兔留在家里。临走前，兔妈妈千叮嘱万叮嘱，把事情交代了许多遍，小兔一一点头记下了。于是，兔妈妈放心地走了。

第二天，太阳公公升起老高老高，小兔终于睡醒了。她还没睁开眼睛，就喊开了："妈妈，妈妈，快来呀！我要起来了，快来帮我穿衣裳！"可是喊了好多遍，也没人答应，小兔这才想起妈妈不在家。她爬起来，揉揉眼睛，看见衣服揉成一团扔在床角，就拿出来翻来翻去，费了好大劲也没有把衣服穿上。这时小熊来叫小白兔上学，小白兔像看到了救星一样冲上前去拉着小熊："小熊，小熊，快来教我穿衣服。"小熊哈哈笑着说："好的！我教你穿衣服，那你教我做题。题目是这样的：12根火柴棍摆成一个图形（如右图）请移动2根变成5个正三角形，再移动2根变成4个正三角形，然后再移动2根变成3个正三角形，最后再移动2根变成2个正三角形。"

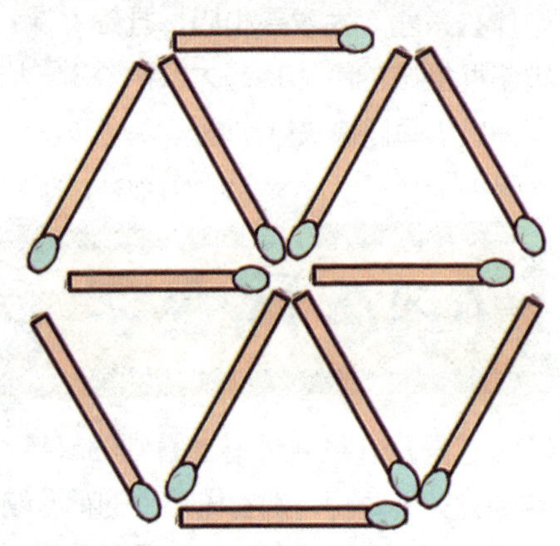

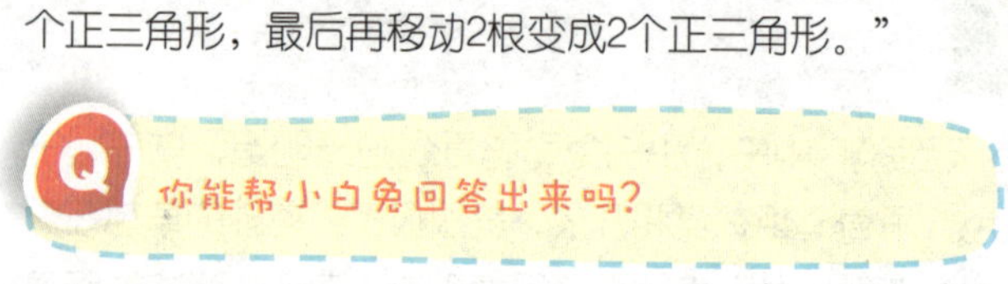

028 方块变省名

巧儿跟着爸爸妈妈一起到了姥姥家。吃完饭后，巧儿出门玩耍。她发现了一间以前从没进去过的小屋，那里面是不是藏着什么宝贝呢？她边想边把门推开。

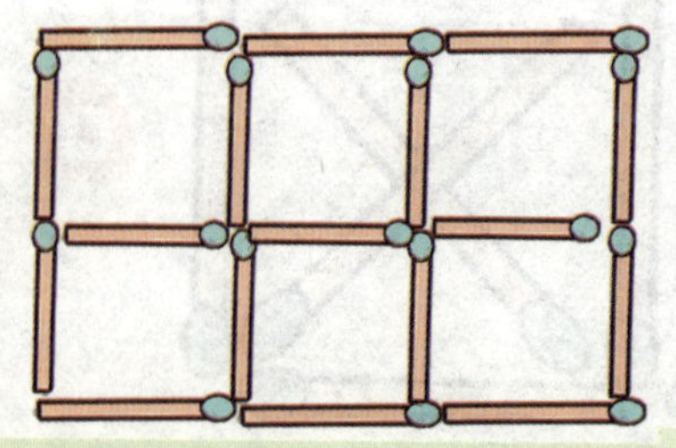

可惜的是，那里面除了有一只绒毛小兔子，什么都没有，巧儿失望地拿起这件"宝贝"。她刚走出屋子，突然感到有人在她肩膀上拍了一下。巧儿惊叫一声回过头，原来是姥姥家隔壁的小男孩儿草草。

"它是我的。"他指着巧儿手上的小兔子说。

“但现在是我的！”巧儿说，“不过，如果你能回答我一个问题，我就把绒毛小兔子给你。”她本来就不喜欢这个捡来的小玩具。

“我用23根火柴棍摆出六个小正方形和一个矩形。请你移动3根火柴棍使它变成我国一个省名。

Q “可以，很简单。”没想到草草这个孩子三下五除二就解开了这道题，巧儿在一旁看傻眼了。你知道草草是怎么做的吗？

029 4个正三角形

巧儿爸爸是有一次出差回来。一进门，巧儿就冲过来缠着爸爸要礼物。爸爸从包里拿出了一只可爱的玩具熊，对着巧儿说：“这是给宝贝女儿的礼物，不过现在不能给你，你要靠你自己的能力来争取。”

“那要怎么样才给我呢？”巧儿挠挠头

“我给你出一道题，回答出来礼物就是你的，回答不出来，礼物就放在妈妈那里保管，行不行。”

巧儿信心满满地点点头：“行！”

“我现在用16根火柴棍摆成一个图形（右图），你拿掉其中4根，让它仅剩下4个正三角形。”

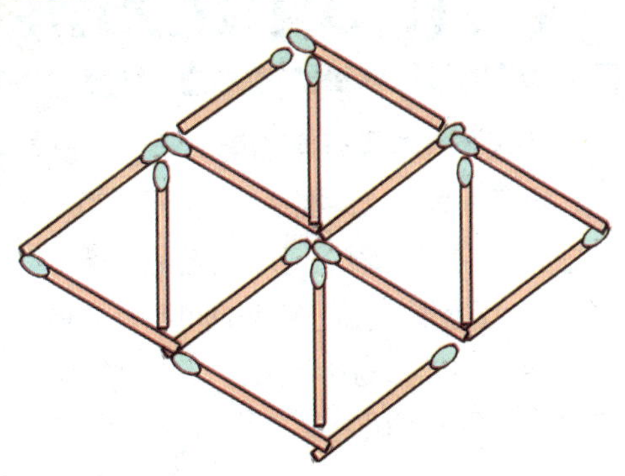

Q 巧儿能顺利拿到可爱的玩具小熊吗？

030 2个正方形

巧儿的学习成绩一直很好，马上又要考试了。这次妈妈答应她，只要考第一名，就带巧儿去游乐场玩。巧儿高兴极了，每天都憧憬着去游乐场玩的情境，可是就是因为这样，没有好好复习。结果，成绩发下来，巧儿只考了第三名。巧儿伤心极了，回到家直接钻进了屋里，谁都不理，连晚饭都不愿意吃。

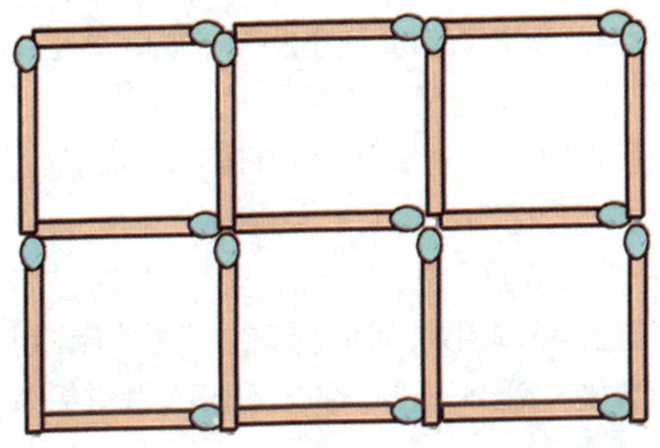

妈妈看出了巧儿的心思，慢慢走到巧儿的房间，轻轻地抚摸着巧儿。巧儿哭得更伤心了：“妈妈，巧儿太笨了，没有拿到第一名，我不去游乐场了。”妈妈摸着巧儿的小脸蛋，轻轻地说：“傻孩子，谁说我们家巧儿笨了，这样，妈妈给你出一道

题，你只要回答上来，咱们明天照样去游乐园。”巧儿瞪大了眼睛看着妈妈。妈妈说：“我用17根火柴棍摆成六个小正方形（上图），你只能拿走其中6根使它变成两个正方形。”巧儿听后，眨眨眼睛，一会儿就回答上来了。

“我就说嘛，我女儿怎么会笨呢！”妈妈最后笑着对喜笑颜开的巧儿说。

031 3个正方形

今天是新学期开学的第一天，全班同学都还沉浸在假期的愉快中，于是巧儿的老师别出新意，拿了一大堆火柴棍给大家出了一个开放性的题目，让大家边做游戏边动脑筋，老师让大家用15根火柴棍摆出6个正方形（右图）拿走3根后使它变成3个正方形，摆的最快的同学老师奖励铅笔盒一个。这下同学们的劲头来了，一个个摩拳擦掌地趴在桌子上仔细地研究着。

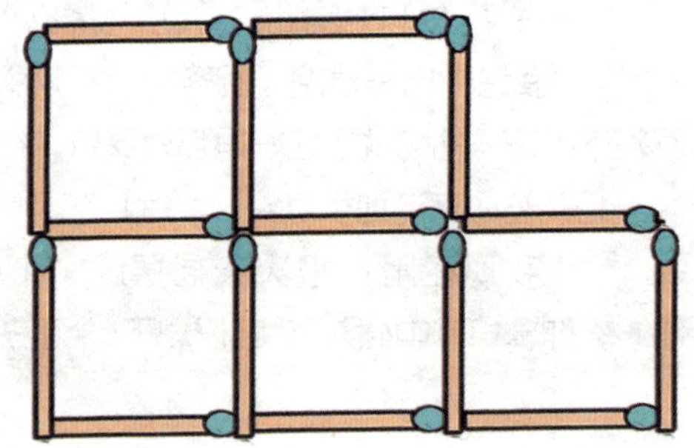

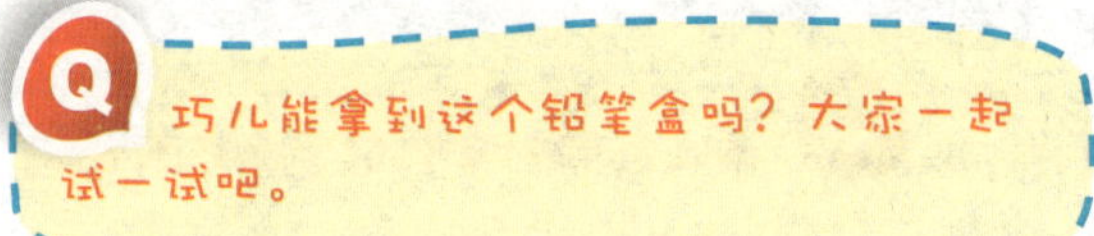

032 变成6个正三角形

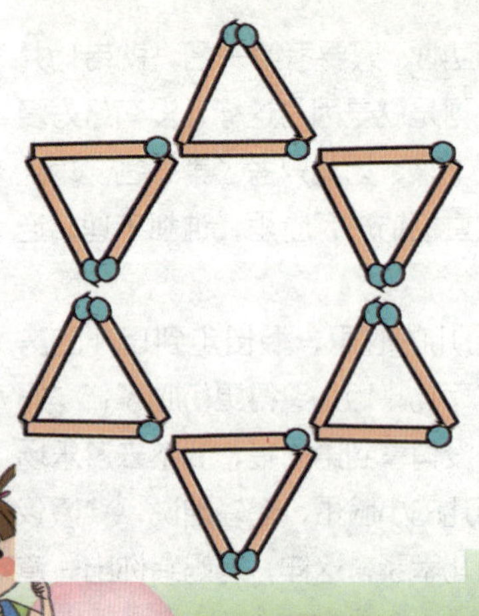

有一天，巧儿家来了两位客人，一位是小老鼠，一位是大象。他们一起高高兴兴地玩到天黑。巧儿打个哈欠说：“该睡觉了。”

小老鼠说：“我早就想睡觉了。我喜欢睡大床，你们不要和我抢啊。”

于是大象和巧儿只能睡小床。大象压得小床嘎吱地叫起来，压塌了小床，挤坏了大床，压伤了小老鼠。

巧儿赶快叫救护车，小老鼠又说：“我要大车。”巧儿说：“你什么都要大的，只顾自己，不顾别人，浪费了粮食，占着大床，到现在还那么贪心。这样吧，我出一道题，你能答出来，我就给你叫救护车。”“好”，小老鼠得意地叫道，心想：想考验我的智商，我是出了名的聪明。

“听好了！”巧儿说，“用18根火柴棍摆成含有一个正六边形和6个正三角形的图形，请你移动其中的2根火柴棍，使它变成有5个正三角形的图形。”小老鼠傻眼了，苦思冥想也没摆出来，灰溜溜地坐着小车去医院了。巧儿看着小老鼠的模样，捂着嘴偷笑，把自己笑醒了。原来她在做梦，不过梦里的那个火柴棍游戏她可没忘，明天一早，她就会和小朋友们一起玩这个游戏。

033 5个变9个

巧儿的爷爷住在农村。暑假的时候，巧儿去乡下看爷爷。爷爷很高兴，带着巧儿到田里去体验生活。来到农田，巧儿看到一望无际的水田，还有农民伯伯拉着大水牛在辛勤劳作，巧儿兴奋极了，卷起小裤腿就要下田去。这下可把爷爷吓坏了，他不舍得让自己的小孙女下水田。

可是巧儿却很固执，她告诉爷爷她要向农民伯伯学习，弄得爷爷又无奈又高兴。没办法，爷爷给巧儿出了一道题，告诉巧儿要是能做出来，就让她下田。巧儿高兴好极了，拉着爷爷让他快说。爷爷从口袋掏出了一盒火柴棍，用20根火柴棍摆成5个菱形（如下图），然后告诉巧儿：“你能移动其中的8根火柴棍而使它变成9个菱形吗？答对了，爷爷就让你下田，答不对，你就得乖乖回家。”

巧儿“哼”了一声，立刻埋头解题去了，爷爷立刻下了水田。趁爷爷走远之前，你来帮帮巧儿吧。

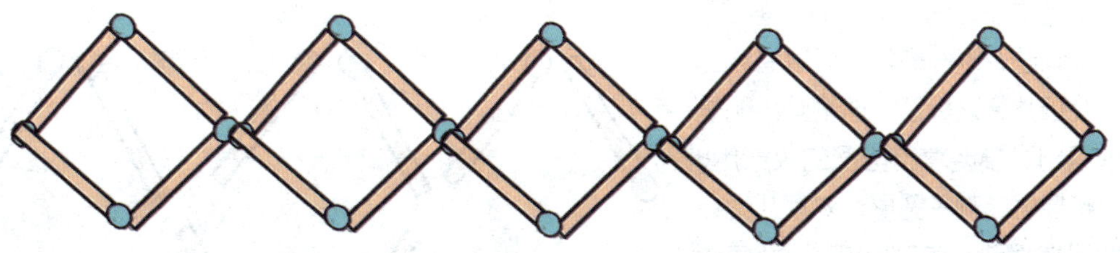

034 小猪转向

来到爷爷家的第二天，巧儿跟爷爷一起去喂猪。

爷爷家的老母猪刚刚生了4头小猪。巧儿看着白白胖胖的小猪兴奋地手舞足蹈。抱着一头小猪就不撒手。爷爷一看这哪行，于是告诉巧儿，让巧儿把小猪放回猪妈妈身边，不然小猪会生病

的。可巧儿就是不撒手。爷爷没办法，又想出了昨天的办法，对巧儿说："爷爷再给你出一道题，你要能答上来，爷爷就让你跟小猪玩10分钟，好不好？"巧儿高兴极了，连忙点点头。

"还是用13根火柴棍摆成一头小猪，这次你只能移动其中的一根，而使小猪转向。"爷爷笑着说。巧儿听完就觉得头皮发痒，昨天那道题难住她了，可是她又不想放弃。于是又一个人苦苦想了半天，最后乖乖地把小猪送回猪妈妈身边了。

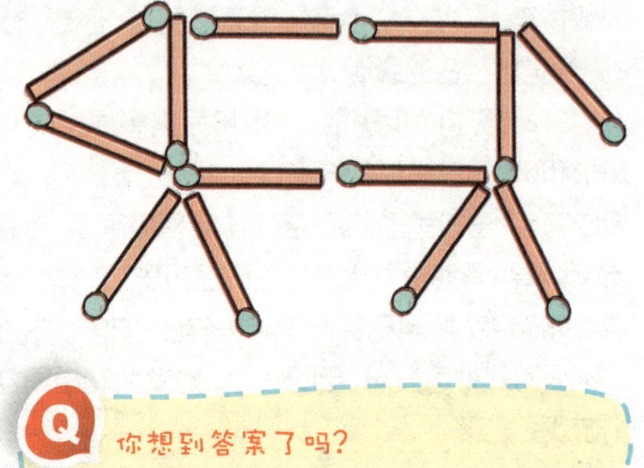

Q 你想到答案了吗？

035 燕子翻身

一天，巧儿向隔壁小明借书，小明是个书迷，他家里有很多关于火柴棍游戏的书。不过，小明是个小气鬼，他从来不舍得随便借书给别人。巧儿可是鼓足了勇气来向他借书的。果然，巧儿刚开口，小明就迟疑着说："这可是我新买的书，你得小心一些，别弄脏书，更不能弄丢了！"

"你不用担心，一个星期后，我保证准时归还的！"巧儿保证。小明又想了想，最后才把书借给了巧儿。巧儿拿到书后，心里很高兴。她回家之后找出了包书皮、剪刀与糨糊，给书穿上了一件漂亮的"衣服"。

一个星期很快就过去了。虽然巧儿还没有把书全部看完，但想到这是个还书的日子，就拿起书向小明家走去，把书还给了小明。小明见书不仅完好无损，还多出了一张书皮，心里很满意，于是对巧儿说："如果你能回答我一个问题，以后你随时可以借我的书。"巧儿高兴极了，连忙问小明是什么题目。小明拿出爸爸的火柴用8根火柴棍摆成燕子图形，对巧儿说："你只能移动其中3根火柴棍而使燕子翻身。"巧儿捂嘴一笑，几秒钟就完成了。爱看书的巧儿从此再也不用发愁没书可看了！

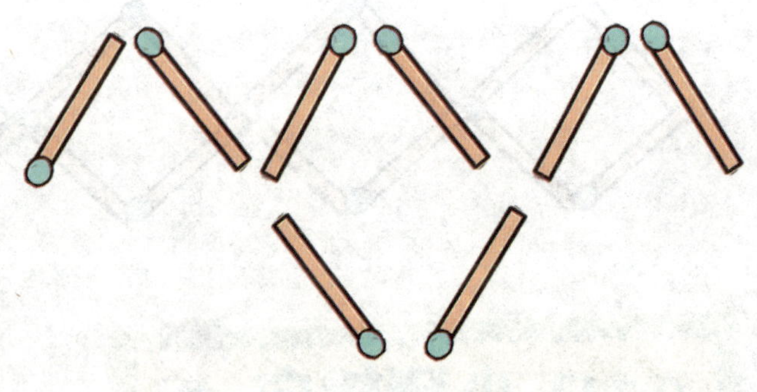

Q 你想知道巧儿是怎么做的吗？

036 一分为四

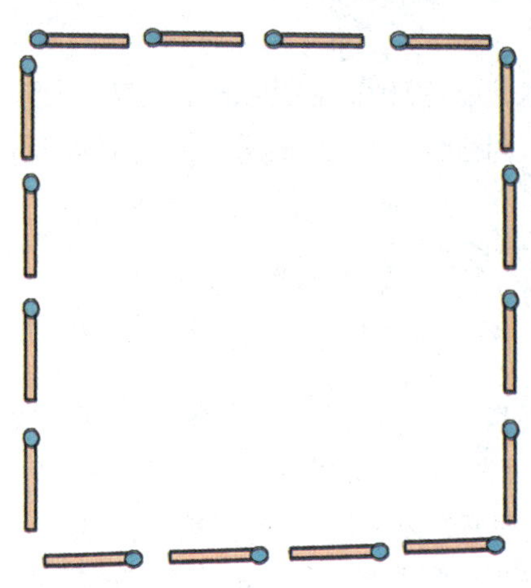

今天邻居张阿姨到巧儿家里做客，巧儿和妈妈都是好客的人。妈妈去厨房准备水果，吩咐巧儿给张阿姨倒水。张阿姨很喜欢巧儿，夸巧儿是懂事的好孩子。这时，张阿姨突然问巧儿："巧儿，阿姨出一道题考考你呀？"

"好哇，您说吧。"巧儿笑着坐在张阿姨旁边。

张阿姨随手拿出茶几上的火柴棍，用16根火柴棍摆出一个正方形，然后对巧儿说："你要是能用11根火柴棍将他分成四个相等面积的图形并且每一部分都和其余三部分相接，阿姨就给你买冰激凌吃。"巧儿胸有成竹，想了几分钟，就开始动手摆火柴棍。

好了，大家赶紧开动脑筋，帮帮巧儿吧。

037 巧移房门

一天，巧儿家里的防盗门坏了，妈妈叫来了工人师傅修理。巧儿不知道这些叔叔们在干吗。于是，巧儿搬来个小板凳坐在一旁好奇地盯着工人师傅。

这时妈妈走了过来："看什么呢？巧儿。"

"妈妈，他们在干吗？"巧儿疑惑地问妈妈。

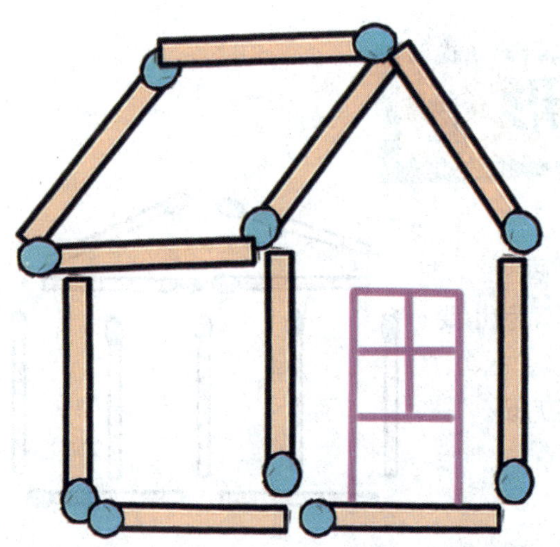

妈妈说："咱们家的门坏了，妈妈叫来了工人师傅帮妈妈修门，去给叔叔们倒杯水去。"巧儿听话的去倒了水，端给了工人师傅。这时候妈妈突然说："巧儿，别看了，妈妈陪你玩游戏。""好哇，好哇！"巧儿搬起自己的小板凳冲着妈妈跑了过去。妈妈说："妈妈用火柴棍搭成一座房子，房门在山墙上。现在让你移动两根火柴棍，把侧门变成正门。"

大家跟巧儿一起想想吧。

038 栅栏变正方形

春天又到了，这一天是学校组织春游的日子。全班同学在周老师的带领下，坐着大巴车直奔郊区。

到达目的地以后，大家兴奋得不得了。这里有山、有水，还有农民伯伯的农田。同学们有的去河边钓鱼，有的在树林里捉迷藏，玩得不亦乐乎。这时小明看到了不远处的菜地里一片绿油油的蔬菜，急忙跑过去。可是菜地外面有篱笆挡着进不去。

正当他捋起袖子想要翻过去的时候，巧儿拉住了他："小明你干吗？"

"我要去摘菜给大家。"小明理直气壮地说。

"不行，这是农民伯伯辛苦种的菜，你不能去摘。"

"凭什么不能去摘？"小明故意狡辩，"这样吧，你回答我一个问题，你要是能答上来，我就听你的，怎么样？"

"好，你说。"巧儿非常自信，因为她的学习成绩一直很好，还没有什么问题能难住她。

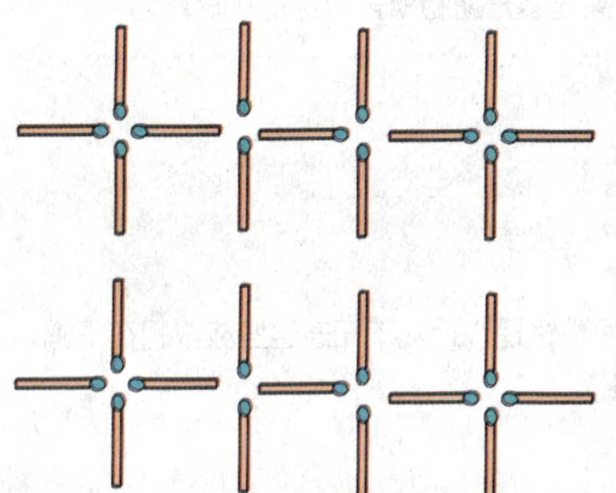

"现在有26根火柴棍组成一个栅栏（见左图），请你移动其中的14根，可以使它们形成3个正方形。怎么样，行吗？"

这下可把巧儿难住了，她一会儿挠挠头，一会儿揪揪自己的小辫子，就是想不出。

突然，巧儿眼睛一亮……

Q 想知道巧儿到底想没想出来，就开动脑筋自己试一试吧。

039 房子变成正方形

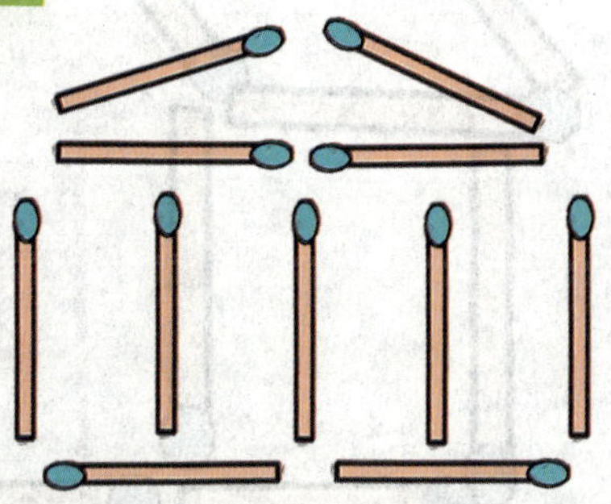

巧儿的叔叔也住在乡下，陪着爷爷一起住。

今年叔叔要盖新房子，于是让巧儿的妈妈帮他画图纸。

巧儿也想试试，于是缠着妈妈不撒手："妈妈，我也要画图纸，我要给爷爷画一所大房子。"

"巧儿乖，妈妈在帮叔叔画图纸，你去别的地方玩。"

“不嘛，我就要画，就要画。”巧儿还是不依不饶。

没办法，妈妈又拿出了火柴盒：“老办法，妈妈给你出一道题，做出来了妈妈就让你画。”

“太好了，妈妈你说吧。”巧儿拍着手。

妈妈用11根火柴棍摆成了房子的形状（上页图）。

（1） 挪动2根火柴棍使它形成11个正方形；

（2） 挪动4根火柴棍使它形成15个正方形。

040 井变正方形

巧儿学到一篇课文叫《挑山工》，里面的主人公每天都要从泰山脚下挑水上山。巧儿觉得很奇怪，因为巧儿从小在城市长大，不明白为什么要挑水喝呢。

带着满脸的疑惑，巧儿回家找到了爸爸：“爸爸我今天学了一篇课文，里面有个人每天要挑水上山，为什么呀？”

爸爸笑着说：“你太小不明白，爸爸小时候在乡下都是从井里挑水喝的，爸爸十几岁就帮爷爷挑水了，爷爷家的井水又凉又甜，比可乐好喝。”

巧儿若有所思，挠挠头说：“啊？原来是这样，爸爸我也要喝井水。”

爸爸笑了：“好，今年暑假，爸爸带你回爷爷家喝井水，不过你要先做一道题。”

“啊？又要做题呀。”巧儿一脸不情愿。

“好了好了，就做一道题。”爸爸拉着巧儿来到了茶几旁，“现在用15根火柴棍摆成两口井，现在你要移动4根将它变成两个正方形，做出来爸爸就带你去。“

巧儿挠挠头，嘴里嘟囔着：“又来这一套。”

小伙伴们，谁想尝尝甘甜的井水，就和巧儿一起想办法吧。

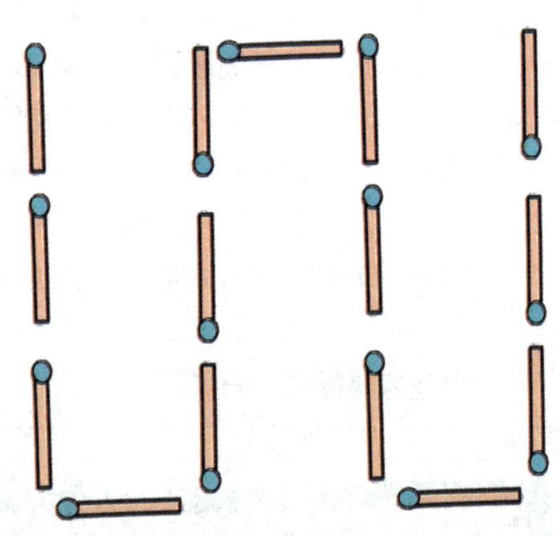

041 变成两倍

星期五下午放学，爸爸开车来接巧儿放学。这可是破天荒头一回，因为爸爸平时工作忙，都是妈妈接送巧儿上下学。

路上爸爸很是兴奋，因为爸爸刚升了职，所以一路上都哼着小曲，非常高兴。

“哈哈，原来爸爸也像个小孩儿一样。”巧儿心里想。

这时候，爸爸突然扔过来一盒火柴，然后一脸坏笑地看着巧儿。

“得，又来了，爸爸是火柴控。”巧儿嘟囔着。

“拿出3根火柴棍，”爸爸说，“横着平行摆放，然后你想办法把它重新排列，使它变为原来形式的两倍，但不能折断或弄弯火柴。”

巧儿没说话，不情愿地拿出火柴棍……

爸爸看到了巧儿的表情，接着说：“如果你能答出来，爸爸给你买一只毛毛熊。”

“嘿嘿。”巧儿这才满意地摆起了火柴棍。

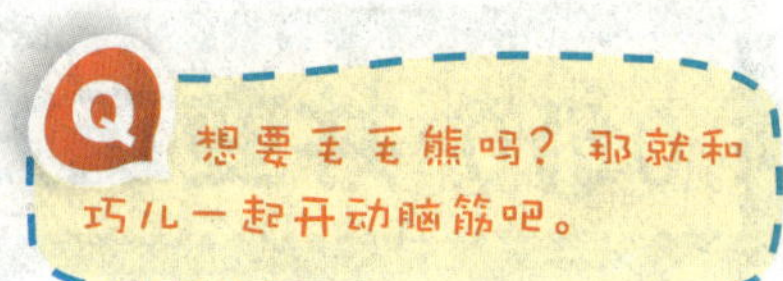

042 6变72

有一天，巧儿满脸委屈地去找爸爸：“爸爸，他们说我是傻孩子，我是傻孩子吗？”

“傻孩子，你怎么会是傻孩子呢。”爸爸突然意识到自己说错话了，满脸尴尬连忙岔开话题说，“噢……我们做一道题，6根火柴棍摆成一个‘6’字（如右图），你能动5根使它变为‘72’吗？”

“又把火柴棍拿出来了，就没有新鲜的东西。”巧儿无奈地说。

不一会儿，巧儿就摆出了“72”。

“你看，我们家巧儿多聪明，谁说我们家巧儿是傻孩子。”爸爸脸上仍然带着尴尬的表情说。

巧儿这次是彻底无语了。

043 六一儿童节

怪事天天有，但是今天好像特别多，为什么这么说呢？因为巧儿早上起床，发现天上居然正在下毛毛熊，一个个可爱的小熊玩具落进巧儿的怀里，可把她高兴坏了！什么？好像有小朋友说巧儿正在做梦。是的，她真的是在做梦哦，而且忘记了上学的时间呢。

等巧儿迅速赶到学校的时候，她发现大家好像已经全都坐在教室里面了，校园里一个人都看不到。完了，又要挨骂了，巧儿很不情愿地来到教学楼。可是，她发现所有的教室都是空的，里面一个小朋友都没有。这是怎么回事？难道巧儿还在梦里吗？

当然不是，巧儿大大咧咧的，忘了一件最重要的事，今天学校放假，因为六一儿童节到了。这时候，巧儿突然想起放假的前一天，班主任还和同学们一起玩了一个火柴棍游戏呢。他用8根火柴棍拼了一个“口”字，每一笔画都是用2根火柴棍构成的。

然后，老师让大家移动2根火柴棍，把“口”字变成“61”呢。

044 结果为100

在爸爸的鼓励下，巧儿参加了学校的奥数班，因此每天都有大量的习题训练，巧儿已经很长时间没有和小朋友们聚在一起玩火柴棍游戏了，她真的想念那一盒小火柴了。机灵的巧儿妈妈早就看出了巧儿的心思，于是她想到一个好办法，既能锻炼巧儿的奥数能力，又能让她在学习的过程中玩火柴棍游戏。

比如，参考书上有这样的一道题：已知123-4-5-6-7+8-9=100，请减去一些火柴棍，使得这个算式的结果还是100。针对这道题，巧儿妈的做法是，用火柴棍在桌面上摆出该等式，下图所示：

Q 然后，巧儿妈告诉巧儿，拿走其中的3根火柴棍，从而使得等式的结果仍然是100。相对于前一种出题方法，巧儿当然愿意将题和游戏结合在一起的做了。原本很长时间都想不出答案的题马上就有了结果，是不是很有意思呢？

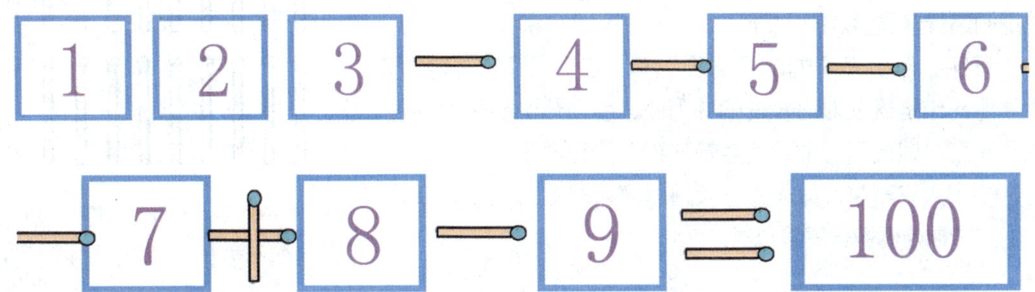

045 最少需要多少根火柴棍呢

奥数班上的“精英”真是太多了，巧儿来到这里才知道什么叫人外有人，大家的年纪虽然和自己差不多大，但是不管是学习成绩还是课外见闻，显然都比巧儿厉害多了。更让巧儿吃惊的是，这里的每一个人都是火柴棍游戏的高手，他们玩的游戏让巧儿感觉难度非常高。

在奥数班的第一天，巧儿看到旁边的两个男生在玩这样的游戏：用9根火柴棍能够摆出下图所示的三种三角形：

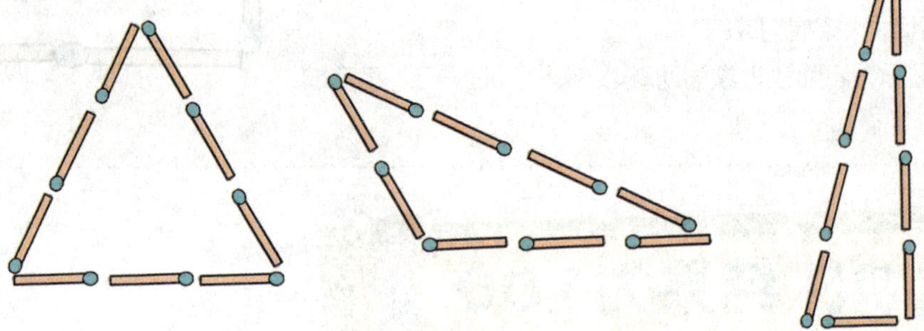

Q 那么，摆出十种不同的三角形，最少需要多少根火柴呢？

这样的游戏巧儿以前可很少接触，要怎么做？首先她连十种不同形状的三角形都不容易摆出来，还怎么计算火柴棍的最少数目呢？其实，这个游戏是有规律的哦，你找到了吗？

046 数目是偶数

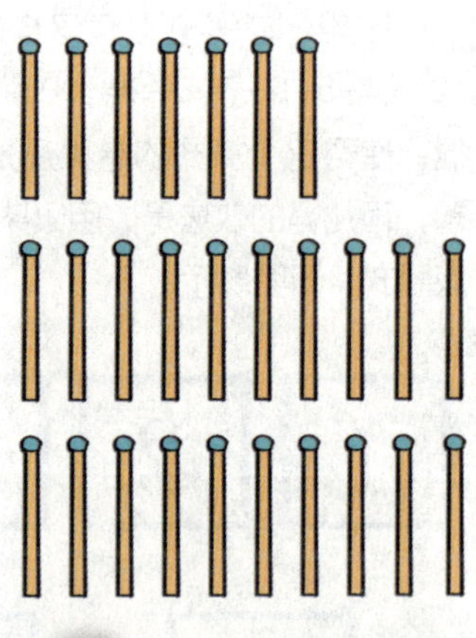

上次游戏的结果，巧儿输了，虽然那盒火柴真的是她的，但是因为输掉了比赛，火柴最后被琪琪兴高采烈地拿回家去了。巧儿为什么会输呢？就是因为她没有掌握拿火柴棍的诀窍。因此，为了下一次不在这样的游戏中输，巧儿决定找小瑞哥哥帮忙，他一定知道玩这类游戏的小窍门。

其实，做所有事情的窍门都只有一个，那就是多多练习。小瑞哥哥也是这么对巧儿说的，因此，当巧儿说明来意之后，小瑞哥哥就陪她玩了一个游戏当做训练。他在桌子上放了27根火柴棍，两个人轮流拿，每人每一次可以拿1—4根火柴棍，最后谁手中的火柴棍为偶数谁就是赢家。

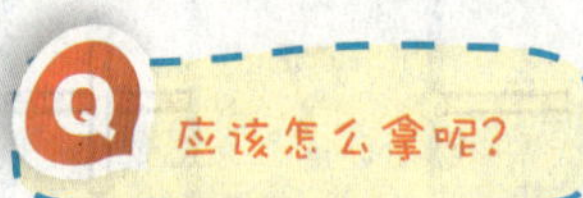

047 哨兵的分布

巧儿和小朋友们在玩角色扮演的游戏，这一次，他们模拟的是一个抗战场景，巧儿是一个营长，她手下有20个士兵。总是喜欢和巧儿对着干的琪琪是敌营的人，她在寻找机会击破巧儿的军队。

为了防止琪琪的突袭，巧儿决定派12个士兵在军营外面放哨。为了全方位观察敌军的行动，哨兵分布的位置也是十分重要的。开始的时候，巧儿将哨兵们按照右图所示的情况排列：

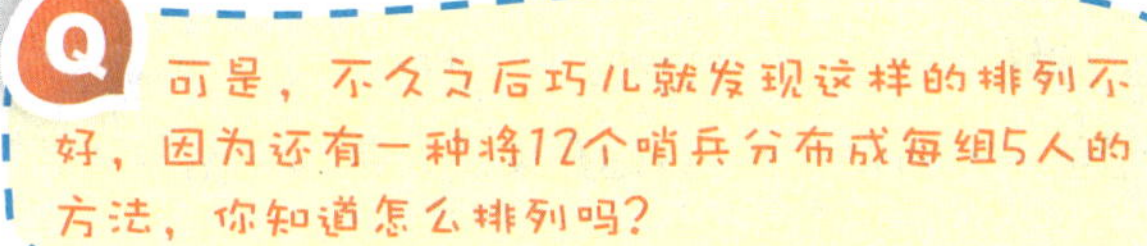

048 每堆有几根

课间休息的时候，巧儿和小朋友们聚在一起玩火柴棍游戏，可是她打开火柴盒的时候，才发现火柴盒中没有她足够的火柴棍让她玩准备好的那个游戏。问问身边的小朋友，大家也都没带火柴棍，这可怎么办呢？只有27根火柴棍，能玩什么游戏呢？大家都觉得有点扫兴，可这时，琪琪说她可以用27根火柴棍陪大家玩一个非常好玩的游戏。

“请大家将这27根火柴棍分成6堆，每一堆火柴棍的数量都只能从1、4、7、10这四个数中选择一根。

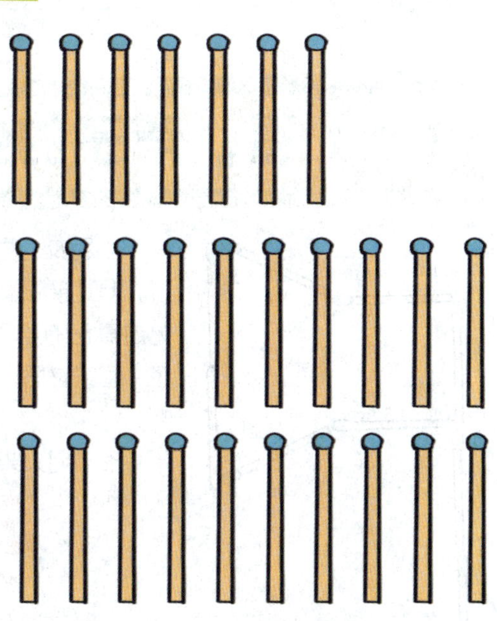

Q 那么，要怎么分呢？”琪琪的游戏看起来非常简单，短短的一句话就交代完了，但是思考起来还是需要动一番脑筋的。

049 3根火柴棍组成的4

巧儿爸爸下班回来，看见巧儿在沙发委屈地看着妈妈，手上拿着期中考试的试卷。爸爸从巧儿手上拿过试卷，看到上面的59分，立刻哈哈大笑起来。

巧儿妈听到之后马上在爸爸背上狠狠打了一下："你还笑，都是因为你平时太惯着丫头，她都没心思学习了。"

"不就是一次考试嘛，没什么大不了的。咱女儿以后的每次考试一定都比这个成绩好，是吧？"爸爸对巧儿说。巧儿坚定地点点头，为了晚饭，她以后也要努力学习，况且爸爸这么信任她。接着，巧儿妈把巧儿回家给她出题的事告诉了巧儿爸爸，爸爸听完之后又哈哈大笑。

"这丫头还真是聪明，知道先让你消消气。乖女儿过来，爸爸也来考考你！"巧儿爸爸从桌子上拿起3根火柴棍。

"你如果能用这3根火柴棍组成不同的4，我就告诉妈妈让你吃饭，怎么样？"

"爸爸真好！"巧儿甜甜地说。她拿过爸爸手中的火柴棍，开始在桌子上尝试起来。不过不管她怎么摆，都不能摆出"四"字。

Q "傻丫头，我可没让你非要摆汉字'四'啊！"爸爸在一边提示。巧儿一听，发现自己居然陷入了文字陷阱，她赶忙转换思考方式，很快，她找到了答案，保住了晚饭。你想到了吗？

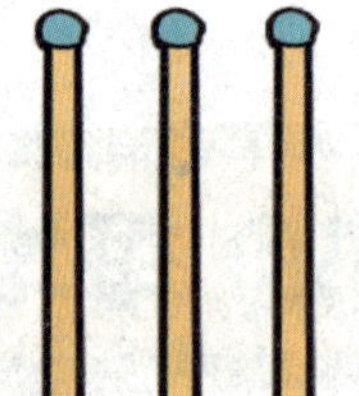

050 看，斧子的变身

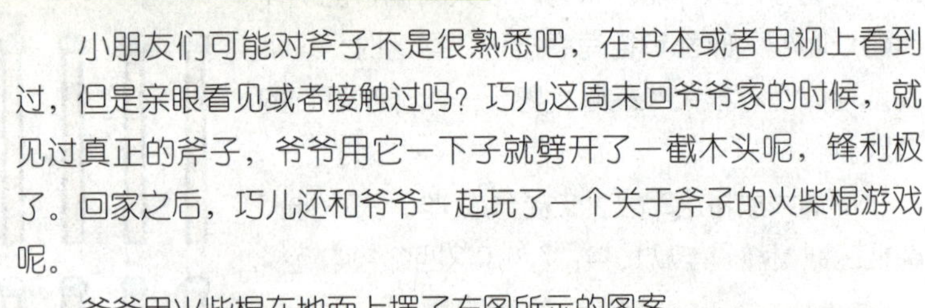

小朋友们可能对斧子不是很熟悉吧，在书本或者电视上看到过，但是亲眼看见或者接触过吗？巧儿这周末回爷爷家的时候，就见过真正的斧子，爷爷用它一下子就劈开了一截木头呢，锋利极了。回家之后，巧儿还和爷爷一起玩了一个关于斧子的火柴棍游戏呢。

爷爷用火柴棍在地面上摆了左图所示的图案：

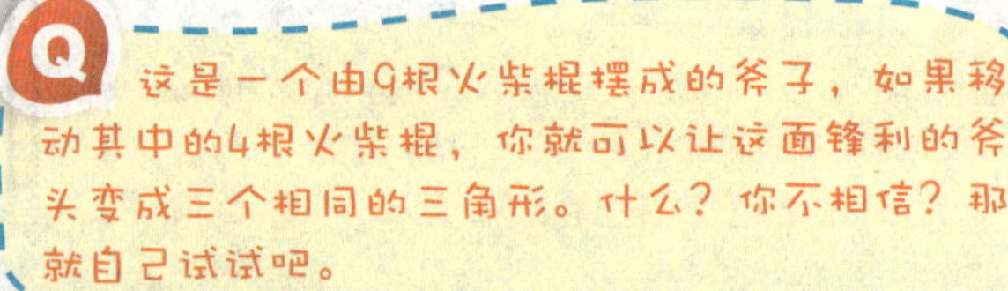

Q 这是一个由9根火柴棍摆成的斧子，如果移动其中的4根火柴棍，你就可以让这面锋利的斧头变成三个相同的三角形。什么？你不相信？那就自己试试吧。

051 比3大比4小的数

巧儿隔壁有一个已经上了初中的哥哥叫小瑞，小瑞哥哥也非常喜欢玩火柴棍游戏，只不过他经常给巧儿和小朋友们出一些非常奇怪的题目。比如昨天晚上，巧儿到小瑞哥哥家玩，小瑞哥哥就和她玩起了这样的一个火柴棍游戏：

他给巧儿3根火柴棍，要求是用这三个火柴棍拼出一个比3大比4小的数。

比3大又比4小的数，那就只能是小数，可是这样的小数怎么可能只用三根火柴棍就拼出来呢？最重要的是，那个小数点没办法表示！直到爸爸来喊巧儿回家，巧儿都没有想到正确答案。

回家的路上，巧儿在爸爸背上把小瑞哥哥出的题重复了一次。

“爸爸，真的存在这样的游戏吗？我觉得小瑞哥哥是骗我的。”巧儿的语气中充满怀疑。

Q “好孩子，小瑞哥哥可没骗你，只不过这个数字在生活中不经常使用，所以你不记得而已。”巧儿认真想了想爸爸的话，她突然想到数学课上，老师确实曾经说过这样的一个数。她高兴地从爸爸背上跳下来，跑回了小瑞哥哥家，因为她已经知道答案了。你知道了吗？

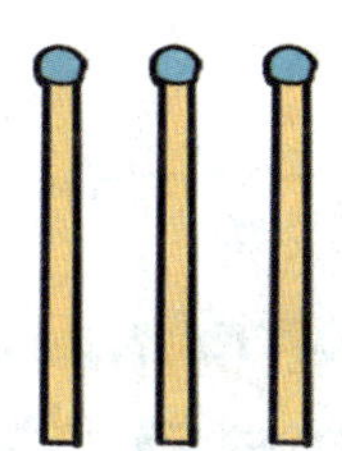

052 钥匙变正方形

巧儿和大家在一起玩躲猫猫的游戏，这一次参加游戏的多了两个人——王磊和王晓晓。这两个小朋友在一起就一定会吵架，但是偏偏今天却一起到巧儿家来了，没办法，大家只好都在一起玩了。不一会儿，巧儿就听见了王晓晓的哭声，大家跑过去一看，调皮的王磊居然把王晓晓一个人锁在房间了。

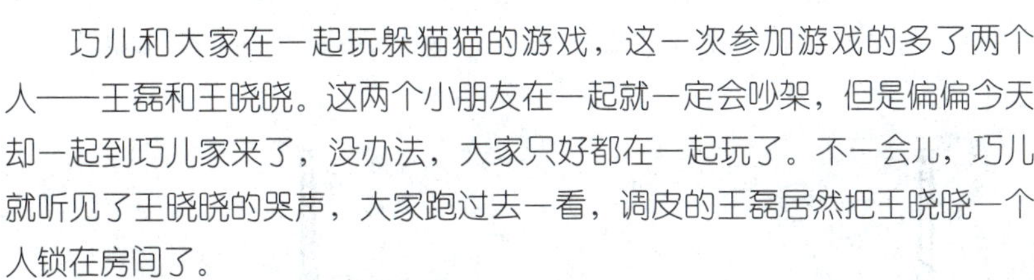

“如果想要钥匙的话，巧儿就必须陪我玩一个游戏，谁让她总是用火柴棍游戏欺负我呢？”王磊笑嘻嘻地说。他用火柴棍在桌面上摆了一个钥匙的形状，如左图所示：

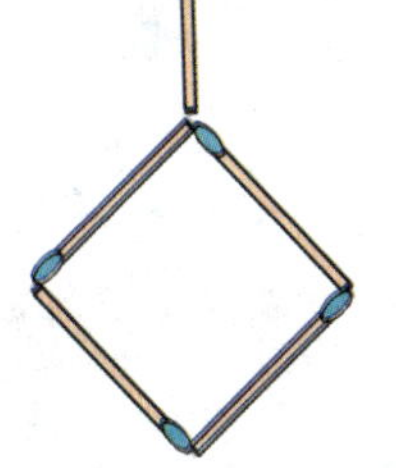

Q 移动钥匙中的4根火柴棍，从而让这个图形变成3个正方形。否则，王磊就不会把钥匙交给巧儿，这样王晓晓可就出不来了。应该怎么做呢？

053 变化的台灯

为了学习，巧儿看到亮亮的爸爸妈妈给他买了一个读书郎，琪琪的爸爸妈妈给她买了一个写字笔，微微的爸爸、妈妈也给她买了一个新书包。只有自己，什么都没有。巧儿想来想去，决定让妈妈给她买一个新台灯。

巧儿妈听完之后倒是没有立刻拒绝女儿的请求，只是微笑着用火柴棍在桌面上摆了右图所示的台灯图形。

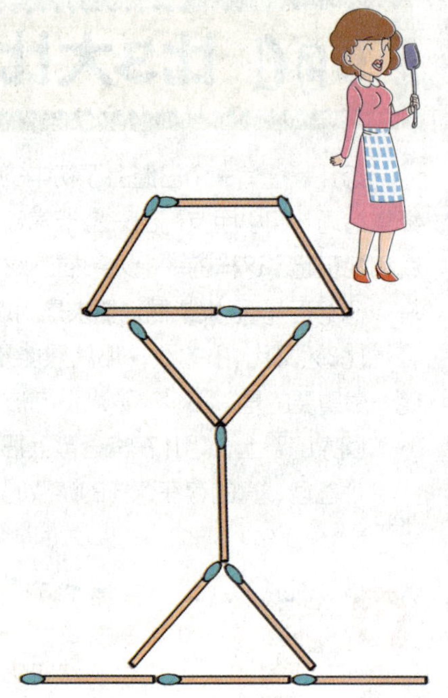

Q “移动其中的2根火柴棍，使它变成5个相等的三角形，我就答应给你买一个台灯。”巧儿妈摆完图形之后对巧儿说。原来是火柴棍游戏呀，对巧儿来说是小事一桩。那么，巧儿能找到答案，得到台灯吗？

054 摆椅子

巧儿家买了新家具，大家都忙着重新布置家里，巧儿也不例外。你看，她现在正满头大汗的从外面把新买的桌子和椅子搬进家呢。这么勤快，巧儿一定会受到表扬吧？其实没有，巧儿把桌椅搬回家之后，就全部放在屋子中间了，连走路的通道都没有了。巧儿妈看了之后很生气，她让巧儿重新把桌椅摆好，否则晚饭别想吃了。用火柴棍将巧儿家的桌椅摆出来，下图所示：

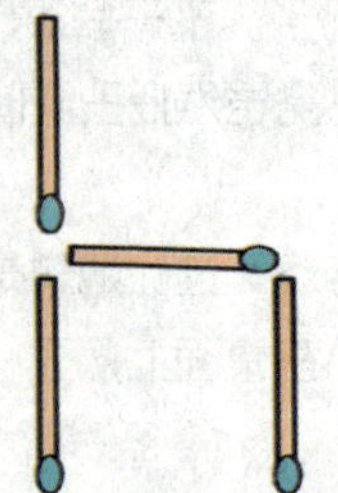

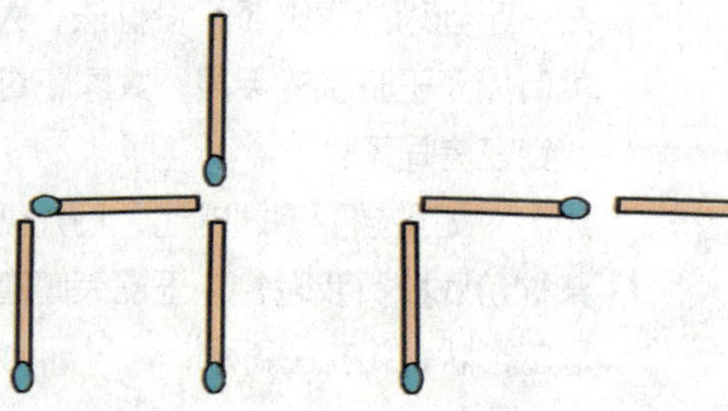

Q 如何移动3根火柴，从而使得桌子摆在两把椅子的中间呢？

第三章

数字算术堂

寓教于乐，痴迷火柴棍能有助于提高数学能力

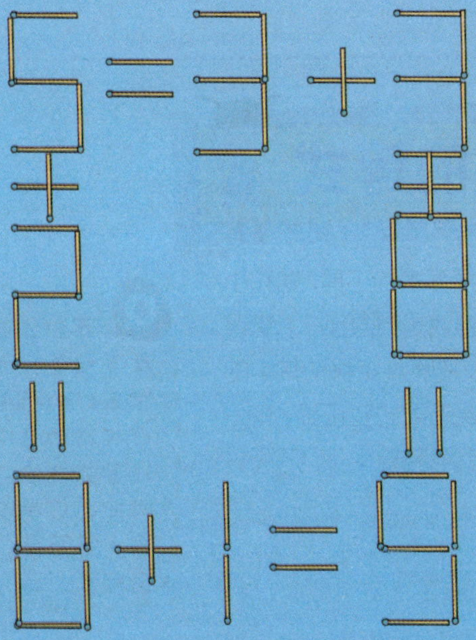

001 变1为4

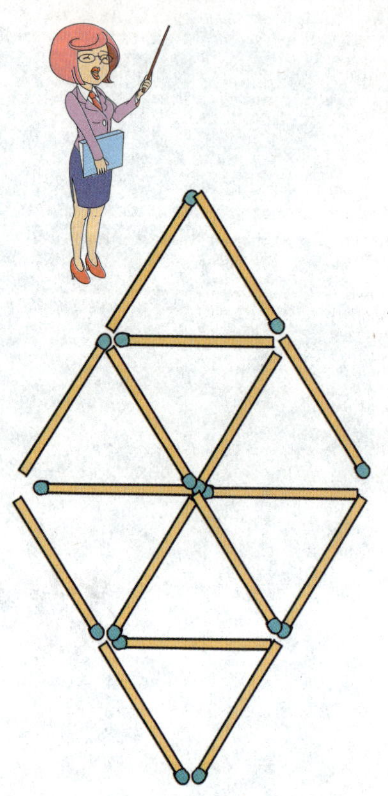

数学课终于学到简单的几何图形了，老师为了加强小朋友们对菱形与三角形之间关系的认识，把大家聚集到讲台前，在讲桌上用火柴棍给他们摆了一个菱形的图案，如右图所示：

巧儿和小朋友们七嘴八舌地在旁边讨论，他们都认为老师在每个小菱形的中间多放了一根火柴棍。但是老师摇摇头，对小朋友们说："这是由一个大菱形里面包含的四个小菱形组成的图案，如果你们观察仔细一点儿，就会发现这些菱形里面有非常多的三角形，而且全都是等边三角形。那么，现在老师想问的是，有没有同学能去掉其中的4根火柴棍，让这个大菱形变成彼此独立的四个等边三角形？"

同学们回到座位上仔细思考起来。巧儿皱着眉头想了半天，终于让她想到了关键。

你想到了吗？

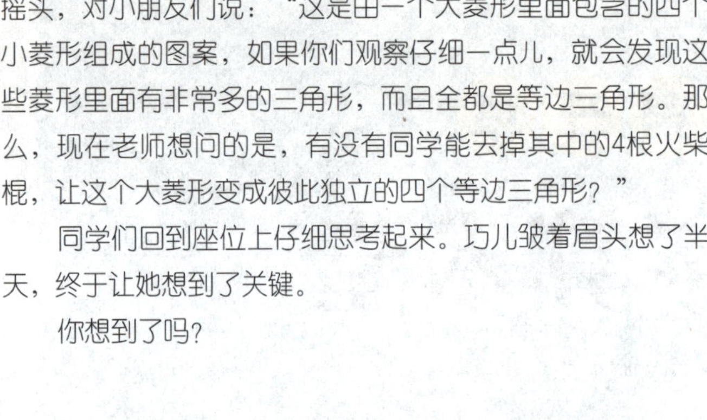

002 错误的等式

火柴棍是巧儿经常用来摆算术的工具，她和小朋友们经常玩的一个火柴棍游戏是，摆出一个错误的算术，然后请其他的小朋友按照规定移动其中的一根或者几根火柴棍，使错误的等式变正确。有一次，巧儿又摆了下面的一个错误等式：

Q 不过，这一次巧儿没有让大家举手抢答，而是点名让数学一直不怎么好的薇薇来做这道题，条件是只许移动其中的一根火柴棍，从而让等式成立。可怜的薇薇想了很长时间，还是不知道应该怎么做。如果你是薇薇，能不能找到其中的诀窍呢？

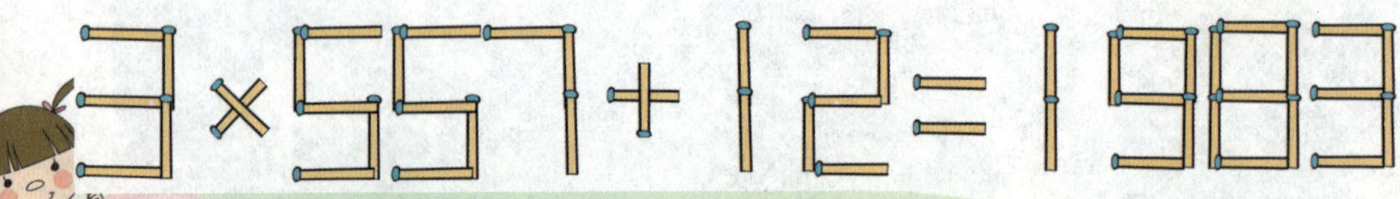

003 改错题

脑筋急转弯也是巧儿和小伙伴们很喜欢玩的一个游戏，不过，巧儿对此很不在行，基本上她都抢答不出答案，有时候早早举起了手，但要求她回答的时候，她就会愣愣地站在那里，不知道说什么。虽然不是高手，但要巧儿直接服输，也是万万不能的。这不，巧儿又凑在大家身边“滥竽充数”了。

“1+1在什么情况下等于1？抢答开始！”随着琪琪的一声令下，立刻就有小伙伴举起了手。当然不是巧儿啦，是薇薇。

“做梦的时候！”薇薇肯定地说。

“错！”

“我知道！”巧儿举起了手，她突然想起这个脑筋急转弯有一次和爸爸在家玩过。

“巧儿抢答成功，请说答案。”琪琪大声说。

“做错的情况下！”

“正确！但是，这一题可没有到此为止。”琪琪突然说，她一边说话一边用火柴棍在旁边的桌子上摆了一个“5+5=5”的算式。大家一看就知道这个算式是不成立的，纷纷出声提醒琪琪，可是琪琪却微笑着不为所动，只是在大家都收声的时候，说道：“这个算式确实是错误的，不过只要移动其中3根火柴棍就可以使其成立。这就是下一个游戏，大家开始抢答！”好吧，终于有了自己发挥的时候，巧儿在心中暗暗窃喜，同时在脑中运算开来。

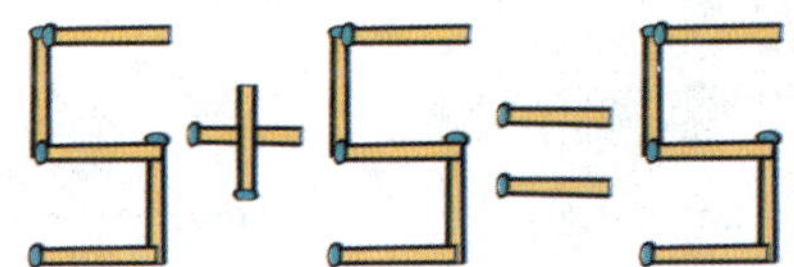

004 最大的数

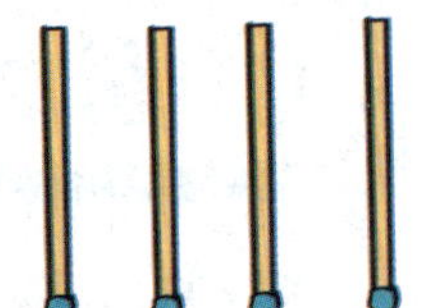

被小瑞哥哥打败，巧儿不甘心，她决定从今以后再也不和上初中的人玩火柴棍游戏了，他们学的知识太多，和他们较真太不划算了。巧儿把精力转移到和自己同龄的小伙伴身上，不过，她很快就认识到自己又想错了，这帮小孩子也不是吃素的。

事情是这样的：巧儿把自己的遭遇跟琪琪、微微抱怨了一下，琪琪立刻决定帮巧儿“报仇”。巧儿问：“你准备用什么火柴棍游戏？”

“很简单，给他3根火柴棍，看他能摆成多少种数，并且要告诉我们最大的是几。如果他答对了，那我们就接着让他用4根火柴棍摆出最大的数。”琪琪说。

巧儿听完之后嘴角就不断地抽搐，这还简单？巧儿使劲想了一上午，仍然一点儿头绪都没有，到现在，她还老想着那个最大的数呢。你能不能帮帮她呢？

005 奇怪的变形

巧儿发现，最近数学考试的次数越来越高了，以前几乎一个月都没有一次考试，可是这个星期已经连续考了两次了。每次考试她都提心吊胆，生怕那个通红的59分会再次出现在考卷上。

幸运的是，巧儿的数学考试再也没有不及格过，有一次甚至还考了全班第一的好成绩呢。考试最令她不爽的，就是试卷最后的压轴题，虽然老师说那个题目不会也没关系，但是好强的巧儿每次都要尝试着去解题，尤其是那些另类的火柴棍游戏题。这不，上次的考试中她就遇到了这样的题目：仔细观察右面的图形，移动其中3根火柴棍，使其变成数字101。

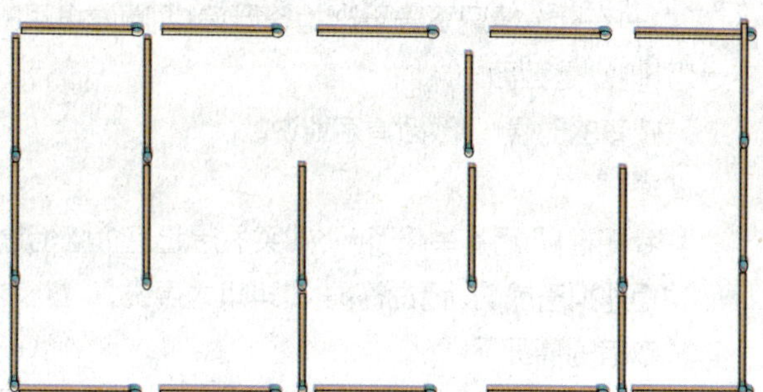

Q 这个图看起来乱七八糟，和数字101相差简直十万八千里，怎么才能只移动3根火柴棍，将它们联系起来呢？巧儿看了看教室前面挂着的壁钟，离交卷时间还有半个小时，她必须在这半个小时的时间中找到答案。但是，她现在一点儿头绪都没有呢，你能给巧儿一些提示吗？

006 一题三解

数学课上，老师在黑板上写了一道例题，为了演示演算方法，老师列举了三个解题方案。

“有些时候，一种思路不能解题的时候，同学们要学着变换思路，从其他的突破点下手。不管采用哪一种计算方式，只要能够得出正确结论就是正确的计算方法。希望大家能够掌握举一反三的技巧。”老师演算完之后总结说。

巧儿在座位上竖起耳朵听着，她想起昨晚爸爸和她玩的一个火柴棍游戏，也是一题多解。也许课后活动，她就可以把那个游戏告诉小朋友们。

下课之后，巧儿把朋友们都召集到一块。

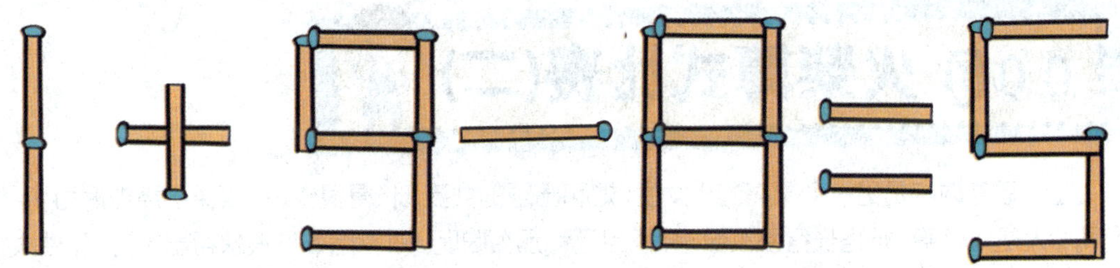

“这是一个一题三解的火柴棍游戏，大家一定要细细思考！”巧儿在开始游戏之前提醒参加游戏的小伙伴，她用火柴棍在自己的课桌上摆了“1+9-8=5”的算式。是的，你是不是马上看出，这个算式是不成立的呢？但是，你只要移动其中的2根火柴棍，就可以使得等式成立。很简单是吧？不过，不要太高兴，因为这个游戏有三种解法，你能不能都想到呢？

007 火柴算式比赛(一)

巧儿有一个年幼的表弟，他和巧儿在同一所学校上学，不过他读的是幼儿园。最近，小表弟到巧儿家来玩，他告诉巧儿，他们班下星期将会举行一次火柴棍游戏大赛。

“胜利者能获得一份大奖呢！”表弟在巧儿耳边小声地说，好像这是一个非常重要的秘密。巧儿对奖品并不感兴趣，但是她很想去看这个火柴棍比赛。她问小表弟其他年级的人能不能参加，表弟说可以。于是巧儿决定那一天和好朋友们一起去那个火柴棍游戏比赛现场看看。

第一个参加游戏的是一个长得非常可爱的小女生，巧儿不知道她叫什么名字。只见那个小女生用9根火柴棍在地板上摆了下面的算式：

很显然，这个算式是不成立的。

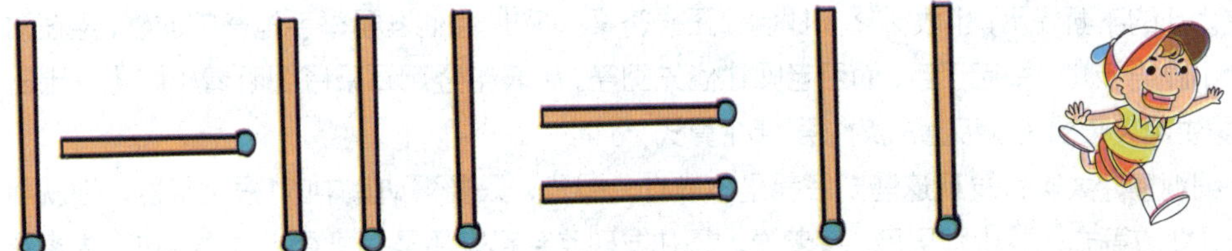

“移动其中的一根火柴棒，让这个不等式成立。”小女孩儿对现场的参赛者说。巧儿看到小表弟紧锁着眉头在思考。她微微一笑，自己也认真思考了起来。假如你是其中一名参赛者，你会移动哪一根火柴棍呢？

008 火柴算式比赛(二)

上一题答对的是另一个漂亮的小女生，她和出题的女孩儿长得很像。小表弟小声告诉巧儿，她们两个人是双胞胎，难怪长得那么像呢，而且还都那么聪明。双胞胎妹妹很快得出了答案，她大大方方地上前演示了移动火柴棍的步骤，赢来了一阵喝彩声。接着，她开始出题，她的题目和姐姐出的题答题相似，也是用11根火柴棍，摆出了一个显然不成立的算式，如下图：

“这是一个错误的等式，但是，只要移动其中一根火柴棍，你就可以让等式变得成立。请大家认真思考。”双胞胎妹妹说完，优雅地对大家鞠了一个躬，她又迎来了一阵掌声。

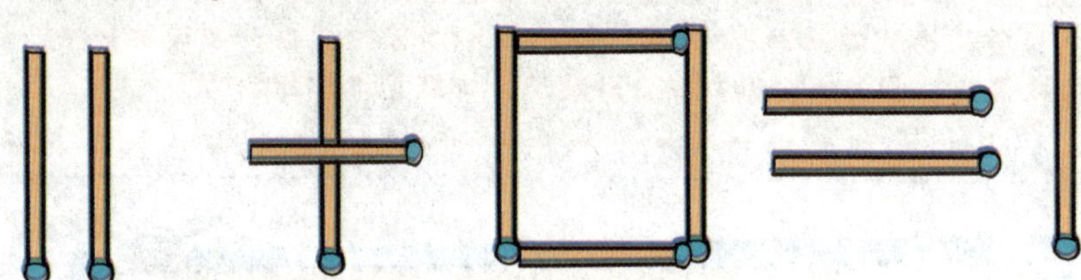

Q 这道题非常简单，巧儿只看一眼就知道应该怎么移动火柴棍了，但是旁边的小表弟显然不知道，他小脸涨得通红，思考得非常吃力。巧儿决定小声给他一点儿提示。如果你是巧儿，你会怎样对小表弟给出提示呢？

009 火柴算式比赛(三)

经过巧儿的不断提示，小表弟终于找到了正确答案。不过，当他准备举手抢答的时候，坐在对面的一个小胖男孩儿也举起了手，而且老师让他先回答。小表弟竖起耳朵仔细听着小胖男生出的题。小胖男生用火柴棍在地板上一次性摆了6个算式。

“仔细观察，大家会发现这些式子都是不成立。但是，只要移动其中的1根火柴棍，你就可以让不等式变成等式。”小胖男孩儿笑着说，巧儿发现他笑起来还是很可爱的，“不过，大家要注意的是，式子中的‘X’既可以看做是罗马数字10，也可以当做乘号使用。”

男孩儿的话刚说完，底下的小朋友就大声抗议，一次性出这么多不等式，大家觉得这太不公平。老师好像也觉得有些不妥，但是她并没有去掉一些算式，而是笑着告诉大家，答对这一题的小朋友将会提前获得一份神秘奖品。

Q 原来奖品不止一份，巧儿的小表弟松了口气，他可是冲着奖品来的呢。他真希望奖品是一套迪迦奥特曼的模型珍藏品。不过，现在可不是该想这个的时候，他得集中精力解决眼前的难题。这一次，他拒绝了巧儿的帮助，决定靠自己的聪明才智来赢得胜利。这么上进的小男孩儿，你是不是也忍不住想出手帮帮他呢？

X+I−III=I+IX

IX−IX=V

XIV−V=XX

XV+XV=I

VIII+IV=XVII

010 火柴算式比赛(四)

小胖男孩儿简直是太厉害了，不过他的题大家一时也解不开，于是老师让其他小朋友继续出题，游戏分两组进行。巧儿的小表弟立刻来了兴趣，他决定自己出题。他把手举起来晃了晃，成功引起了老师的注意。

“城城，你要出题吗？”老师问小表弟。

“嗯！”

“那你开始吧！”

糟糕，老师说开始的时候，小表弟才发现自己还没想好出什么题呢！他连忙向表姐求助，巧儿思考了几秒钟，立刻教小表弟一个简单的火柴棍算式题。小表弟听完之后，拿起火柴棍，在地板上摆了下图所示的算式：

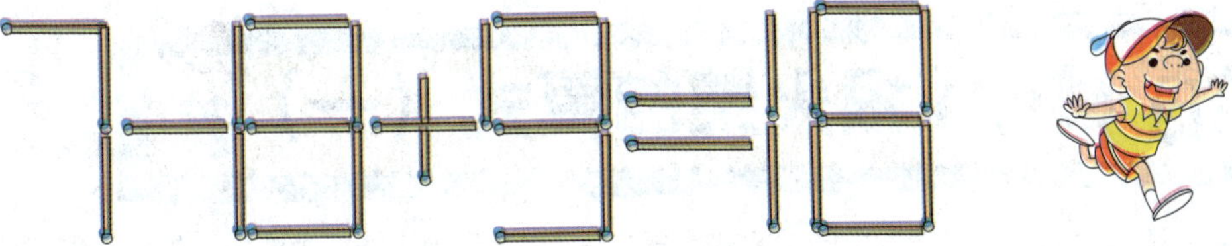

Q “要求是，移动其中一根火柴棍，使得等式成立。”小表弟高兴地宣布规定。

被小胖男孩儿难住的小朋友立刻到小表弟这边，纷纷皱着眉思考着结果。你是不是也想参加呢？那就赶快开动脑筋吧。

011 火柴算式比赛(五)

小表弟终于在比赛中打响了战斗的"第一枪"，他非常高兴，满心地以为自己的题目会难倒很多人。但是，就在他洋洋得意的时候，巧儿发现已经有小朋友举手，准备向老师宣布答案了。小表弟没想到这么快就让人抢了风头，他很不甘心，于是决定再出一题更难的，移动一根火柴棍的游戏很简单，但如果要移动2根或者3根呢？他微微一笑，要求再出一题，老师点点头，没有阻止小表弟。

"这一题可没有上一题那么简单。我要你再来做这一题。"小表弟挑衅地指着刚才回答问题的小孩子，那是一个长得非常秀气的小男孩儿，巧儿觉得他更像是一个女孩子。小男孩儿毫不犹豫地接受了小表弟的挑战，旁边的小朋友们在加油助阵。小表弟在地板上摆好了算式，如下图所示：

"移动其中的2根火柴棍，使得等式成立。我提醒你一下，是移动2根火柴棍！"小表弟对小男孩儿说。

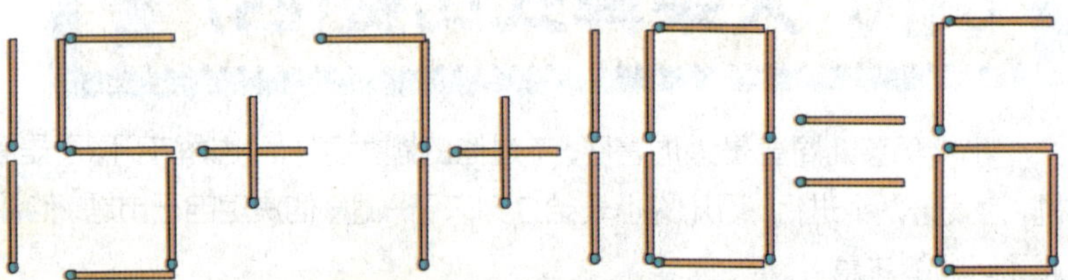

Q "没问题！"小男孩儿边说边走过去解题。他真的很聪明，还是用不到几分钟，就按照要求让等式成立了。小表弟目瞪口呆地看着他公布答案。他真不甘心，但他输了。小朋友们，你知道那个小男孩儿是怎么做的吗？

012 移动1根火柴的算式（一）

巧儿参加完小表弟班上举行的火柴棍算式比赛之后，觉得利用火柴棍游戏来增加自己的演算和思维能力非常有效。于是她决定用这种方法来锻炼自己。周末的时候，她再也不和好朋友们出去玩了，而是把自己关在爸爸的书房里，研究各种各样的火柴算式，并把它们进行了分类。巧儿首先攻破的移动1根火柴棍的算式。下页图就是她第一个上手的错误算式。

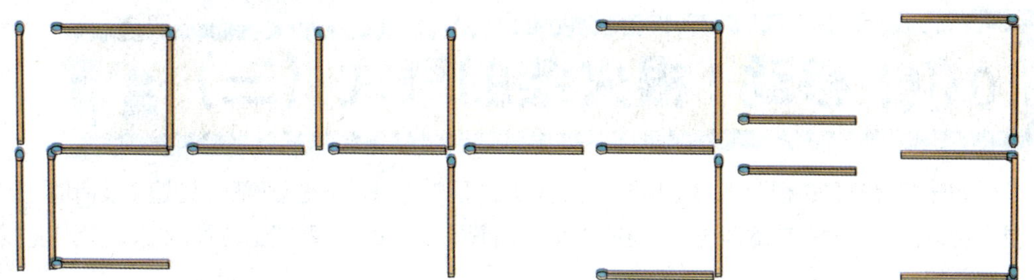

Q 看那些小朋友玩游戏的时候，巧儿觉得实在是太简单了，但是，当她自己开始动手做题的时候，才发现那些看似简单的算式其实并不简单，不是一两下就能找到答案的。就这一个算式，都花了她半个多小时的时间呢。幸运的是，她最终还是找到了答案，你呢？找到让等式成立的办法了吗？

013 移动1根火柴的算式（二）

巧儿在思考上一个游戏的时候，突然发现这类的火柴棍游戏似乎有一个规律。但到底是什么规律呢？巧儿想了很长时间都没有想明白，她决定加大自己的练习量，她在游戏书里又找了很多移动1根火柴棍让等式成立的小游戏，希望从中能发现那个规律。下图就是巧儿正在推敲的火柴棍算式！

巧儿一边移动火柴棍，一边把步骤在笔记本上记录下来。虽然很快找到了这一题的答案，但是巧儿并没有停手，而是故意错误地移动火柴棍，观察等式的变化。她反复实验了很多次，终于，她发现了隐藏在这些算式中的规律。巧儿高兴极了，现在要做的就是利用更多的错误算式来证明那个规律的正确性，她连饭都没时间出去吃，直到巧儿妈硬闯进书房，揪着她的耳朵出去才罢休。你是不是也想知道巧儿发现了什么规律呢？那就从这一题开始，自己探索吧。

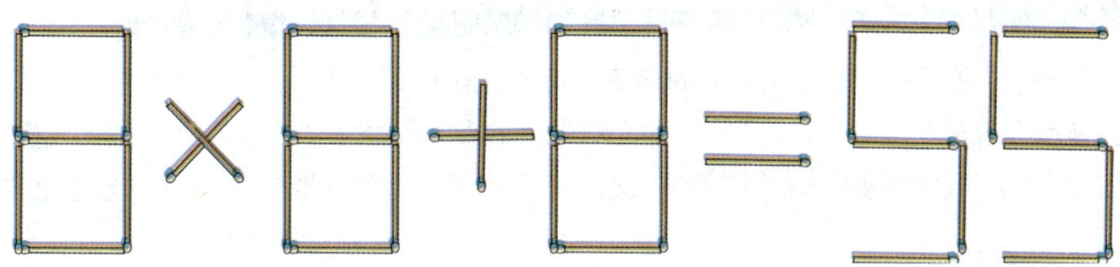

014 移动1根火柴的算式（三）

经过一次次的实践和训练，巧儿终于证明了她发现的那条规律是正确的，她迫不及待地把自己的发现告诉在客厅看新闻的爸爸。爸爸听后也尝试着玩了一个火柴算式的游戏，他发现巧儿的规律是行得通的。

“真没想到我女儿居然这么聪明！”爸爸掩饰不住眼睛里的笑意，他高兴地把巧儿抱起来，在她小脸上“吧唧”地亲了一口。巧儿呵呵笑着，她很长时间没被爸爸这么夸奖了。她让爸爸把她放下来，因为她想到了一个以前经常打败她的人，那个人就是隔壁的小瑞哥哥。巧儿决定用这个规律为自己找回尊严。

她敲开小瑞哥哥家的门，阿姨笑着给她开了门。

“哟，巧儿，什么事这么高兴？”阿姨问。

“不告诉你！”巧儿笑着说，“阿姨，小瑞哥哥在家吗？”

“在书房，你自己进去找他吧。”

巧儿来到书房，小瑞哥哥正在写作业。巧儿缠着他陪她玩游戏，小瑞哥哥躲不过，只好答应巧儿。巧儿立刻在桌子上摆了下图所示的算式：

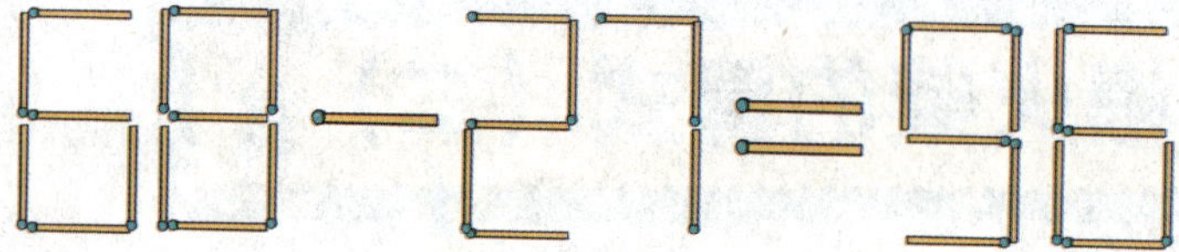

Q “移动其中的1根火柴棍，使得等式成立。并且……”巧儿故意说得很大声，“我找到解决这一类问题的规律。”小瑞哥哥本来就有一大堆作业要写，他可没工夫陪巧儿玩游戏，于是他根本不能集中精力来找到规律。你是不是已经找到了呢？能不能悄悄给小瑞哥哥一个提示呢？

015 移动1根火柴的算式（四）

好不容易盼到了一星期一次的体育课，可是老天爷真不知道体谅人，这一天居然下起了大雨，巧儿和同学们只能待在教室上自习。大家都在大声抱怨，恨不得就算下雨去也要去外面跑一跑。这时候，平时和巧儿玩得最好的薇薇走过来，她建议大家一起玩火柴棍游戏，同学们思考了几分钟之后都同意了。只见薇薇不紧不慢得从巧儿口袋里掏出火柴棍，在桌面上摆了下图所示的算式：

“移动其中的1根火柴棍，让等式成立。”薇薇说。

巧儿定睛一看，这不是自己这段时间一直在研究的移动1根火柴棍的算式吗？她已经找到规律了，现在解这样的题对她而言简直太简单了。她看了看周围的同学，大家都在紧张地思考着，就连最聪明的班长琪琪也一筹莫展的样子，这一次终于可以赢琪琪了，巧儿高兴地想。她运用规律，果然第一个得出了答案，大家都一脸敬佩地看着她。

016 移动1根火柴的算式（五）

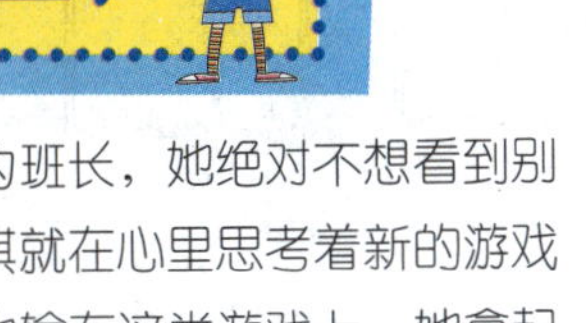

如果说巧儿的个性是不服输，那么班长琪琪的性格则更倔强，身为班长，她绝对不想看到别人比自己更快算出答案。因此，当巧儿比她更快说出答案的时候，琪琪就在心里思考着新的游戏了，而且同样是火柴算式游戏，她要让巧儿赢在这类的游戏上，同时也输在这类游戏上。她拿起火柴棍，抹去巧儿刚才摆的图案，在桌面上摆了如下图所示的算式：

“跟薇薇的题是一样的，移动其中1根火柴棍，让等式成立。只不过，这一题我希望由巧儿来答。你不会拒绝吧？”琪琪故意看着巧儿问。

“当然不会！”巧儿不假思索地接受挑战，这类游戏对她而言非常简单。只见巧儿快速地思考了几秒钟，然后优雅地移动其中的1根火柴棍，让围观的同学，包括琪琪在内，全都大吃一惊。

大家纷纷在心里猜测，巧儿这丫头怎么突然变得这么聪明了？没有人知道巧儿早就熟知这类游戏的规律了。巧儿终于当着全班同学的面扬眉吐气了一次。

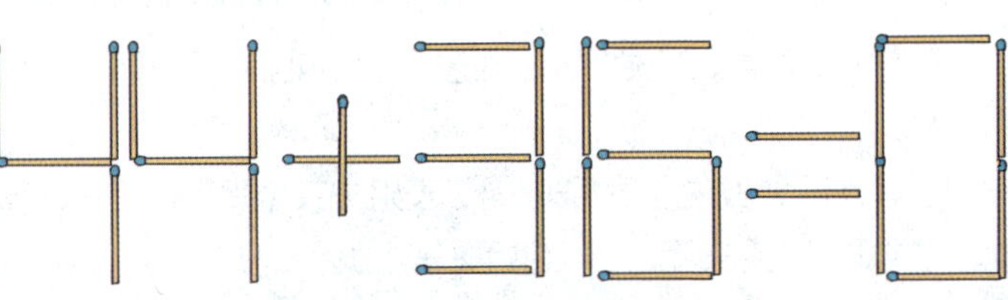

017 移动1根火柴的算式（六）

巧儿家来了一位稀客，在出版社上班的表姐夫。巧儿很喜欢这位表姐夫，只不过后者因为工作的关系，很少有时间来巧儿家玩，一般都是在过年或者过节的时候，表姐夫会和表姐一起来串个门。不过，今天既不是什么特别的日子，也不是什么节日，表姐夫居然一个人来了。

巧儿放学回家，看到坐在客厅的爸爸和表姐夫，二话不说，立刻飞奔到表姐夫的身边。表姐夫笑着把巧儿抱起来放在腿上。

"巧儿你这丫头，喜欢姐夫比喜欢爸爸更多是吧？回来也不和我打个招呼就往姐夫身上蹿！"爸爸在一边酸溜溜地说。巧儿冲爸爸吐吐舌头，继续黏在姐夫身上。

"姐夫，你今天是特地来看我的吗？"巧儿抬起头问。

"是呀！顺便向巧儿学习怎么玩火柴棍游戏。"表姐夫笑着说。

"你也喜欢玩火柴棍游戏呀？"巧儿问，她以前可从没见表姐夫玩过。

"我最近在编写这类的游戏书，可是没有经验呢，所以就想到你这个小老师，过来学习！怎么样，收不收我这个学生？"

"也不是不可以，不过，你得先过一关再说，我得看看你有没有天赋！"巧儿学着电视里的专家卖关子。爸爸在一边哈哈大笑。巧儿不理会，拿出火柴棍，在桌子上摆了下图所示的图案：

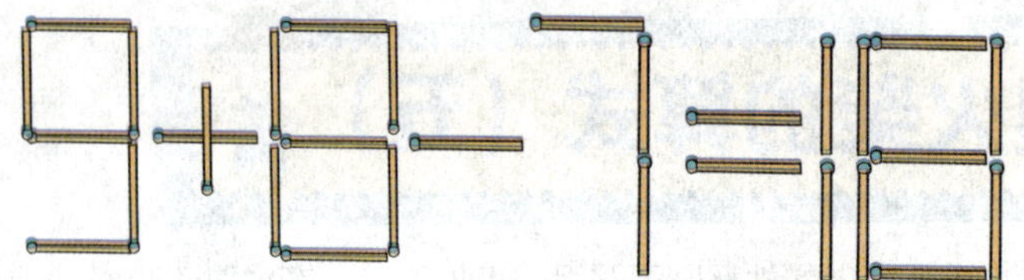

Q "只能移动1根火柴棍，让等式成立。姐夫，如果你做对了，我就教你！"巧儿说。姐夫笑着看了看桌面上的图案，他真的是一窍不通，你能不能帮帮巧儿的表姐夫呢？

018 移动1根火柴的算式（七）

尽管巧儿爸爸在一旁提示了很多，巧儿也睁一只眼闭一只眼装作看不见，但表姐夫还是没能得到答案。

"笨蛋！"巧儿拍了表姐夫一下。表姐夫笑着受了她那一巴掌，他委屈地看着巧儿。

"乖巧儿，姐夫笨，你再给姐夫一个机会，我一定会找到答案的，这一题太难了。"姐夫求饶地说。巧儿想了想，决定给姐夫换一道简单的题。其实，上一题在巧儿眼中就算是挺简单的了，因为她知道了规律，她忘了表姐夫并不知道这个规律。因此，她接下来出的题，在表姐夫眼中并不比上一题简单。巧儿用火柴棍重新摆了一个下图所示的图案：

"姐夫，这一题可够简单了吧？也是只移动1根火柴棍，让等式成立。如果你再不会，我可就不能收你为徒了，爸爸求情也没有用。"巧儿警告表姐夫。表姐夫苦笑着看了爸爸一眼，开始集中精力思考巧儿出的题。遗憾的是，他最终还是找不出答案。巧儿气得从他腿上跳下来，还是巧儿爸爸在一边看不过去，把规律悄悄告诉表姐夫，他算出了结果，这才让巧儿转怒为喜。

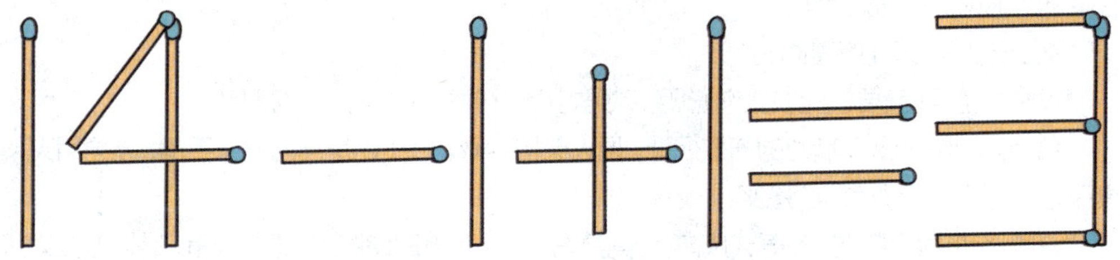

019 移动1根火柴的算式（八）

巧儿妈下午买菜回来的路上，看见巧儿班上的同学亮亮。那个时间，亮亮应该和巧儿一样在学校上课的，但是他却出现在了小区的公园里。巧儿妈看见亮亮一个人待在喷泉旁，担心他会出事，走过去，和亮亮说起话来。原来上午亮亮在学校被同年级的男生欺负了，他们说他笨，连最简单的数学考试都不会，还老是拖班级的后腿。亮亮一边说一边哭，看得巧儿妈心疼极了。她放下菜篮子，对亮亮说："好孩子，谁说你笨？巧儿回家总跟我说你是班上最聪明的同学呢！"

亮亮一脸不相信的样子。巧儿妈看亮亮不相信自己的话，便从菜篮子里找到买菜时小老板赠送的火柴棍，在喷泉旁边的水泥地上摆了下图所示的图案：

"这个火柴棍游戏是昨晚巧儿和我玩的，不过我们都不知道答案，你来看看！你一定能解开，因为我相信你比我和巧儿都聪明！现在，听好了，亮亮，移动其中1根火柴棍，让等式不成立。我不限制你时间，学会思考的孩子才是好孩子。试试吧。"

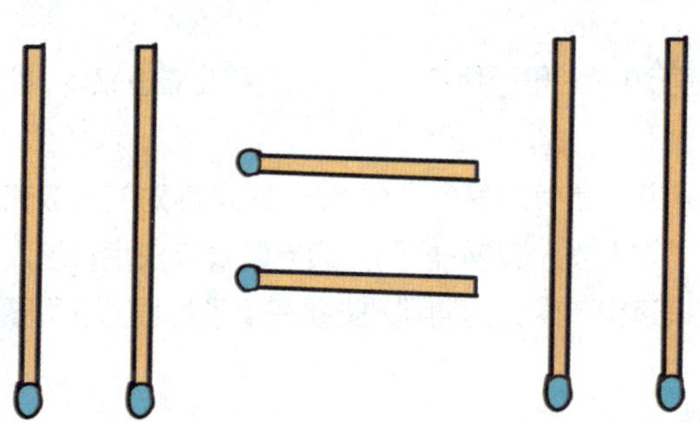

亮亮听完之后，果然半信半疑地思考着。这一题其实很简单，巧儿马上就说出了答案，但亮亮却花了不少时间。不过，值得庆幸的是他终于得出了答案。巧儿妈笑着看亮亮高兴地回学校了，她帮助了一个孩子，心情好极了。

020 移动1根火柴的算式（九）

如果巧儿妈知道亮亮回到学校之后，立刻会向巧儿发起火柴棍游戏的挑战，不知道她还会不会说亮亮是全班最聪明的孩子这样的话了？亮亮从巧儿妈妈那里获得了极大的信心，他自信满满地回到学校，虽然还是有人说他笨，但是他理都不理，直接走到巧儿座位旁边。

“我要向你挑战！”他说。巧儿听完之后觉得很奇怪，这个平时连大声说话都不敢的男同学，怎么会突然对她说这样的话呢？

“挑战什么？”巧儿笑着问。

“火柴棍游戏！我要证明我比你聪明，你妈妈也这样说过！”亮亮一脸得意。

“那好，你出题吧。”其他的不敢保证，玩火柴棍游戏，巧儿还是自信很拿手的。亮亮用火柴棍在桌子上迅速摆了下图所示的图案：

“只能移动1根火柴棍，让等式成立。”亮亮说。巧儿一看就傻眼了，怎么回事，最近怎么大家都喜欢玩这个移动1根火柴棍的游戏？好吧，她奉陪到底。

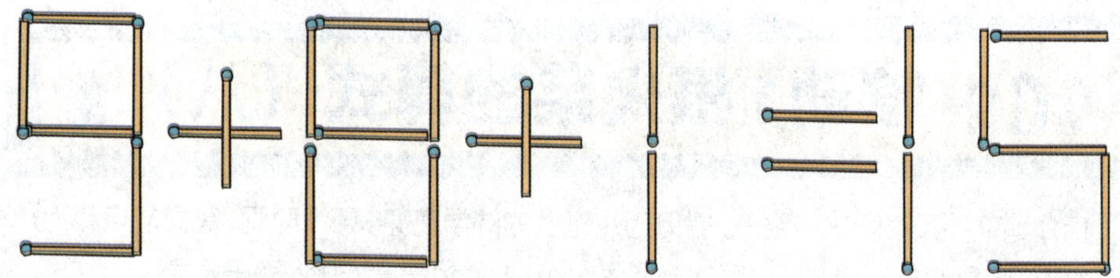

021 移动1根火柴的算式（十）

今天是个特殊的日子，因为今天是巧儿的生日，爸爸妈妈决定在巧儿生日的这一天为她举办一个小型派对，邀请她在学校里所有要好的小朋友们一起参加。因此，不光是巧儿，同学们都期待着这一天的到来。

今天巧儿早早就来到了学校，大家纷纷围过来送她生日礼物，她高高兴兴地收了很多生日礼物。

“巧儿，你会邀请我去你的派对吗？”这时候，旁边一个和巧儿并不熟的小女孩儿靠过来说，她刚才送了巧儿一个精致的小发夹。

“如果你能通过我的测试，我就邀请你！”巧儿并不是针对这个小女孩儿，只是派对的人数有限制，虽然她很想把大家都请回去，但是家里容不下这么多人，她只能用火柴棍游戏来决定参加人数。每个想去的小朋友都要参加这个游戏，薇薇和琪琪也不例外。她用火柴棍在桌子上摆了下页图所示的算式：

“这个游戏大家经常玩，就是移动其中的1根火柴棍，让等式成立。得出答案的人就能得到我的邀请，参加我的生日派对。”

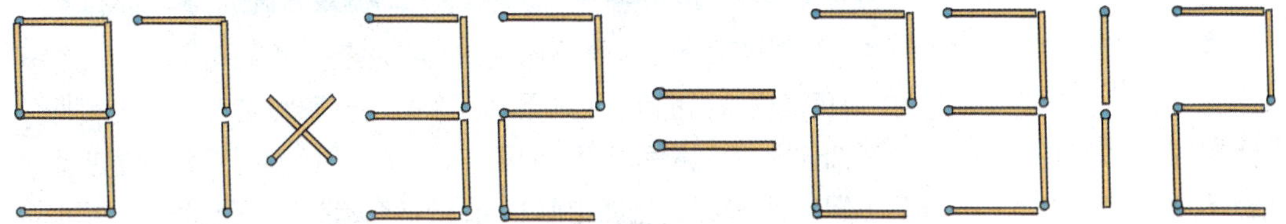

巧儿话音未落，大家便纷纷开始了思考。看着大家的热乎劲儿，你是不是也想参加呢？那就赶快答题吧。

022 移动1根火柴的算式（十一）

巧儿怎么也想不到，那么简单的一道游戏题，答对的人竟然只有平时和自己经常玩的那几个人。这样一看，晚上有资格参加派对的人连5个人都不到，巧儿可不想把好好的一个生日派对搞砸了。于是她决定再给大家一个机会，再给他们出一题，答对的人仍然可以参加派对。

“我再给你们最后一次机会，如果这一次还答不上来，那你们就不能去我家了。”巧儿说。没有答对上一题的同学们纷纷摩拳擦掌，他们一定要把握这次机会。这并不是说他们多想去参加派对，而是他们希望和所有小朋友一起玩。

巧儿说完之后，便在桌子上重新摆了下图所示的图案：

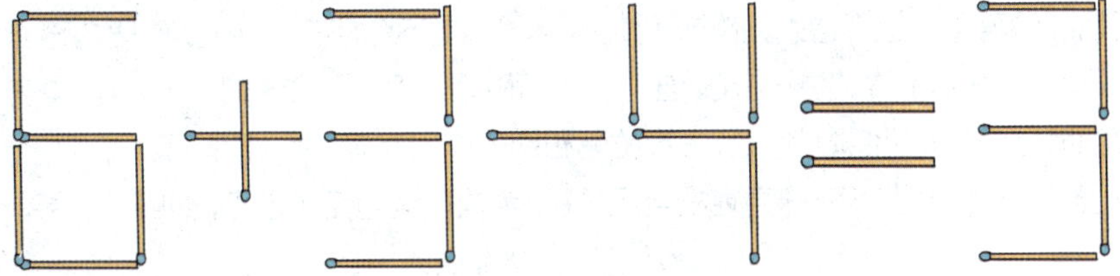

“要求和上一题一样，移动其中的1根火柴，使得等式成立。认真思考一下，这个题目其实并不难。”巧儿说。但是大家谁都没有听进她说的话，因为他们的注意力已经全部集中在游戏上了，谁也不想浪费一分钟。大家到底能不能参加巧儿的生日派对呢？让我们拭目以待吧。

023 移动1根火柴的算式（十二）

实际上，巧儿生日派对的人数根本没有限制，只是巧儿想借机和大家互动而已。当同学们得知巧儿的“奸计”之后，大呼上当。琪琪最喜欢打抱不平，她看到那么多人不满巧儿的行为，立刻心生一计，那就是以牙还牙。她决定由她出题，反过来考巧儿，如果不能答对，那么她这个派对的主角就取消参加的资格。大家都觉得这个提议很好，巧儿虽然觉得委屈，但她有错在先，因此也不好拒绝。琪琪开始出题了，她在桌子上摆了如下图所示的算式。

“巧儿，这可是你最擅长的游戏哦，可千万不要让我们失望！”琪琪笑着对巧儿说，她当然知道这个派对的主角绝对不能不参加派对，她这么做不是为了为难巧儿，而是在帮她解围呢。

“移动其中的1根火柴棍，让等式成立。要求很简单吧。”琪琪说。巧儿笑着点点头，她本以为琪琪一定会当着这么多人的面让她难堪，那个丫头总喜欢这么整她，但这一次，她确实帮了大忙。巧儿三下五除二地解决了桌面上的题。大家高高兴兴向巧儿家冲去。

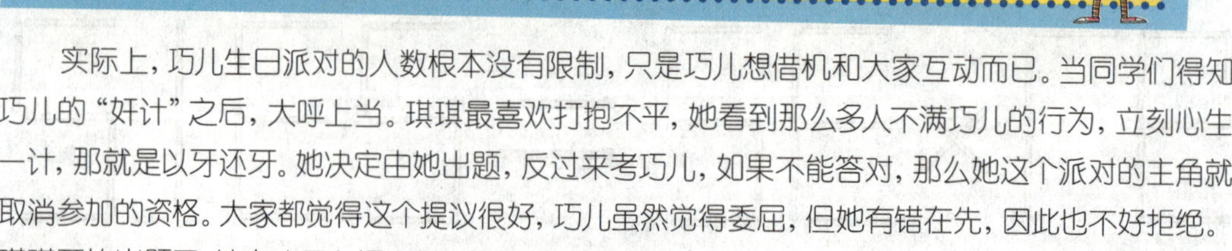

024 移动1根火柴的算式（十三）

巧儿的生日派对很成功，同学们都玩得很开心，那一天还来了许多大人，大家都十分开心。巧儿爸爸妈妈更是热情地照顾着每一位小客人。不过，巧儿的嘴巴还是不由自主地鼓起来，因为爸爸从开始到现在，一直都没有提礼物的事。生日之前，爸爸已经答应巧儿这一天会送她一份大礼，可是今天爸爸并没有给她，他甚至没有和她说几句话，一直忙着和别的小朋友玩。巧儿吃醋了。

好不容易，同学们都回家了，巧儿闷不作声地把自己关在房间里。爸爸走了进来，他哈哈一笑，把巧儿带进客厅。

“小丫头，在为什么事闹别扭哇？”爸爸明知故问。巧儿鼓起嘴，转过头不理他，她看见妈妈坐在一边捂着嘴偷笑。

“爸爸给你准备了一份大礼，不过呢，在得到这份礼物之前，爸爸要先确定巧儿是不是能够用智慧将它赢回去。听好了，爸爸现在和你玩一次火柴棍游戏，机会只有一次，答对了，礼物就会马上出现在你面前，答不对，哼哼，那你的礼物可就没了。”巧儿觉得很不公平，明明是生日礼物，怎么还能讲条件呢？但是，礼物现在是在爸爸手中，决定权也在他手上。尽管不愿意，但巧儿还是点点头，她看见爸爸在桌上摆了下图所示的图案：

“这是你最熟悉的游戏，移动其中1根火柴棍，让等式成立。因为很擅长，所以我只给你半分钟时间。现在开始计时。”爸爸话音刚落，巧儿就开始移动火柴棍，这样的题目已经不需要思考了，她信手拈来。爸爸终于老老实实拿出了礼物，那是巧儿梦寐以求的最新款的自行车。

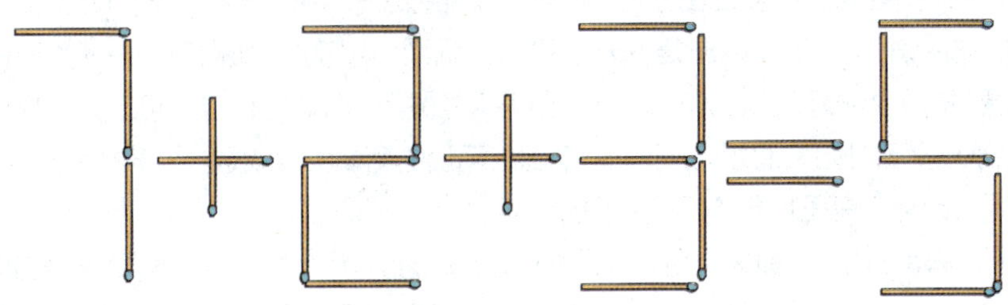

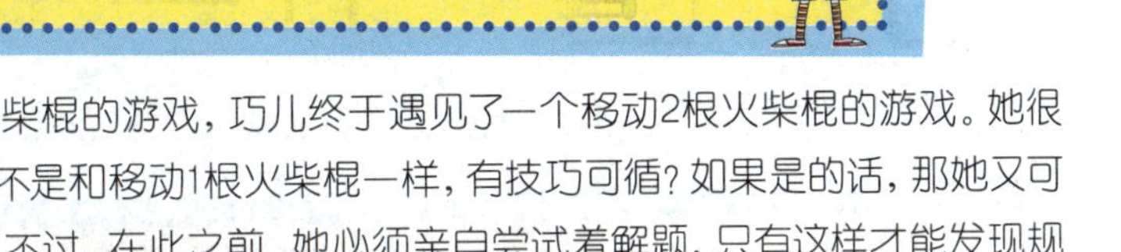

025 移动2根火柴的算式（一）

玩了那么长时间的移动1根火柴棍的游戏，巧儿终于遇见了一个移动2根火柴棍的游戏。她很想知道，移动2根火柴棍的游戏是不是和移动1根火柴棍一样，有技巧可循？如果是的话，那她又可以在同学们面前好好表现一番了。不过，在此之前，她必须亲自尝试着解题，只有这样才能发现规律。

巧儿把注意力转移到书本上，上面画着下图所示的算式：

巧儿按照书本上的摆法，把算式摆在了桌面上。如果移动2根火柴棍，让等式成立呢？巧儿陷入了思考，她尝试了几种移动手法，但仍然不能找到答案。她有些心浮气躁了，根本不能静下心思考。这时候，薇薇来找她一起出去玩，巧儿只好暂时把算式的事放下，和薇薇一起出去了。

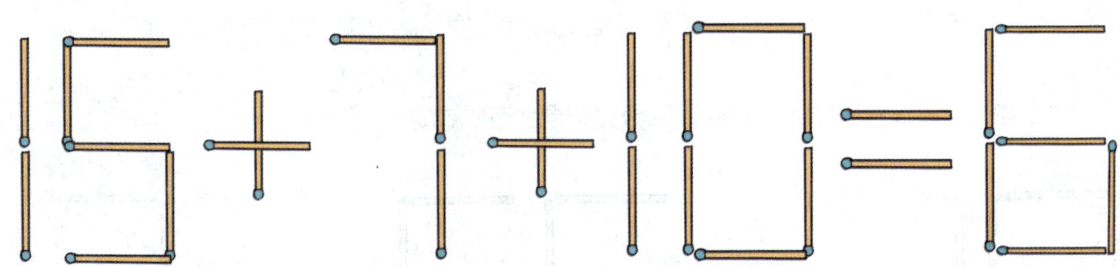

Q 在巧儿回来之前，你能不能得出答案呢？

026 移动2根火柴的算式（二）

巧儿班上最近转来了一个新生，是一个叫乐乐的小男生，他的座位就在巧儿旁边。更巧的是，乐乐有一个和巧儿一样的爱好，那就是玩火柴棍游戏。

下课铃刚响，老师们还没走出教室，同学们就都围过来和乐乐说话。不过，乐乐似乎是一个不喜欢和同学说闲话的男孩儿，他总是躲开围过来的同学。巧儿也想找借口和乐乐说说话，但一看到乐乐的态度，就知道只有一个办法可以拉近和乐乐的关系，那就是和他一起玩火柴棍游戏。这一招果然有用，乐乐渐渐开始主动和巧儿说话。他们一起玩的第一个游戏是一个算式游戏。

巧儿用火柴棍在桌子上摆了下图所示的图案。

"你只能移动里面的2根火柴棍，从而使得等式成立。"巧儿在一旁说明要求。乐乐仔细观察了图形一段时间，然后开始移动火柴棍。他的答案也非常准确，巧儿越来越想和这个有趣的转学生成为好朋友了。

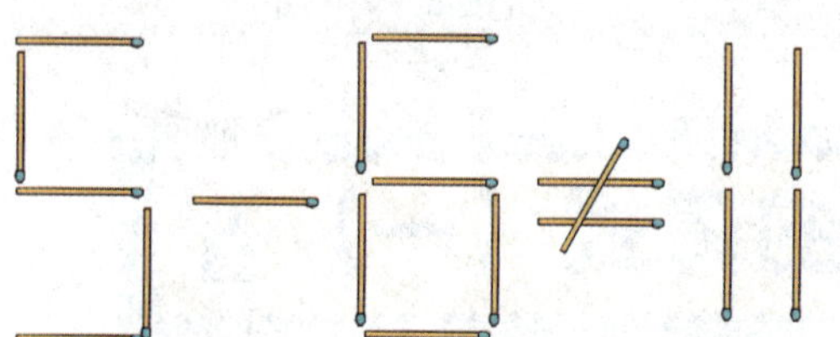

027 移动2根火柴的算式（三）

巧儿不知道，其实乐乐最擅长的火柴棍游戏就是移动2根火柴使等式成立。和巧儿一样，乐乐也喜欢聪明的孩子，巧儿要想和他成为好朋友，就一定要过他的关。不过，这样的话可不能直接和女孩子说，那样会让大家讨厌的，乐乐当然不会这么做。他只是很自然地邀请巧儿和他一起玩游戏，相互出题。答完巧儿的题之后，乐乐就主动出了一道题，也是移动2根火柴棍使等式成立，谁让他最擅长的就是这个呢。只见乐乐从桌子上拿起巧儿刚才使用的火柴棍，重新摆了一个下图所示的图形。

"和你说的要求是一样的，只能移动2根火柴棍让等式成立。"乐乐说。

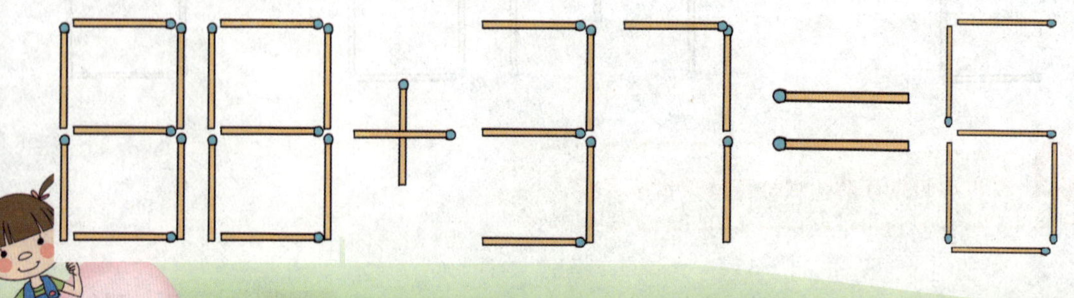

巧儿认真观察着桌面的图案，虽然她非常擅长移动1根火柴棍的游戏，因为她找到了其中的规律。但是，移动2根火柴棍和移动1根火柴棍的思考方式是不是一样的呢？她还没有完全掌握这一类的移动规律呢！

Q 不过，现在后悔也来不及了，她必须集中精力解决目前的难题。你能不能帮助巧儿交到这个新朋友呢？

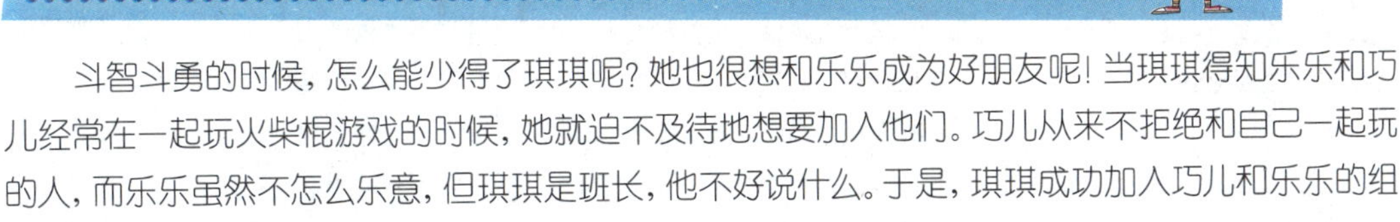

028 移动2根火柴的算式（四）

斗智斗勇的时候，怎么能少得了琪琪呢？她也很想和乐乐成为好朋友呢！当琪琪得知乐乐和巧儿经常在一起玩火柴棍游戏的时候，她就迫不及待地想要加入他们。巧儿从来不拒绝和自己一起玩的人，而乐乐虽然不怎么乐意，但琪琪是班长，他不好说什么。于是，琪琪成功加入巧儿和乐乐的组合。

琪琪参加的第一个游戏，是她自己提议的。她用火柴棍在桌子上摆了下图所示的图案。

“移动2根火柴棍，使等式成立。”琪琪简单说明要求。

唉，竟然又是移动2根火柴棍的游戏，琪琪这丫头是不是事先就打听好了乐乐会这一手，故意来套近乎的？果然，巧儿侧过脸看了一下旁边的乐乐，他已经动手开始移动火柴棍了，可自己一点儿头绪都没有呢。结果很快就出来了，巧儿看完乐乐的答案之后，还没弄明白要移动哪2根火柴棍。

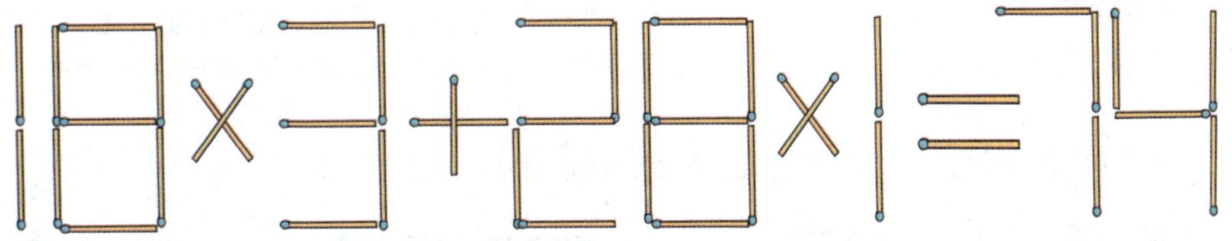

029 连续成立的算式

这段时间，巧儿的心思都被火柴算式占满了，尤其是琪琪加入她和乐乐的组合之后，她觉得自己受到了威胁，琪琪明显想要取代她成为乐乐的好朋友。因此，巧儿更是成天想着要用一个十分难的火柴算式，来巩固她和乐乐之间的友情。巧合的是，巧儿爸爸有一次在陪巧儿玩的时候，突然提出了一个非常奇特的游戏。

巧儿爸爸用火柴棍在桌子上摆了一个首尾相连的连续性的等式，如右图所示：

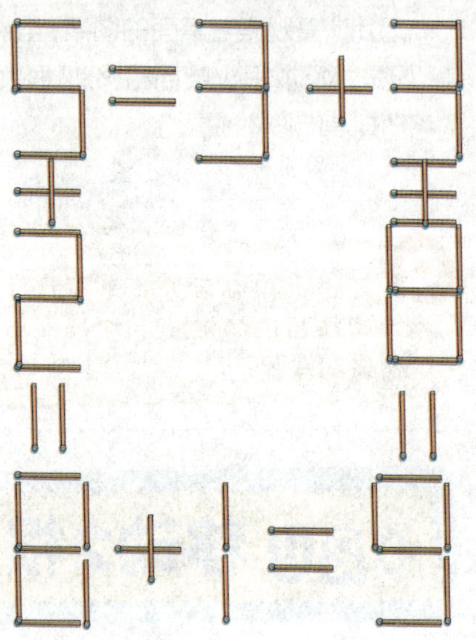

“巧儿，你仔细观察这些算式，有没有发现什么？”爸爸摆完火柴阵之后问巧儿。

“有3个等式是不成立的。”巧儿立刻说。

“是的，现在的要求就是，只能移动里面的1根火柴棍，而让所有等式都成立。做得到吗？”爸爸笑着问巧儿。只看一眼，巧儿就知道现在的这个游戏比她以前玩过的任何一个游戏都要复杂，要得到答案就必须花一定的时间，但是，为了自己的声誉和朋友，她怎么能退缩呢？

Q “当然能！”她大声回答爸爸的话。看到这么坚定的巧儿，你是不是也忍不住想出手帮帮她呢？

030 添1根火柴棍

到目前为止，巧儿玩过的火柴游戏都是移动火柴棍的。但今天，她突然在数学课本上发现一个添加火柴棍的游戏。对于这个新发现的大陆，巧儿非常兴奋，她没有立刻开始寻找答案，直到放学回家。

到家之后，巧儿立刻把自己关进爸爸的书房，她需要时间来独立思考，这段时间内，她不希望被任何人打扰。巧儿妈在门外敲了几下门，巧儿没理会，她已经完全沉浸在火柴棍游戏的世界中了。题目如下：

下图中的算是明显是不成立的，请添加1根火柴棍，让等式成立。

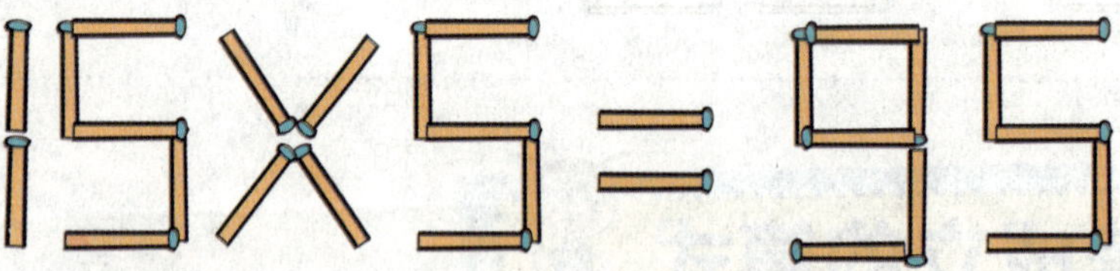

Q 只能再添加1根火柴棍。巧儿敏锐地注意到了题目中的关键字。她伸手拿起旁边的1根火柴棍，尝试着加入等式中，但一直不能让等式成立。你找到其中的关键了吗？能不能帮帮好学的巧儿呢？

031 罗马算式

周末一大早，小表弟城城就来巧儿家玩了，这时候巧儿还没起床呢。

“大懒虫，起床啦起床啦！”小表弟直接冲进巧儿的房间，他嘴巴上好像装了一个扩音器一样，声音特别大。巧儿大声哼了一声，朝小表弟扔了一个枕头过去，她人不大，气可不小呢。

“阿姨叫我这么做的！”小表弟一边朝巧儿吐着舌头一边调皮地说。巧儿虽然有点生气，但也不想再睡觉了。她穿好衣服来到客厅。小表弟和巧儿爸爸在客厅玩火柴棍游戏。游戏是爸爸出的，他们中间的桌子上有爸爸摆好的图案（下图所示）。

“姨夫，这个游戏根本玩不了啊？怎么可能减少1根火柴棍就让等式成立呢？”小表弟皱着眉头抗议。

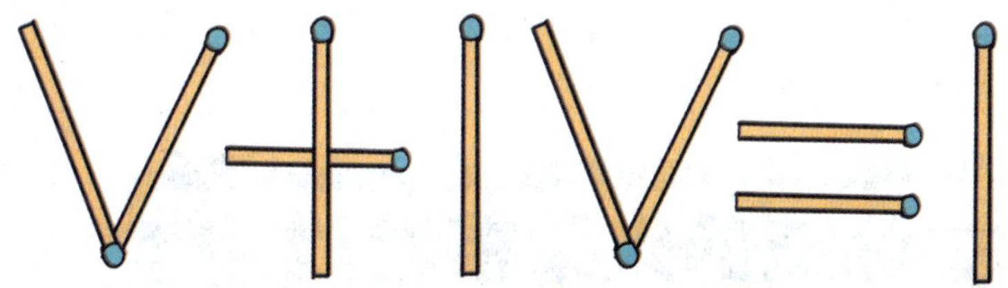

Q “怎么玩不了呢？城城可不许耍赖！可以求助现场观众！”爸爸一边说，一边笑着指了指在旁边看的巧儿。好吧，他很简单就把问题抛给了刚刚起床的巧儿。如果是以前，巧儿一定二话不说把答案找出来，不过她现在可是刚起床呢，眼睛都还没有完全睁开，正需要你的帮助！

032 拼十八

新学期开始了，班上同学都买了新书包，巧儿当然也想要。但是她的书包是去年刚买的，因此她向爸爸提议买新书包的建议没有被采纳。巧儿是那种不达目的不罢休的性格，她决定采取一切方式，让爸爸妈妈给她买新书包。

“不行！”面对巧儿的死缠烂打，巧儿妈想也不想就直接拒绝。巧儿嘟起小嘴，转向爸爸。然而，她还没开口说话，爸爸就直接拒绝说：“这件事由妈妈做决定，钱都在妈妈手里。”巧儿只好委屈地缠着妈妈，巧儿妈实在受不了了，只好说：“好吧，要新书包也不是不可以，但你必须通过自己的方式来得到。还是老规矩，爸爸给你出一个火柴棍游戏题，如果你答对了，我就同意给你买。不过，如果想不出答案，你以后就别提新书包的事，答应吗？”巧儿立刻高兴地点点头，她知道爸爸一定会给自己放水的。

“爸爸不许放水，被我发现的话，两个人晚上都别想吃晚饭。”巧儿妈妈补充说。好吧，放水是放不了了，巧儿决定用智慧取胜。只见爸爸已经在桌子上摆好了下图所示的图案：

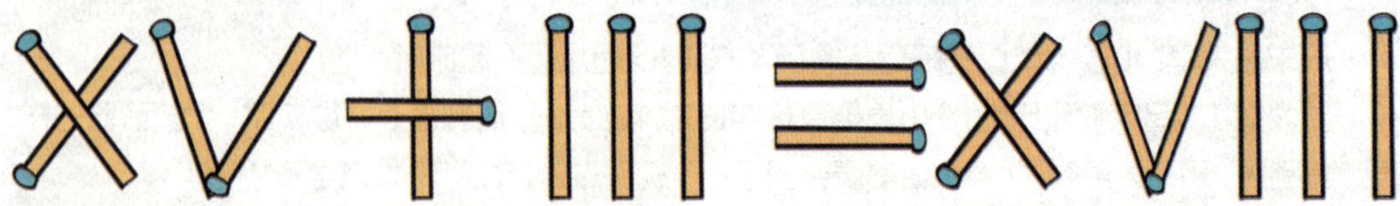

巧儿仔细观察之后，发现那是由18根火柴棍摆成的罗马数字算式，这个算式是成立的。那么，爸爸的要求是什么呢？

“用同样数目的18根火柴棍，再摆出一个算式，让结果仍然为18。”爸爸说。爸爸真的是一点儿水都没放，巧儿发愁地看着桌面上的火柴阵，看来新书包是得不到了，因为她根本无从下手。你能帮帮她吗？

033 除法的火柴棍游戏

每次数学考试的结尾，数学老师都会自己出一道题，为那些考试时间不足或者准备不够充分的同学加分。这是额外的加分政策，如果答对了，同学们的分数不但能马上升上去，而且还能拉开班级排名。因此，出现在这里的真正压轴题一般都是难题。

上次考试之前，巧儿因为感冒没有来得及复习，因此她留下来参加考试后压轴题的测验。只见数学老师拿出一盒火柴。巧儿一见就暗自窃喜，火柴棍游戏可是她的强项呢。她躲在同学身后捂着嘴窃笑。但是，当她看到老师摆出来的算式之后，就笑不出来了。老师的算式是：

“相信大家一定厌倦了一般的测试题。那么这一次，我们就寓教于乐，一边玩游戏，一边做题。下面这个算式很明显是一个错误的等式，下面请同学们移动里面的2根火柴棍，从而让等式成立。限定的时间为10分钟，在此时间内回答正确的，将会加15分。好了，大家开始思考吧。”

老师说完，巧儿立刻思考，她一定要把自己的分数拉上去。不过这个算式真的很复杂呢？她完全不敢确定自己能不能在10分钟之内找到答案。你有没有遇到过这种情况呢？出手帮帮犯难的巧儿吧。

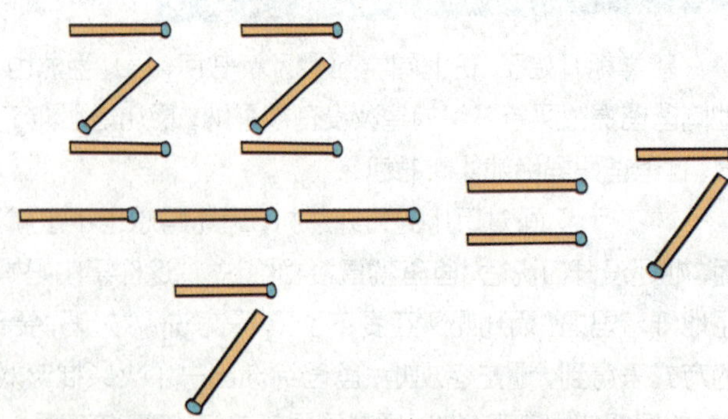

034 结果是30

角色扮演是巧儿最喜欢玩的游戏之一，因为当她扮演某个角色的时候，就在扮演期间被赋予了角色的权利。比如这一次，巧儿扮演的是老师，因此她可以向自己的“学生”提出问题。

巧儿一板一眼地学着老师的样子，坏笑地向小伙伴们提问：“下面老师将摆出一个你们很少玩过的火柴棍游戏，这个游戏由29根火柴棍组成，分别是未知的5个数字，使得它们的和为30。你们要做的，就是告诉我，这5个数字分别是什么！可不要小看这简单的数字，我敢打赌，你们算一、两次是绝对算不出来的。好了，闲话少说，同学们开始吧。”

小朋友们看巧儿在上面有板有眼地扮着小老师，有的人已经在下面悄悄捂住嘴笑开了。不过，老师既然已经发话了，她们作为学生就不能再耽搁了，得尽快找到答案。大家都知道玩火柴棍游戏最精通的就是班长琪琪，最不擅长的就是薇薇，但是，这次薇薇却让大家大吃一惊，头一个说出了那未知的5个数字。

你想到了吗？

035 最大和最小

巧儿今天接触到一种新的数学题，那就是求最大值和最小值：根据题目中所给的已知数和未知数，结合它们之间的关系得到一个等式，假设等式成立的条件得到最大或者最小值。其实，在此之前，巧儿已经有了这样的经历，那一次暑假她刚好去姥姥家，舅舅从外面回来，和巧儿玩一个游戏。那是用火柴棍拼成的“56−39=？”的数学运算题。舅舅一边在地面上摆出这个算式，一边笑着对巧儿说：“小丫头，看看舅舅不在的这段时间，你玩火柴棍游戏的水平有没有长进？看看这个算式，移动其中1根火柴棍，使得这道题的运算结果最大。”

巧儿听完之后就仔细观察着地面上的算式，虽然这种游戏她第一次碰到，但只要是火柴棍游戏，就没有她解不出来的。果然，十几分钟之后，巧儿得到了正确答案。舅舅大笑着夸奖巧儿。不过，事情并没有就此结束。舅舅又说：“那接下来，你能不能同样移动1根火柴棍，找到这个算式的最小值呢？”找最小值无非就是顺着刚才的思路反着来，没什么难的，巧儿心想。但是，她计算了很长时间仍然没有得出最小值。你知道了吗？

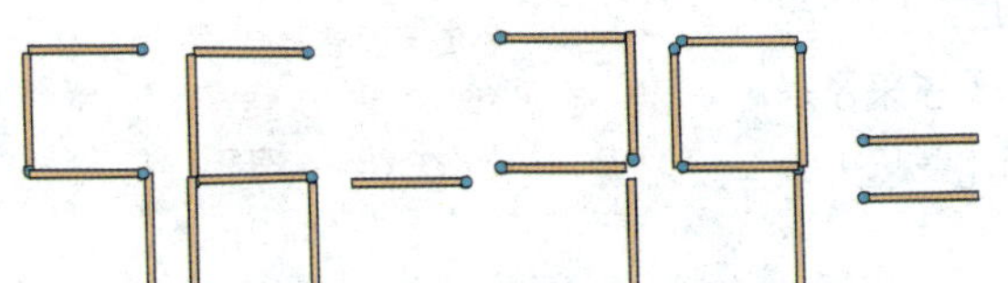

036 不变的和

这个游戏是巧儿在一本侦探书上看到的：用火柴棍把1—9九个数字分别放在一个正方形的9个格子中，让每行相加之后，和都为15。不过，有个人无意中移动了其中的3根火柴棍，让图形发生了改变（右图所示），这样一来，便影响了案情的发展和侦探的判断。现在，只要再次移动2根火柴棍，就可以使图形恢复原状。

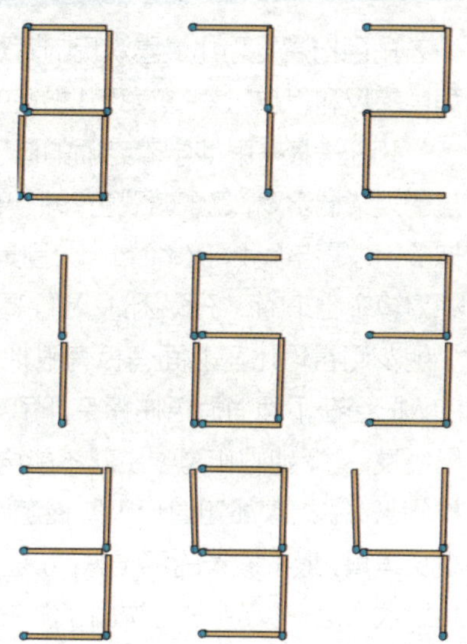

这种新颖的题目对巧儿来说是一个巨大的挑战，她拒绝了前来邀她出去玩的琪琪和薇薇，也推迟了做作业，甚至忘记去看最喜欢的动漫。奋战了将近一个小时，巧儿仍旧一无所获，她甚至没有找到正确的解题思路，不过，巧儿是个绝不轻言放弃的姑娘。巧儿妈进来催她出去吃饭，她想都不想地摇摇头。没想到答案之前绝不会吃饭，巧儿大声喊道。

Q 巧儿妈没办法，只好进来和巧儿一起思考，不过巧儿妈也不知道该怎么解题。你有没有想到呢？能不能帮帮巧儿？

037 有趣的算式

巧儿有一个很要好的朋友，叫王晓晓。王晓晓是个胖女孩儿，她最讨厌别人叫她胖妹，不过班上总有讨厌的男生喜欢大喊“胖妹”，王晓晓每次听到这样的话都大声说：“我要是胖妹，就把‘王’字倒着写。”

“‘王’字倒着写不也是‘王’字吗？”巧儿说。她说话的时候想到以前玩的一个火柴棍游戏，那是一个有趣的算式题，不管你移动其中的1根、2根或者3根火柴棍来改变其中的符号或者数字，等式的两边都是相等的。巧儿把自己的游戏向大家做了一个简单的说明，小朋友们一下子来了兴趣，王晓晓也挤着胖胖的身体来到巧儿周围。巧儿拿起火柴

Q “王磊，不要嘲笑王晓晓，小心我告诉老师去！”班长琪琪在思考的时候，最讨厌旁边有人嘻嘻哈哈。王磊伸伸舌头，绕到巧儿身后去了，聚精会神地思考着巧儿的火柴棍游戏。大家都不说话，但这种安静的气氛并没有让他们想出结果。你呢？有没有得出答案？

棍在桌面上摆出了下图所示的图案。

“谁能列出移动其中2根和3根火柴棍的算式？”巧儿出完题之后问。

“胖妹妹，你挡着我看题了！”巧儿的话音刚落，就听见王晓晓身后一个调皮的小男生说道。

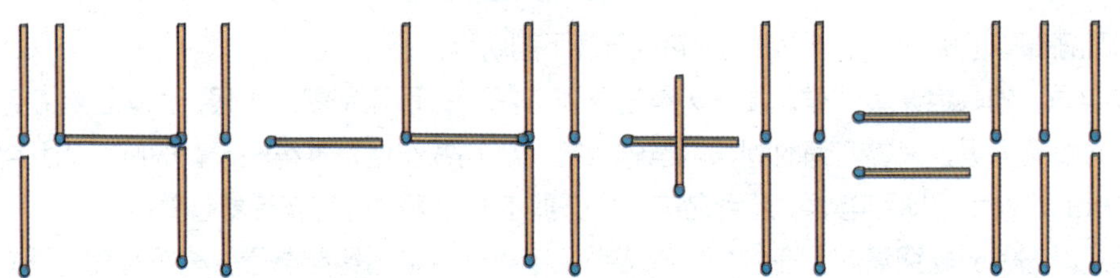

038 分数运算

终于，巧儿上的数学课开始学习分数和小数了。

“分数是指把单位1份成若干份，表示这样的一份或者几份的数统称为分数；小数是指测量物体时得到的不是整数的数，古人把这样的数用小数来计算。我们首先学习的是分数。”老师在上课之前对学生们说。不过，刚刚开始接触一个新的概念，小朋友难免有点困难，大家都一脸似懂非懂地看着老师，连琪琪都表示不了解。

为了让学生们更好地记住分数这个概念，数学老师决定先和小朋友们一起玩一个关于分数的火柴棍游戏，以此来调动大家的积极性。一听到玩火柴棍游戏，巧儿的脑细胞都活跃起来了，她兴奋地看着老师在讲桌上摆了下图所示的图案：

“这个算式明显是不成立的，但只要移动其中1根火柴棍，就能确保其成立。大家积极开动脑筋，得到正确答案的同学，老师会给予额外的奖励。”老师说。

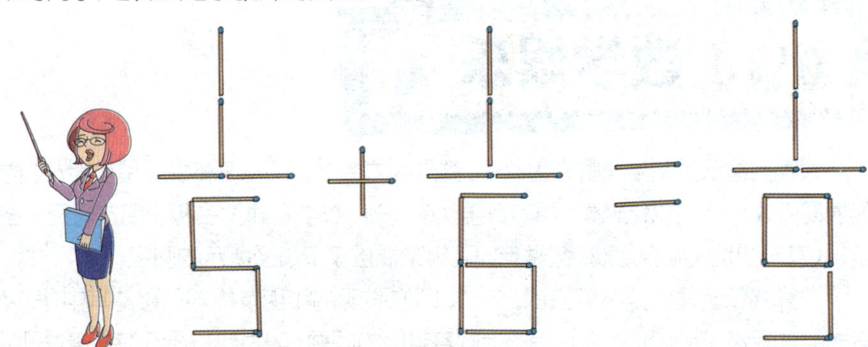

Q 以前老师说道“奖励”的时候，小朋友们都非常高兴，但这一次巧儿她们却并没有高兴，因为她们根本不知道怎样计算分数，而老师却出了一道分数运算题。大家都觉得不公平，你能帮帮她们吗？

039 不等式变等式

巧儿在课本上看到一个非常奇怪的不等式，下图所示：

放学后，她收拾课本回家。那一天爸爸下班非常早，巧儿到家的时候，爸爸已经在客厅看电视了。一般情况下，只要一有时间，爸爸就会陪着巧儿做作业，难得今天有时间，巧儿当然不会放过这样的好机会，她和爸爸一起到书房，把作业本拿出来，爸爸微笑着看着她。

巧儿翻书的时候突然想到在学校看到的那个不等式，她指给爸爸看。爸爸看完之后立刻想到了一个好玩的火柴棍游戏。

“乖女儿，咱们先玩一个火柴棍游戏，再写作业怎么样？”爸爸建议道。

“当然好！”巧儿正求之不得呢！只见爸爸拿出火柴棍，将课本上的那个算式用火柴棍摆出来。

“移动其中的3根火柴棍，让等式成立。”爸爸说。巧儿怎么也想不到，爸爸只看了一眼那个不等式，就能将它变为一个好玩的游戏。她用崇拜的眼光看着爸爸。巧儿只花了几分钟，就找出了答案。你找到了吗？

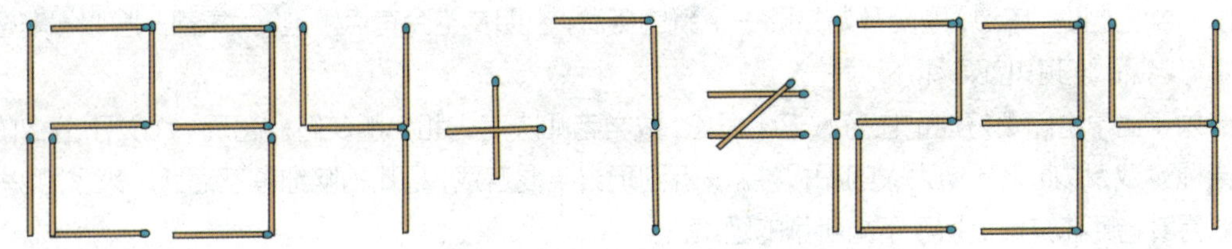

040 数学娱乐

大家都喜欢上数学课的原因之一，就是因为数学老师从来不会多留小朋友们学习和做作业，她很懂得劳逸结合。比如连续上两节数学课的时候，数学老师就会和小朋友们玩一些益智游戏。上一次，大家玩的是火柴棍游戏。数学老师用火柴棍摆了下页图所示的图案。

“算式题明显就是不成立的，不过，哪位聪明的小朋友能够只移动其中1根火柴棍，从而使得等式成立呢？”老师问。大家没有马上回答老师的问题，因为他们还没有看清楚题呢！

巧儿看完题之后，立刻和薇薇讨论开了。

“三个算式都是错误的，移动1根火柴棍能够让它们都成立吗？老师的题是不是出错了？”巧儿问。

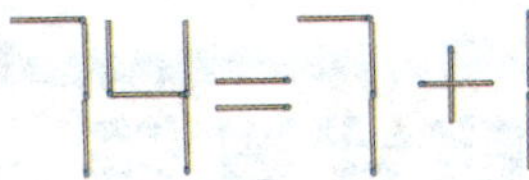

“我觉得也是！反正我不是很会玩这个火柴棍游戏，我觉得每一题都出错了。”薇薇说。

“找到答案就直接说，还在这胡说八道干什么？”琪琪不知道什么时候站在了巧儿旁边，这个嘴上不饶人的班长总是毫不留情地打击巧儿。巧儿撇撇嘴不理她。

“这么简答的题都不会，亏你还好意思说总玩火柴棍游戏呢！我一看就找到了答案。”琪琪不准备放过巧儿，她继续对巧儿说。

Q 其实，琪琪不但嘴上厉害，脑袋更厉害，琪琪一提示，巧儿就知道答案了呢！

041 烂摊子

周末，巧儿和小朋友们在玩火柴棍游戏。可是，正出题的亮亮突然被亮亮妈喊回家串亲戚了。走之前，亮亮正在地上摆一个火柴棍图案，但是还没有完全摆好，他留下了一个烂摊子“9×9 28=61”。巧儿看着地上残缺的算式，突然计上心来，这其实就是一个火柴棍游戏。

“其实，我们只要移动其中的1根火柴棍就能够使等式成立的。”巧儿说。

“不可能，亮亮明明还想接着摆火柴棍呢！”总认为别人出错题的薇薇立刻反驳。

“这一题虽然和亮亮出的题不一样，但一样是有解的。”琪琪站出来更正，因为她已经在大家争论不休的时候得到了答案。既然班长大人发话了，大家只好用心去寻找答案了。想想看，既然只能移动其中一根火柴棍，那么数字9和28之间的符号就一定只能是减号。

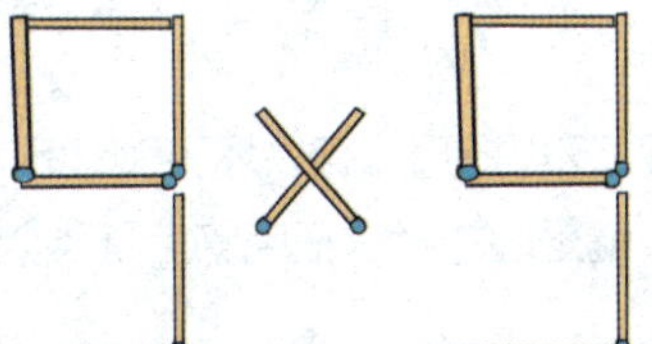

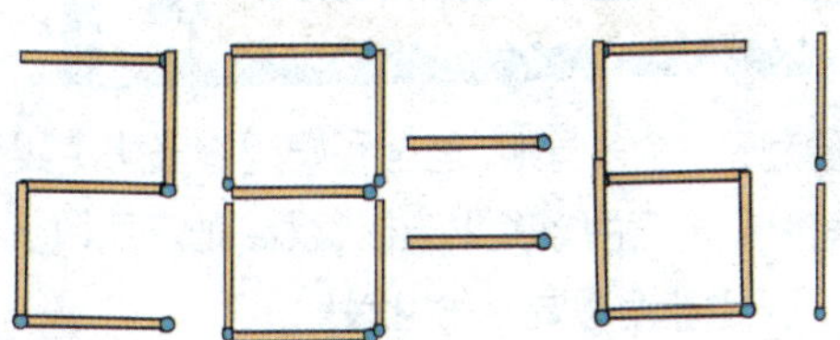

Q 而9×9=81，81-61=20，现在的问题就是，28如何能够变成20呢？提示到这里，聪明的你一定已经知道答案了吧？

042 算式连等

数学上，经常运用到数字1—9，而火柴棍游戏中，这9个数字也是不可缺少的。前面我们已经有过利用1—9进行的火柴棍游戏，但那仅仅是单一的算式，而今天，巧儿陪大家一起玩的是算式连等。依照下面的图案：

用火柴棍拼出的数字1、2、3、4、5、6、7、8、9，在这些数字中间加入适当的运算符号，我们将会发现这些算式是不成立的。但是，如果你能够巧妙地移动其中的3根火柴棍，你就会发现等式两边是相等的。大家听完巧儿的题之后都皱着眉头思索开了，不过大家看了半天图案，仍然找不到下手的地方。

"巧儿，能不能给些提示？"亮亮笑着讨好巧儿。

"好吧，但我只告诉你一个人，它们的和是18。"虽然说是悄悄话，但是巧儿故意说得很大声，她也希望其他人能够找到答案。大家一致都认为第一个破题的会是每次都赢的琪琪，但这一次，薇薇却给了大家一个"奇迹"，她居然是第一个想到答案的人。

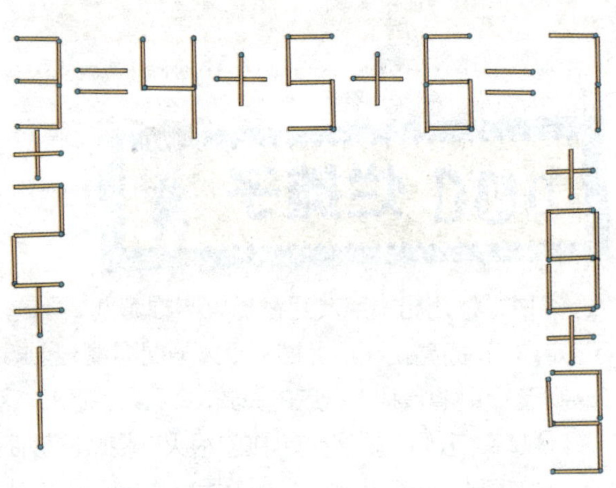

"这只能说这一道题太简单了！"琪琪不服气地说。的确，经过巧儿的提示之后，这道题已经不难了。你已经根据提示得出答案了吗？可不要输给薇薇。

043 追根溯源

软磨硬泡了一个多星期，爸爸和妈妈终于决定买一台电脑了。这可把巧儿高兴坏了，听琪琪说，电脑上面有很多千奇百怪的火柴棍游戏，她之所以玩得那么好，就是因为经常在电脑上玩类似的游戏。因此，巧儿也非常想要一台电脑。

电脑安装好之后，巧儿迫不及待地学了一些使用技巧，她每天吃完饭之后都会坐在电脑前玩一个小时左右的火柴棍游戏。当然，玩游戏的时间是有限制的，必须在做完作业的前提下，同时，巧儿妈丑话说在前头，一旦发现巧儿的学习成绩因为玩游戏而有所下降，就立刻终止巧儿的电脑使用权。巧儿对此并没有异议，毕竟她也不想让自己的学习成绩下降。

有一天，巧儿正在玩游戏的时候，电脑突然出现了一点儿故障，显示了一个残缺的算式，下图所示：

巧儿立刻把爸爸喊过来，爸爸稍微看了一眼，笑着告诉巧儿，这是一个火柴棍游戏的入门测试，很简单，但是如果巧儿找不到答案，就不能玩里面更精彩的游戏。这个奇怪的火柴棍图案也引起了巧儿爸爸的兴趣，他也参加了游戏。不过父女俩研究了半天，仍然不知道这道题完整的算式是什么。

Q 这样的话，他们就一直不能够浏览整本书里的游戏了，巧儿不甘心，你能不能帮帮她呢？

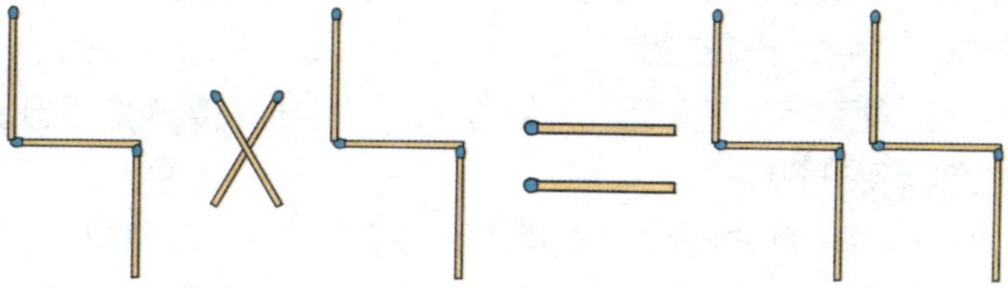

044 最后一格放什么

能够难倒巧儿的火柴棍游戏一点儿都不奇怪，但如果有爸爸在，巧儿还会被火柴棍游戏难住，那就有点不正常了。巧儿爸爸和巧儿叔叔都是玩火柴棍游戏的高手，再难的题在他们手中都能很快找到答案，上面那一题也是一样，巧儿在爸爸的提示下，一步步揭开了游戏的谜底，她终于有资格浏览那本书里面的其他游戏了。其中，有一个巧儿非常感兴趣的游戏：那是一个观察和数学综合的火柴棍游戏，观察下图中图形和排列的规律，想想看最后一格应该放什么图案：

这种类型的游戏巧儿曾经在其他的益智游戏书上看到过，无非就是需要仔细观察，然后总结出图形排列的规律，然后根据规律判断应该放入的图形符号。可是，图中的图形似乎并不存在规律，巧儿看了很长时间都一无所获。她再次向旁边的爸爸求救，可这一次，巧儿爸爸却微笑着拒绝了，因为他认为巧儿应该学会自己解决难题。巧儿只好专心致志地思考起来。

Q 巧儿现在做的就是完全投入进去，功夫不负有心人，她终于找到了正确答案。你找到了吗？

045 变动的路标

琪琪出完题后，就轮到巧儿了。她原本是准备将那天晚上和爸爸一起玩过的游戏拿出来参加比赛。可是当她看到台下其实暗藏着非常多的高手时，她觉得那个游戏已经不能难倒大家了，必须想一个更加新奇的游戏。

思索了片刻之后，巧儿开始动手，用火柴棍在黑板上摆出了右图所示的形状：

“这是一个由8根火柴棍摆成的路标牌，现在，请同学们移动其中的4根火柴棍，从而让这个路标牌变成两个。由于比赛的时间有限，我只能给大家一分钟的时间去思考。一分钟之内，能够得到答案的同学，就获得上台出题的机会，但是如果一分钟之后，大家仍然没有得出答案，那么，我就将获得继续出下一题的机会。”巧儿笑嘻嘻地说。其实，她选择这个题目最重要的原因，就是想凭借这个难题继续为自己赢得一个参加游戏的机会。

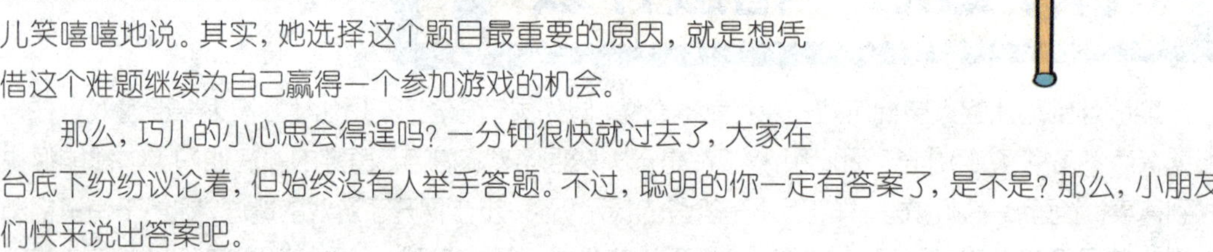

那么，巧儿的小心思会得逞吗？一分钟很快就过去了，大家在台底下纷纷议论着，但始终没有人举手答题。不过，聪明的你一定有答案了，是不是？那么，小朋友们快来说出答案吧。

046 数字之和相等

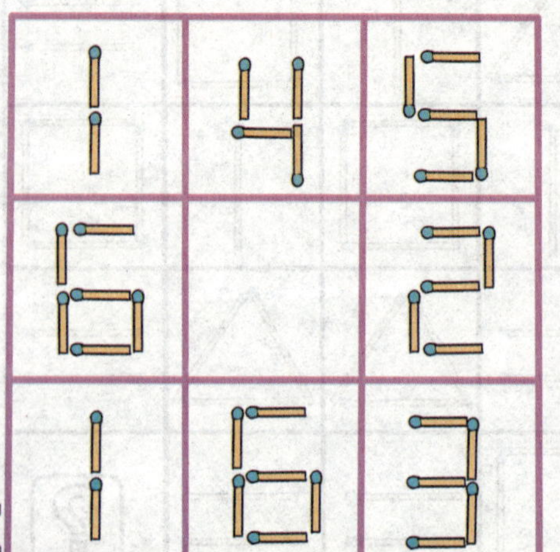

巧儿是个聪明的姑娘，她既然组织了这次比赛，就一定会想办法让自己成为比赛中的最大亮点——冠军，她可是要定了的。尤其是赢得了第二次参加游戏的机会之后，巧儿就开动脑筋，要想出一个难倒大家的大难题。

那么，什么题才是最能让大家都束手无策的呢？当然是一种大家都没有见过的出题形式和思考方式了。只见巧儿小嘴一歪，她马上就想到了一个好玩的游戏。她转身用火柴棍在黑板上摆出了左图所示的图形。

“方格里的数字分别是1、4、5，6、2，1、6、3，这些数字看起来是毫不相关的。但是，如果你增加其中的某1根火柴棍，就会发现，你可以使方格中每一横行和每一竖行的数字之和相等。那么，到底增加哪1根火柴棍才能符合要求呢？”巧儿一边出题，一边心里偷偷乐着，这一题肯定和上一题一样，能够难住所有人。不过，在这里，巧儿犯了一个大错，她只关心台下的观众，而忘记了身边最厉害的伙伴——琪琪。

Q 是的，最终给出答案的人，就是比巧儿更聪明的琪琪。你知道琪琪移动的是哪根火柴棍吗？

047 最大值和最小值

作为额外奖励，琪琪意外地赢得了再一次出题的机会。早就为自己的失算而懊悔不已的琪琪，没想到自己还能重新出题，她十分开心，心想，这一次绝对不能像前两次一样随便了，一定要想一个比巧儿厉害得多的题。思考良久，琪琪终于在黑板上摆出了下图所示的火柴棍图案：

这是一个没有结果的算式，当然，琪琪出的题一定不是让你得出算式的结果。下面，我们就一起去看看她的要求到底是什么吧。

“只能移动算式中的1根火柴棍，从而得出结果的最大值；完成之后，请在原题基础上同样移动一根火柴棍，从而得到结果的最小值。”琪琪说。原来这是一个求最大值和最小值的游戏。其实，前面我们已经做过很多类似的游戏了，小朋友们肯定已经从中总结出了很多经验和解题思路吧？那么不妨开动脑筋，好好想一下答案吧。

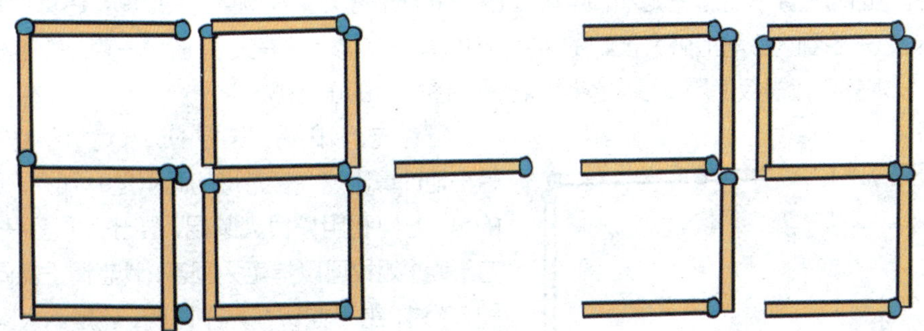

048 搭三角形

亮亮在台上等了半天，早就等得不耐烦了，他也准备好了游戏，想要一展身手呢。不过，刚开始就被琪琪抢了风头，然后巧儿又那么厉害，实在是比不过这两个女生，又答不出她们出的游戏题，

亮亮就只能憋到现在了。这不，主持人刚报出亮亮的名字，他就急忙跑到黑板前拿出3根火柴棍，摆出了一个三角形。

“嘿嘿，大家是不是以为摆三角形很简单？你们可不要小瞧了我，我可是比琪琪和巧儿还要厉害的火柴棍高手哇！”亮亮一上台，就忘了做正事，开始吹起牛来了。不过，琪琪可没有那么好的耐性，她小声提醒亮亮：“你上台的时间只有两分钟，吹完牛你就别想玩游戏了。”亮亮这才连忙回到正题上。

“3根火柴棍就可以组成一个三角形，那么两个三角形你需要用几根火柴棍呢？大家一定会用到6根，但是，在这里，我的要求就是，只能用5根火柴棍，从而摆出两个三角形出来。这一题很难，其实大家做不出来也很正常，我刚才就已经说过了，我比琪琪和巧儿厉害多了。”亮亮出完题又继续在吹牛，所以他没有看到，在他吹牛的时候，薇薇已经在黑板上用5根火柴棍摆出了两个三角形。

049 计算面积的火柴棍游戏

大家还记得巧儿班上那个叫王晓晓的女孩儿吧？她因为有点胖，所以被班上调皮的男孩子叫成了“胖妹”。这一次，一直受欺负的王晓晓决定利用这一次的游戏比赛，好让大家对她刮目相看，因此也精心准备了一个好玩的游戏。亮亮的题被薇薇解出来之后，就轮到晓晓出题了。

也许是因为大家平时总把她叫“胖妹”，晓晓一开始面对全校同学们的时候，还真是紧张了一会儿。不过，一想到大家马上就会被她的游戏难住，紧张感马上就消失了，晓晓一点儿都不在乎大家的眼光了，她转身在黑板上用12根火柴棍摆出如下图所示的正方形。

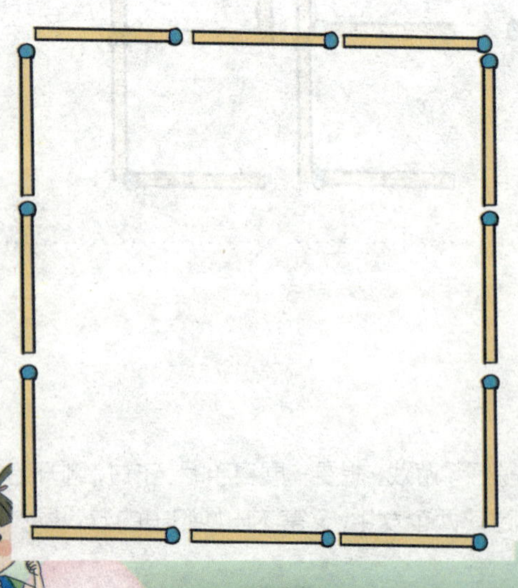

“首先，我们将火柴棍的边长定为1，我们可以很轻松地计算出这个长方形的面积是9。那么，现在要做的是，如何利用12根火柴棍，摆出一个面积是5的长方形呢？如果可以指定人回答，我想请王磊同学来答题，不过，由于他实在是不聪明，还是请大家帮帮他吧！”晓晓一直没忘记，在班上说她胖最多的，就是王磊。嘿嘿，她可找到机会报仇了，大家也纷纷大笑。

Q 不过，在开心的时候，他们可没忘记做题哦，你是不是也想到答案了呢？

050 巧组符号成等式

有没有玩过火柴棍和数字号同时存在的火柴棍游戏呢？在一次的抽奖比赛中，巧儿和妈妈就一起参加过这样的游戏。商家提供的是1—7和51这八个数字，然后给出11根火柴棍，用这11根火柴棍拼出运算符号，将它们运用在1—7之间。不过，需要注意的是，这7个数字的顺序是不能改变的。最后的结果是使得算式结果为51。

涉及到火柴棍游戏的比赛，巧儿早就兴致勃勃了，更重要的是，这次比赛的奖品居然是妈妈一直最想买但是买不到的榨汁机。于是，在巧儿妈的鼓励下，巧儿和妈妈一起参加了这个游戏。不出意外，巧儿第一个算出了答案，拿到了一等奖。

Q 不过，围观的大家可都还没算出来呢，你能出出主意吗？

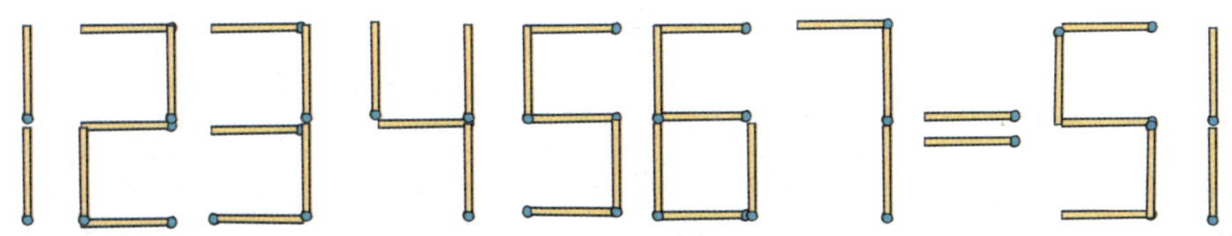

051 12个直角

乐乐的题出完了，大家都在皱着眉头思考的时候，突然有一个小朋友大喝一声："王晓晓，你刚才说什么呢？"大家转身一看，说话的正是老说王晓晓胖的那个调皮男孩儿王磊，他到现在才反应过来，刚才王晓晓说他笨。

这不，他也想通过火柴棍游戏来证明自己一下呢。还别说，大家，包括参加游戏的老师在内，所有人都被王磊的游戏难住了。这个游戏是这样的：大家都知道两根火柴棍彼此交叉垂直摆的话，可以形成4个直角。那么，如果给你3根火柴棍，要求形成12个直角的话，应该怎么做呢？

因为这个问题实在是不简单，所以在这里偷偷给小朋友们一点儿提示吧。建立一个空间坐标，想象一下3根火柴棍摆放的位置并不在同一个平面上。

052 摆3个正方形

巧儿去找班主任之前，可没想到班主任居然是1个这么“难缠”的角色，只见他一动不动地盯着巧儿，让她紧张得不得了。

“好老师，给点儿提示吧！”巧儿实在想不到解题的突破点，于是开始央求班主任。可是，班主任很认真地摇摇头，过了一会儿才对巧儿说：“其实，我也不知道这道题应该怎么解，这是我女儿昨晚考我的！”

“原来您女儿也喜欢玩火柴棍游戏？那很好，您让她也来参加我们的比赛吧！”巧儿高兴地对班主任说。但其实，她心里真正想的是，您自己都不知道答案，怎么好意思拿来考我呢？班主任换了一个比较简单的题。拿走上一题中的7根火柴棍，让巧儿利用剩下的8根火柴棍摆出三个正方形。

Q 在做题之前，巧儿问道：“老师，这一题的答案您不会还不知道吧？”

“小丫头，你还真把老师当门外汉哪！告诉你，老师也是玩火柴棍游戏的高手，不信比赛的那一天给你们露一手瞧瞧，哈哈！”班主任笑哈哈地说。巧儿开始放心的做题了，但是因为老想着比赛的事，她的思路没有以前活跃了，这道题还是有点难度呢。你想好了吗？

053 再次组符号成等式

大家都说世界上没有天上掉馅饼的事，但偶尔在你运气极好的时候，还是有可能碰到掉馅饼的情况的。就像那一天，巧儿和妈妈一起参加的火柴棍比赛，巧儿是火柴棍游戏高手，参加的又是最擅长的火柴棍游戏，所以，她可以很轻松地将那个榨汁机给妈妈赢回来。

可惜，好运可不会一直跟着你。赢到了榨汁机的巧儿妈妈贪心大起，她决定再带着巧儿去那一家参加抽奖比赛，据说这一次的奖品是一台笔记本电脑呢，这也是巧儿妈妈非常想要的东西。游戏是这样的：现在有1—9和100这十个数字，现在，给你16根火柴棍，将它们组成特定的符号，然后按照顺序将这些数字组成一个结果为100的等式。很明显，这个游戏和先前的游戏大同小异，凭借巧儿的机智和经验，赢得电脑是轻而易举的事。

只不过，这一天巧儿的心情非常不好，她的心思根本不在比赛上，所以巧儿妈最终带着巧儿失望而归了，你想到了吗。

987654321=100

054 不等式的成立

期待和准备了很长时间，校园活动节终于开始了。主持人在台上忙着介绍各个班级准备演出的节目，当她说到“五年一班，巧儿同学组织的火柴棍游戏比赛”时，巧儿的心里高兴极了。在看完大家的小品、歌舞、相声等等节目之后，巧儿和好伙伴们终于可以登台了，他们每个人都准备了节目呢。

最先出题的仍然是争强好胜的琪琪，她先向观众鞠躬问好，然后开始出题。她从口袋中拿出火柴盒，然后在大黑板上摆出了一个等式：8×4×6−29=163刚刚摆上去，巧儿就听见底下有的同学说：“那个等式是错误的，根本不成立。”

这时候，琪琪接口了，她说道：“是的，这是一个错误的等式，而我们的要求就是，请移动其中的一根火柴棍，从而让等式成立。大家只有10秒钟的思考时间，请抢答。”原本可以抢答的同学只能是巧儿班上的，可是观众席中却有人第一个举起了手，那是一个男孩子。他非常自信地说出了标准答案，赢得了大家的掌声，这样一来，比赛的气氛立刻热闹起来了，巧儿她们也玩得更起劲了。

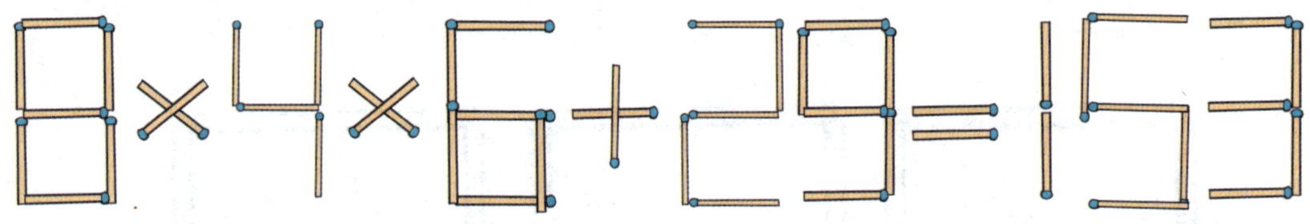

055 4+5=10

开始游戏之前，请小朋友们先和巧儿一起计算一个简单的数学题，4+5等于几？什么？有人听见巧儿说4+5等于10，巧儿是不是说错了？还是她数学成绩太差了呢？当然不是，巧儿这么说是有依据的，不相信的话，就和她一起玩一个好玩的火柴棍游戏吧。

上图所示，巧儿用火柴棍在桌面上并排竖着排列了4根火柴棍。

摆完之后，巧儿给身边的小朋友拿了另外的5根火柴棍，然后告诉他，在桌面上4根火柴棍的基础上，添加5根火柴棍就会变成10。虽然巧儿已经告诉大家4+5可以等于10了，但伙伴们还是不知道怎么做哪。要不，在巧儿公布答案之前，你来揭开谜底吧。

056 奇怪的正方形也来了

大家都知道，巧儿玩火柴棍游戏厉害吧？其实，最主要是因为她经常和爸爸、妈妈玩这类的游戏，而且对火柴棍游戏非常关注，所以，在不知不觉中，巧儿接触到的火柴游戏的种类就多了，慢慢的，她自己能掌握的游戏类型也就丰富起来了。

这不，她刚听完老师的题，就立刻想到，自己和叔叔玩过类似的游戏。不过，巧儿已经不能再上台比赛了，每个人只有两次上台的机会，除非他（她）答对了别人出的题。虽然对题型非常熟悉，但巧儿一时之间也没有想到答案，因此，她只好把自己想到的游戏告诉下一个即将上台参赛的薇薇了。

题目是这样的：请用9根火柴棍，摆成三个正方形。

薇薇听完之后立刻摇头，她觉得这是不可能做到的事，一个正方形就需要4根火柴棍，三个正方形怎么可能也只要9根火柴棍呢。薇薇认为巧儿是故意让她出丑呢。

不过，后来当巧儿告诉薇薇答案之后，薇薇很高兴地采用了这个游戏，并且难倒了很多人。你知道答案是什么吗？

第四章

语言文字屋

奇妙组合，驾驭火柴棍游戏，采撷语文中的瑰宝

001 拼出来的汉字

巧儿数学考试，分数刚刚及格，这可急坏了巧儿妈，于是她总是想办法帮助巧儿提高数学成绩。除了帮巧儿辅导功课之外，妈妈还经常想出一些另类的考题，说是要锻炼巧儿的想象力和逻辑思维能力。这不，巧儿又要“补习”啦！

妈妈：“巧儿，我手上有8根火柴棍，你能用这些火柴棍，拼出几个5横3竖的汉字？看在你是孩子，稍微倾斜一点儿的‘/’也算一横吧！”这点儿小问题，怎么能难倒聪明的巧儿呢？她二话不说，拿起妈妈手中的火柴棍，在桌面上摆成5横3竖的模样，然后认真思考起来。可是，这道题实在是太难了，她想了很长时间，都没有想出答案。

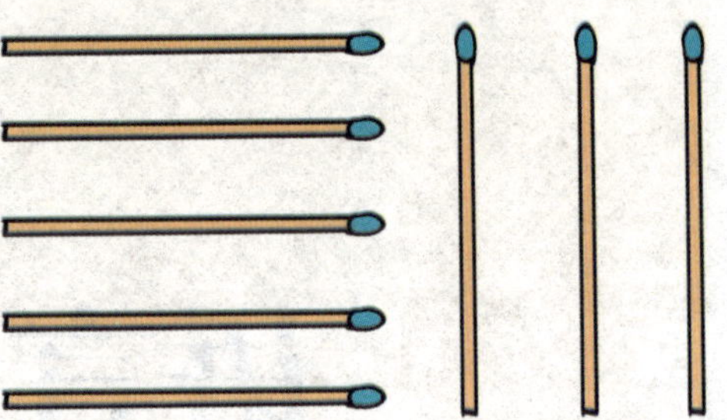

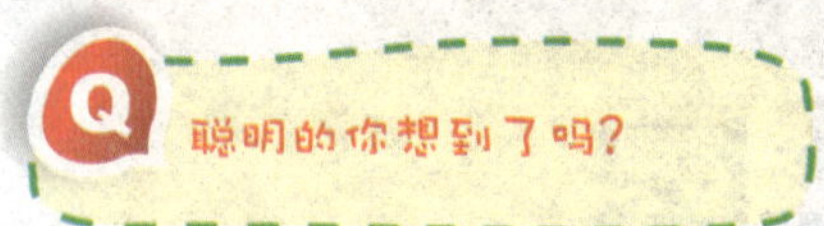

002 巧组成语

巧儿被妈妈叫出来买牛奶，她到超市一看，收银台的老大爷不知道在哪里。她四处看了一圈，原来老大爷正在一边的货架旁摆火柴阵，巧儿拿着牛奶走过去。大爷盯着巧儿瞧了一阵（后来巧儿把这件事告诉妈妈后，妈妈说大爷这是在判断巧儿是不是聪明的孩子），瞧完后，大爷笑眯眯地对巧儿说：“小丫头，过来看看爷爷摆的火柴阵。你能不能移动这里面的4根火柴棍，让它们组成一个成语。我不限定时间，但是超市关门之前，你一定要给我答案。要是你算对了，爷爷就不收你牛奶钱。”这么好的事，巧儿一听就乐了，她仔细看着老大爷摆出来的火柴阵：

巧儿皱着眉头思考着……可是想了半天都没有头绪。

一个小时后，妈妈见巧儿这么长时间没有回家，于是找到了超市，看到巧儿在超市里和老大爷在一起才放下心。妈妈走过去，大爷笑呵呵地把事情的经过告诉了妈妈。妈妈听完之后笑了笑，然后偷偷给了巧儿一个提示，巧儿就知道怎么做了。

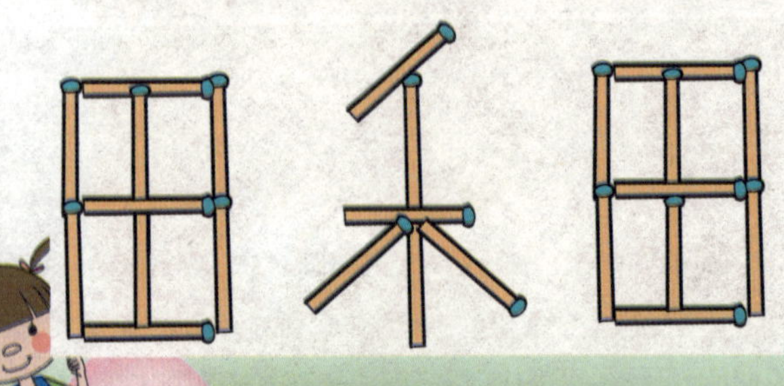

003 火柴十八弯

寒冬一过，巧儿就缠着妈妈带她去姥姥家。姥姥家住在一个山区，每次巧儿和妈妈坐车上山，都会被惊出一身冷汗。不过，尽管有些害怕，但是巧儿还是喜欢那种刺激的冒险感，比坐过山车还要过瘾。妈妈拗不过巧儿，只好答应她春天一到就去姥姥家。

巧儿扳着手指头数着时间，终于盼到了春天。这天，巧儿兴高采烈地挽着妈妈的手出发了，她们换了好几趟车，终于来到了山脚下。但是，在车站，巧儿和妈妈被告知，最后一班车在5分钟之前已经发车了，她们要么在山脚下的旅馆住上一宿，要么自己爬上山。巧儿不乐意了，她抬头看了看七拐八拐的山路，那样爬上去，还不得累死呀！她拉着妈妈的衣服撒娇，妈妈没办法，只好让舅舅来接她们。

等车的时候，巧儿看着远方的山体，突然想到前几天和小朋友们玩过的一个游戏，她决定考考妈妈。她走到妈妈旁边，从口袋里掏出总是随身带着的火柴棍，在地面上摆了右面的图案：

“妈妈，这是由24根火柴棍摆成的山道，你能不能移动其中的8根火柴，使它变成一个‘回’字呢？”

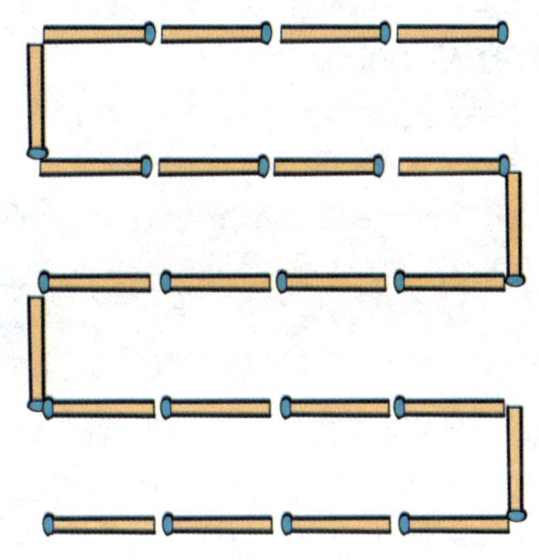

Q 巧儿妈仔细看了半天，还是想不到应该怎么移动火柴棍。她听到女儿在一边小声窃笑，决定一定要揭开谜底，不然会被这个小丫头片子笑话的。你有没有想到答案呢？要不要帮帮巧儿妈？

004 井变品，品变田

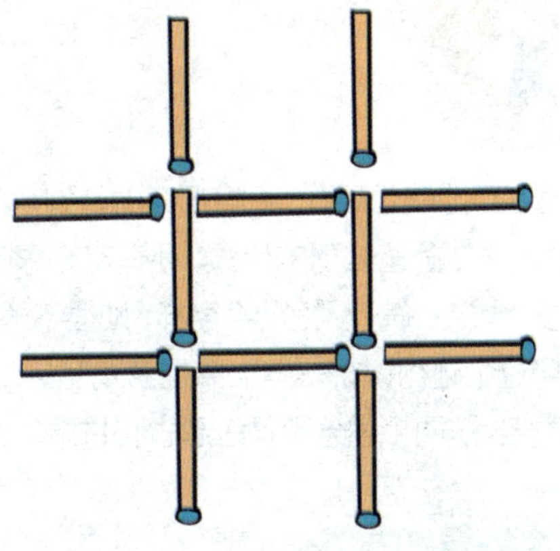

想了半天，巧儿妈还是想不出上一个问题的答案，这时候，她接到巧儿舅舅打来的电话，来接她们的车子在半路上爆胎了。没办法，她只好硬着头皮再继续想下去。不过，她也不想巧儿在一旁幸灾乐祸，在思考题目的同时，巧儿妈也想到一道考验女儿的难题。

她从巧儿手上拿过火柴棍，在地面上又摆出了一个火柴棍图案：

“这是由12根火柴摆成的‘井’字，你能不能移

动3根，让它变成一个‘品’字？再移动3根，让‘品’字变成‘田’字？如果你知道答案，而我还解不出你出的题，那妈妈就甘愿认输，并且满足你一个愿望！”巧儿妈边说边对巧儿展现一个“迷人”的微笑。

Q 为了这个愿望，巧儿决定用尽所有脑细胞，也一定要将答案找出来。然而，不幸的是，直到舅舅的车子出现，她还是一头雾水。而巧儿妈早在出完题后不久，就把巧儿出的题答出来了。现在，能够帮助巧儿的就只有你了，你能想想办法吗？

005 字变字

到姥姥家之后，巧儿才发现舅舅居然是一个玩火柴棍游戏的高手，当他得知巧儿妈给巧儿出的题之后，才用了几秒钟的时间，就得出了答案。巧儿简直佩服得五体投地，一直缠着舅舅教她秘诀。舅舅笑着说巧儿缺乏锻炼，想了想，决定给她换一个比较简单的题。巧儿欣然接受了舅舅的建议，她不再缠着妈妈，成天和舅舅混在一起。只见舅舅用火柴棍在桌子上摆了以下几个字：

要求是移动其中的一根火柴棍，让这些字分别变成另外一个字。

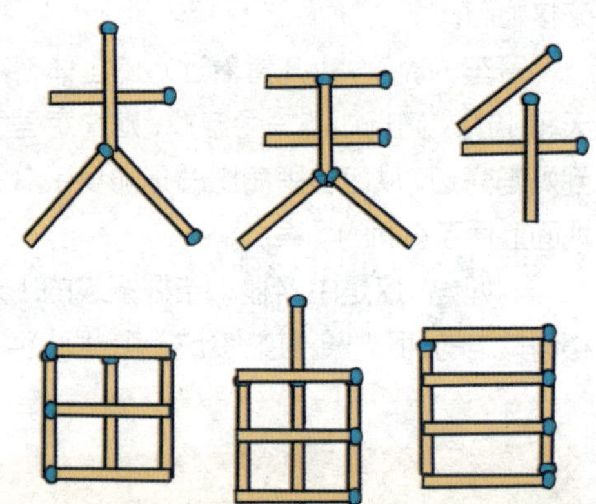

巧儿已经快小学毕业了，这么简单的游戏在她眼里当然不在话下，几分钟之后，巧儿就解决了前面三个字。但是后面三个字看起来比较复杂，她稍微花了一些时间去思考，但是很快，她也得出了正确答案。

Q 舅舅在一旁夸巧儿聪明，他认为巧儿只要勤加练习，就一定能成为比他还厉害的火柴棍游戏高手。你想不想尝试一下呢？

006 变动的省名

巧儿在爸爸的书架上找课外书看，但一直没找到合适的，她刚想离开，眼睛却突然看到一本中国地图。巧儿好奇地把地图拿出来，她要在上面找到家的位置、爸爸公司的位置，还有姥姥家的位置。可是，她找了半天都没有找到，反倒在地图上看到很多“粤”、“皖”、“台”等字样，她很不解，于是拿着地图去问妈妈。“这是省名的简写形式，说起来，用这个还可以玩一些火柴棍游戏呢！”巧儿妈边说边在桌面上用火柴棍摆了一个“台”字和一个“甘”字，这两个字分别是台湾省和甘肃省的简称。

“乖女儿，你能不能移动这两个字中的两根火柴棍，使它变成另外两个省的简称呢？”这个问题难倒巧儿了，因为她对这些省份的简称一点儿都不熟悉，但是巧儿是个不服输的孩子，她绝对不允许自己拒绝挑战。于是她拍着胸脯保证把答案找出来。

Q 如果你刚好熟悉中国省份简称，能不能帮帮好强的巧儿呢？

007 火柴棍里的影名

巧儿经常和好朋友们玩“猜猜我们有多默契”，这个游戏的主旨就是要求两个人其中的一个用行动表现出某种东西，另一个人能够理解搭档的表现，准确猜出名字。巧儿最好的搭档是班长琪琪，琪琪非常聪明，总是能够用最直接、最简单的表现手法让巧儿猜到东西的名字。这不，巧儿又和小朋友们玩起了“猜猜我们有多默契”的游戏，她的搭档还是琪琪，但这一次，巧儿却没有准确猜中琪琪表达的意思。只见琪琪用17根火柴棍，在桌子上摆了一个栅栏，下图所示：

移动其中两根火柴棍，可以得到一个电影的名字，而这部电影名，就是这次游戏的答案。巧儿看完就傻眼了，她真想不通平时那么聪明的琪琪怎么这一次用了这么笨的表现方式。

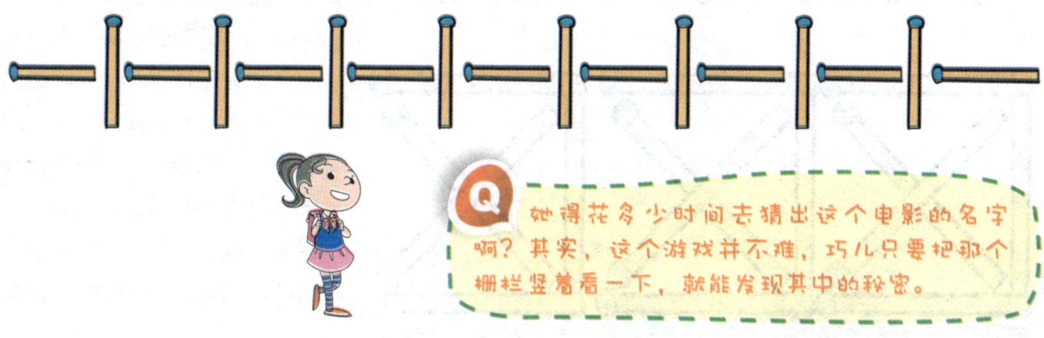

008 添棍变字

在航航同学的带领下，同学们很快就投入到了自己创作的热潮中。大家都纷纷把自己创造的汉字游戏和故事拿出来分享，大家还提了一个建议：所有的同学必须要出一个小游戏题目给大家，不出题的就要给同学们讲一个故事，不会讲故事的就要学动物叫！作为班长的巧儿当然第一个赞成，这样有助于发挥同学们的积极性，还可以给大家带来欢乐呢！巧儿跟同学们说："要是大家都没有意见，从今天的课间开始，每个同学都参与进来，位置就从左往右，依次轮流下来，大家说好不好哇？"同学们纷纷赞成。"那么今天就从我先开始吧！"巧儿知道身为班长要起到模范带头作用，就把预先想好的题目拿了出来。只见巧儿在课本上拿火柴棍拼出了这样的图形：

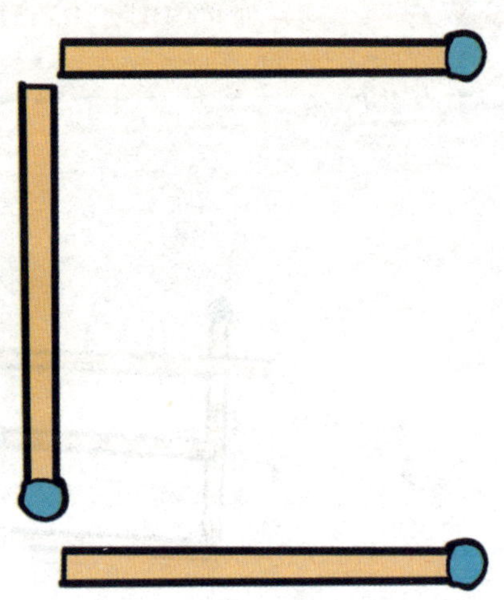

Q "这是一个用3根火柴棍摆成的图形，请大家再添2根火柴棍使它组成一些汉字，同学们开始吧！"

大家都响应班长的号召，很快各自都拼出了自己的答案。你拼出来了吗？

009 渔网变汉字

巧儿在这段跟同学们相互交流的时间里，自己也进步不少。她惊奇地发现除了能用火柴棍拼汉字，拆汉字，甚至还能从各种图形里分解出汉字来。在生活中她也刻意去发掘一些变化的图形。这天巧儿班级出去野炊，大家在河边找了一块空地搭好了架子就准备做好吃的。除了大家带来的食物外，老师还带领大家一起去河边看渔民捕鱼，河塘虽然不大，里面的鱼却不少呢！只见渔民一网撒下去，好多鱼都在网里活蹦乱跳。老师向渔民买了些鲜鱼回来，加上带来的调料，一顿美味的鲜鱼大餐就

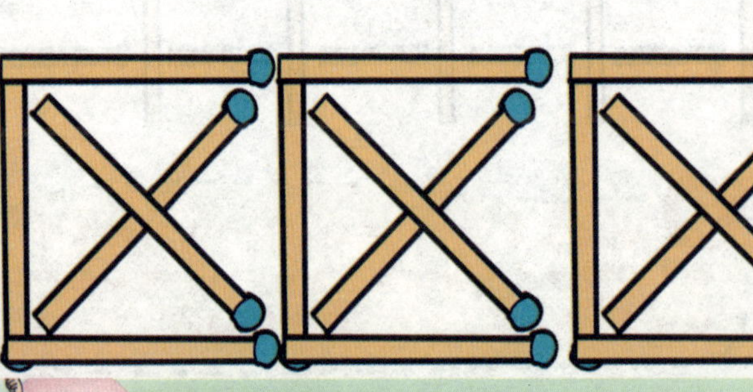

要诞生啦！巧儿没有心思吃鱼，倒是跑去观察渔民的渔网。巧儿灵机一动这不又是一个很好的变形题么？她的问题是：用16根火柴棍摆成的渔网图（含12个全等的等腰直角三角形）。拿去三根火柴棍使它变成汉字，此外还要保留原来6个三角形。

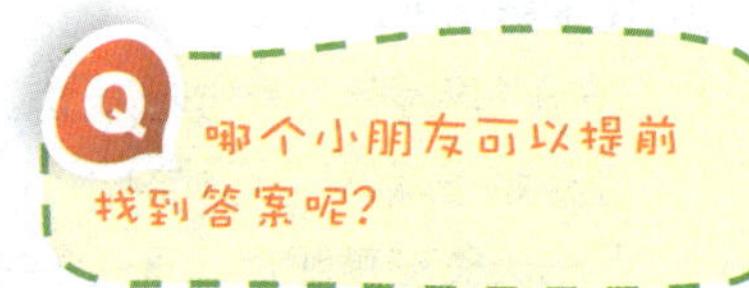

010 点“右”成“全”

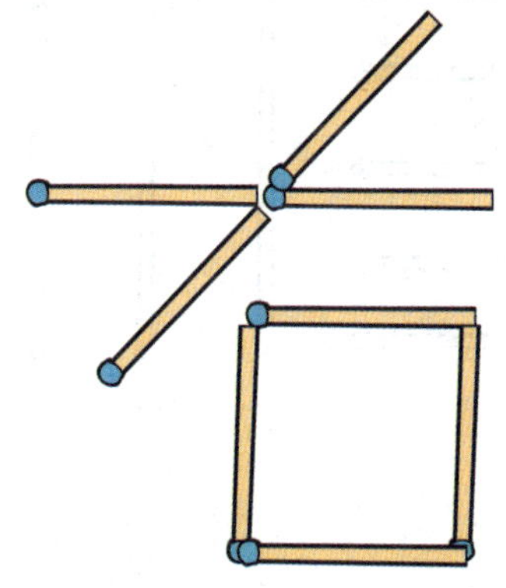

上学路上，薇薇追上走在前面的巧儿。

“巧儿，你听说过点石成金的故事吗？”薇薇问。

“没有！那是什么故事？”

“我爸爸告诉我的：据说晋朝的时候，有一个道术高深的县令，他能做法为百姓祛病消灾，人们都十分敬仰他，把他称为‘真君’。有一年，那个县收成不好，百姓们都交不起赋税，他们只好去求县令。县令听说之后，让大家挑了一些石头过来，手指一点，石头就都变成金子了。于是，后来就有了点石成金这个成语。”薇薇说。

“原来是这样！我虽然不知道点石成金，但是我知道‘点右成全’。嘿嘿！”巧儿笑着对薇薇说。

“什么叫‘点右成全’啊？我可从来没有听说过。”

“这是一个火柴棍游戏。从‘右’字开始，每次移动其中的2根火柴棍，它就会变成另外的一个字，连续移动3次之后，你就可以看到‘全’字了。”巧儿说，“昨晚和爸爸一起玩这个游戏的时候，我可是移动了好多次都没有变成‘全’字呢！一会儿到教室的时候你可以试试。”

“我还是不试了，你知道我不善于玩火柴棍游戏！”薇薇连忙拒绝。你愿意陪巧儿玩吗？这个游戏很简单的，不相信的话就自己动手试试。

011 多多益善

在数学类的火柴棍游戏中，我们已经知道一个算式可以有多解，那么在文字类游戏中，存不存在这种情况呢？大家不妨和巧儿一起来探讨一下吧：

巧儿很喜欢听爷爷讲故事，用她自己的话来讲就是“多多益善”。这是她新学的词，因此总是迫不及待地拿出来炫耀。

“多多益善是什么意思呀，巧儿？”爷爷笑着故意问巧儿。

“就是越多越好！”巧儿说。

“那今天爷爷就和巧儿玩一个名叫‘多多益善’的火柴棍游戏。要注意，答案可不止一个，也不能是一个哦，巧儿要尽可能地找最多的答案。”爷爷说。这不就是一题多解吗？这种游戏我以前就玩过了，巧儿心想，但她还是兴致勃勃地等着爷爷出题。只见爷爷从腰间的口袋里掏出火柴盒，在地面上横着排了5根火柴棍，然后在横排的火柴旁又竖着摆了3根火柴棍。要求是利用地面上的火柴组合成汉字。

“多多益善！”爷爷最后笑着强调一遍。巧儿认真看着地面上摆开的火柴棍，看起来这个游戏比以往的任何游戏都简单，但实际上它很难，因为它考验的可不止是巧儿的智力，她必须尽可能多地思索脑中的词汇，只有这样才能做到爷爷“多多益善”的要求。你也来尝试一下吧，看看能拼出几个汉字！

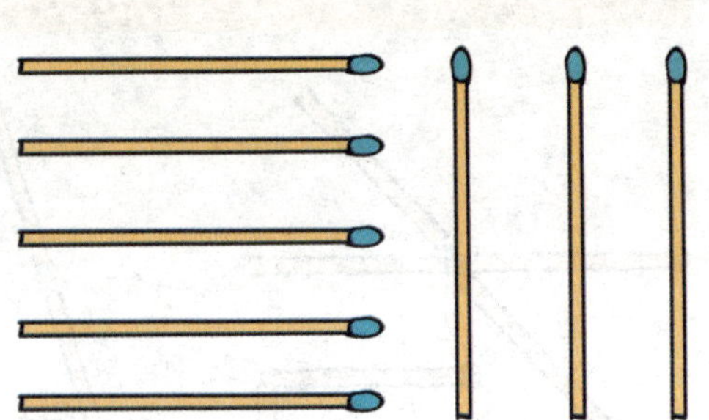

012 不止一个

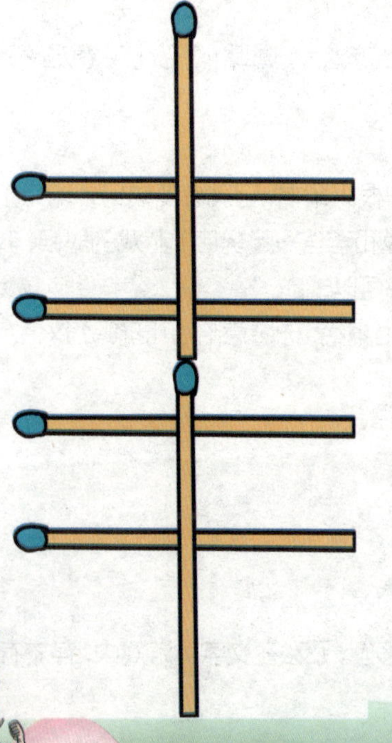

每一次的家庭作业后面，都跟着一个“加强训练题”。爷爷不知道从哪里学会这一招的，巧儿好不容易找齐能够拼出的汉字之后，爷爷来了个加强训练。他拿掉上题用的8根火柴棍，用6根摆了一个左图所示的图案：

“乖巧儿，你可以移动其中的1根火柴棍，也可以直接去掉1根火柴棍，上面的图形就会变成1个汉字，而且，变成的汉字不止一个，同样也是多多益善。巧儿开动脑筋吧。”爷爷笑呵呵地说。可是巧儿却一点儿都笑不起来，她实在不想玩这种一题多解的游戏，那会害死她很多脑细胞。不过，看在爷爷那么兴致盎然的份上，巧儿又不愿意拒绝，她只好尽快找到答案，暗中希望爷爷不要继续这种训练了。

Q 其实，如果你仔细做过了上面的题，这一题就会非常简单，你想到答案了吗？

013 巧摆汉字

巧儿从爷爷家回来，把和爷爷玩火柴棍游戏的事和爸爸说了一遍，爸爸微笑着听巧儿说完。

“爷爷小时候也经常和我玩这些游戏，爸爸和叔叔这么会玩火柴棍游戏，最主要的原因就是爷爷经常训练我们。的确，加强训练是非常重要的，它不但能够加深你对这类游戏的理解，还能教你如何应对这一类的难题。”爸爸说。

“是呀，现在拼汉字这类的火柴棍游戏在我眼中可都是小意思了。”巧儿是给一点儿阳光就灿烂的性格，她很不懂得谦虚。巧儿爸爸听完之后立刻说道：“哟，我女儿这么厉害，刚好爸爸这里也有一个拼汉字的小游戏，我倒是要看看你能在多少时间内找到正确答案。”

“放马过来吧！”巧儿调皮地笑道。只见爸爸拿起火柴棍在桌子上摆了一个横着的“日”字，它由5根火柴棍组成。

“乖女儿，移动其中的2根火柴棍，它就会变成另外的一个汉字。只不过，可以拼出来的汉字可不止一个，要考虑全面。”爸爸说。又是多多益善？巧儿暗暗叹口气，但是她大话可是早早就说出去了，现在后悔也来不及了。幸运的是，有了爷爷的训练，巧儿再做这类的游戏当真是信手拈来，她果真在几分钟之内就拼全了所有有可能的汉字。

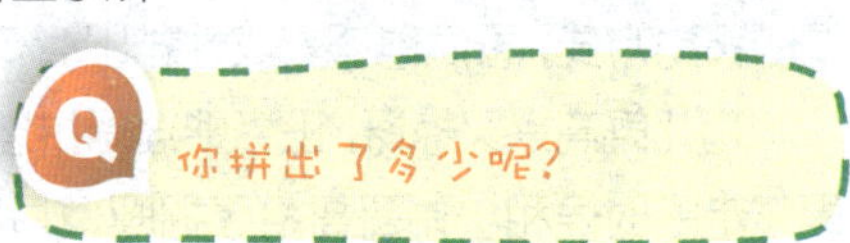

014 两个“凸”字

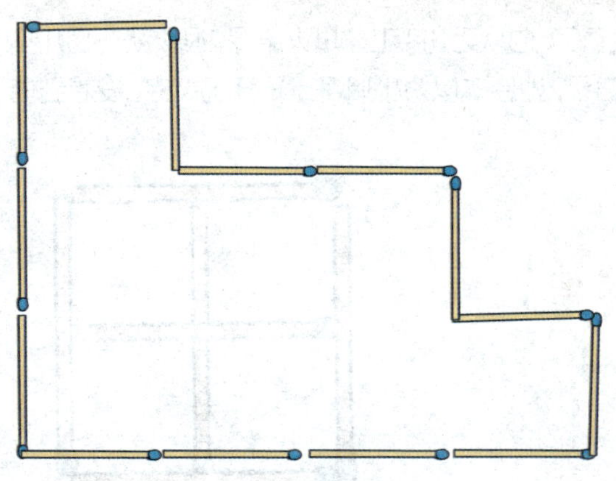

今天的语文课上，巧儿学会了一个长得非常奇怪的汉字——凸（tū），它不但读音奇怪，就连写法也非常奇怪，巧儿练习了很多次还是写得很难看。回家做作业的时候，巧儿妈偶然经过巧儿身边。

“写到凹凸的‘凸’字了？你们老师上课讲得很快呀！”巧儿妈说。

“可不嘛！前面很多字我还没有写熟呢，马上就教这些看着奇怪，写着更奇怪的字。”巧儿立刻顺着妈妈的口气抱怨道。

“傻女儿，汉字可没有奇怪的，中国的汉字文化可是博大精深的，你以后就知道了。不过，你现在既然没有写字的兴趣，就陪妈妈玩一个火柴棍游戏吧。”巧儿妈微笑着建议。

“好！”巧儿立刻高兴起来。她看到妈妈拿着火柴棍在桌面上摆了如上页图所示的一个图案：

“看起来，这个图形和今天学的‘凸’字挺像的。”巧儿看着图形说。

“是呀，这个游戏就是和‘凸’字有关的，既然你已经学习了这个字，就应该可以做出这道题。听好，在图形中加入3根火柴棍，它就会变成两个‘凸’字。”

Q 加入3根火柴棍？巧儿边想边拿起火柴棍在图形上方比划着，可她始终找不到安插火柴棍的合适位置。巧儿妈在一边微笑着不出声，她不想过早提醒巧儿。你有没有找到解题的关键点呢？悄悄告诉巧儿吧。

015 拆“田”组字

这一天，巧儿爸爸和妈妈去姥姥家了，巧儿一个人在家做作业。但是她写着写着就分神了，于是她想先玩一个火柴棍游戏，让自己提提神。巧儿用6根火柴棍在桌面上摆了一个“田”字，然后尝试着移动其中的2根火柴棍，发现“田”字会变成很多其他的汉字。这引发了巧儿的兴趣，她尝试用不同的移动方式，居然能够一次性排出4、5个汉字呢。

巧儿既高兴又惊讶，正当她准备拼出更多的汉字时，小瑞哥哥来了，他现在正在放暑假，巧儿爸妈临走的时候和小瑞哥哥打了招呼，让巧儿去他们家吃中午饭，小瑞哥哥正是来喊巧儿吃饭的。小瑞哥哥也是个火柴棍游戏迷，他看到巧儿在玩火柴棍游戏，就忘了喊她吃饭，两个人在一起玩得不亦乐乎。

“这个太简单了，我可以排出更多个汉字呢？”小瑞哥哥说。巧儿听完很不服气，她好不容易才拼出2个汉字，没想到小瑞哥哥不但不夸奖她，还说自己能排出更多个汉字。

“那你排给我看。”巧儿撅着嘴，一脸不高兴地说。

“好哇！”小瑞哥哥根本没注意到小女孩儿生气了，他从巧儿手上拿过火柴棍，很快就在巧儿排好的2个汉字旁增加了3个。巧儿在一边看得目瞪口呆，她原本以为小瑞哥哥是开玩笑的，没想到他真的可以排出更多个汉字。

Q 你能排出多少个字呢？试试看吧，说不定比小瑞哥哥排得更多噢。

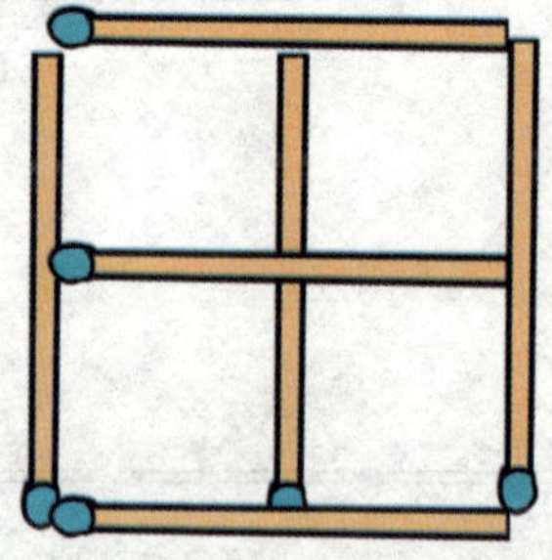

016 南美洲的国家名

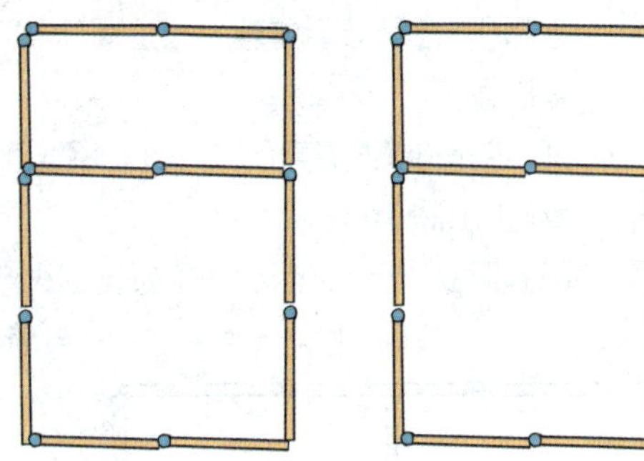

研究地图是巧儿爸爸的兴趣之一，他有几个固定的习惯：早上吃饭之前必须看完当天的报纸，晚上睡觉之前必须看完当日的新闻，下班回家之后，一定会花几十分钟研究世界地图。他的梦想是有一天能够带着巧儿和巧儿妈环游世界。不过，这个梦想目前只有巧儿和妈妈知道。

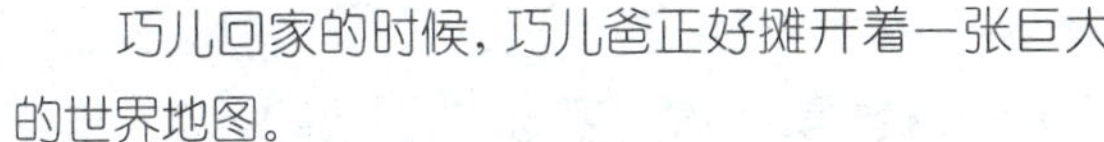

巧儿回家的时候，巧儿爸正好摊开着一张巨大的世界地图。

"爸爸，这是什么地方？"巧儿放下书包，趴在爸爸旁边，指着一块酷似"7"字的大陆问。

"这是非洲。这里的居民大部分是黑人，还有少部分白人。"爸爸简单地说。

"那这里呢？"巧儿又指着和非洲相对的一个大陆问。

"这是南美洲。爸爸记得以前跟你详细介绍过南美洲的一些国家，是吧？"爸爸盯着巧儿问。巧儿脸有些红了，因为她把爸爸告诉她的地理知识全部忘了。不过她可不敢告诉爸爸她都忘了，那样她就有苦头吃了。巧儿心虚地点点头。没想到爸爸接着说道："刚好，爸爸今天想到一个关于南美洲国家名的火柴棍游戏，咱们现在来玩玩。"

"好吧！"巧儿不情不愿地回答。但爸爸丝毫没有注意。他用24根火柴棍摆了上图所示的图案。

"别紧张，很简单的。"爸爸边摆图形边对不说话的巧儿。爸爸哪知道巧儿现在头脑是一片空白，尽管她努力思索着脑中知道的关于南美洲的国家名，但仍然是一无所获。

"移动其中的3根火柴棍，使得图形变成两个汉字，而这两个汉字连接起来，就是南美洲一个国家的名字。乖女儿，好好想一想，爸爸相信你一定会找到答案。实在想不出是哪个国家的话，可以查一下地图。"爸爸说。虽然爸爸准许巧儿查看地图，但世界地图那么大、那么详细，上面的两个字的国家名那么多，她怎么能找到正确的国家名呢？是的，这时候又轮到聪明的你出马了，不要犹豫，赶紧找到正确答案，悄悄告诉可怜的巧儿吧。

017 铜钱变字

巧儿周末的时候，巧儿跟着妈妈一起去爷爷家打扫卫生，爷爷的年纪毕竟大了，手脚也没有以前利索，因此巧儿经常会陪着妈妈一起去帮着爷爷收拾。

"该归置的归置在一起，该扔掉的就扔掉！"巧儿妈风风火火的性格让爷爷非常头痛，家里很多"老古董"都是爷爷的宝贝，但巧儿妈都觉得那些东西都是不值钱的垃圾，因此两个人经常需要

“磋商”。不过，家始终是爷爷的，什么东西留着，什么东西扔掉的决定权还爷爷他手上。巧儿总在一边乐呵呵地看着爷爷和妈妈“争执不休”，她喜欢看妈妈“被欺负”的样子，除了爷爷，妈妈很少会让着和她争吵的人。

差不多收拾完的时候，爷爷拿着一枚铜钱和巧儿一起来到外面的院子里坐下。

“乖巧儿，帮爷爷看看这上面是哪几个字？”爷爷眼睛不是很好使。

“嘉庆通宝！”巧儿说。

“嗯，这是你奶奶留下来的，这些铜钱可是爷爷的宝贝，你那不懂事的妈妈差点儿给我扔了。”爷爷笑着对巧儿说。

“说到铜钱，爷爷又想到一个好玩的火柴棍游戏了。”爷爷突然说。巧儿也来了兴致，立刻缠着爷爷要玩游戏。只见爷爷用17根火柴棍摆了如左所示的图案。

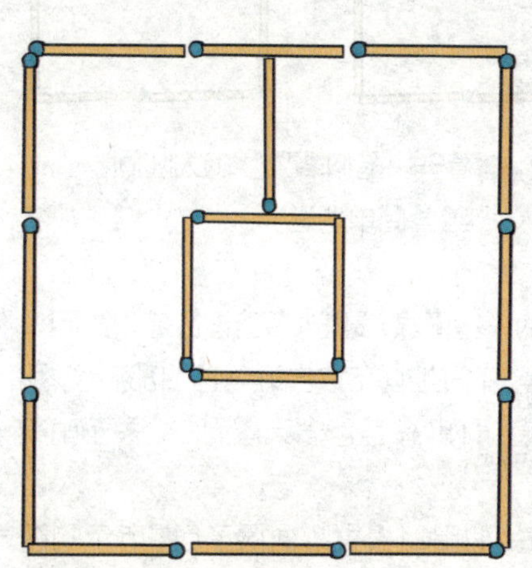

“看起来就像是铜钱的一部分。”巧儿说。

“嗯，是呀，所以爷爷看到铜钱就想到这个游戏。现在，移动其中的2根火柴棍，使图案变成两个汉字。”

爷爷说完，巧儿就皱着眉头开始思考了。

Q “这两个汉字可是很难想的噢，一定要花点心思。”爷爷在一边提醒巧儿。不过巧儿最后还是没有找到答案，你能不能抢在巧儿前面得出答案呢？

018 文学家的名字

前几天，巧儿和爸爸玩了利用火柴棍拼出南美洲一个国家的名字，我们现在已经知道那个国家其实就是足球王国巴西。这一次，巧儿和爸爸继续玩起了拼名字的游戏，只不过这一次出题的不再是爸爸，而是巧儿，她今天上语文课的时候，语文老师给他们演示了这个火柴棍游戏，巧儿想这是考验爸爸最好的机会。巧儿爸爸当然不会在女儿的挑战面前低头，他立刻就接受了巧儿的“战书”。只见巧儿一脸坏笑地拿出火柴棍，利用22根火柴棍在桌面上摆了右图所示的图案：

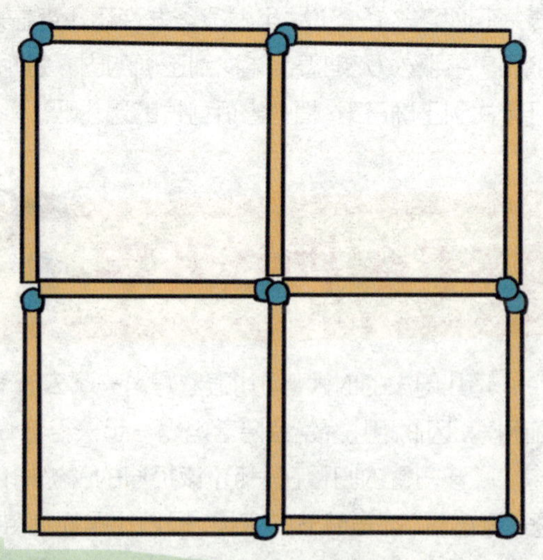

“移动其中的2根火柴棍，你就可以摆出我

国著名文学家的名字。”巧儿笑着对爸爸说。巧儿爸大致观察了一下图形，然后联系脑中所熟悉的文学家，很快，他就发现后面的图形和“金”字非常相像。有了这一点儿线索，只要稍加思考，就可以得出答案。

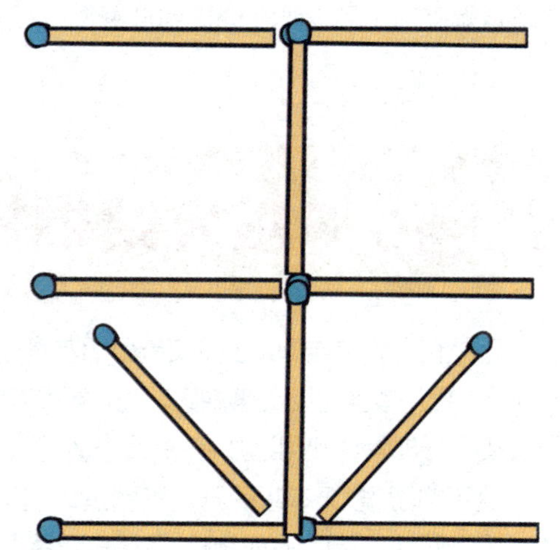

Q 通过巧儿爸爸给出的小提示，你一定也能拼出文学家的名字，是不是？

019 书画家的名字

尽管巧儿是玩火柴棍游戏的高手，但巧儿爸爸吃过的盐都比她吃过的米多，因此，文学家的名字很快就被拼出来了。巧儿对此显得非常不服气，她决定和爸爸“再战一局”。不过，她脑中已经不记得有一定难度的火柴棍游戏了。这时候，巧儿妈刚好从厨房走了出来，她看见巧儿一脸不开心的样子，关切地问巧儿出了什么事。巧儿假装委屈地朝巧儿妈哭诉了一番，巧儿爸爸在一边哭笑不得。

巧儿妈听完之后立刻为巧儿打抱不平，即使是巧儿爸爸，她也不会让他欺负自己的宝贝女儿。巧儿妈立刻想到一个火柴棍游戏。她用了28根火柴棍，在桌面上摆了下图所示的图案：

“女儿的那道题简直太简单了，那么著名的文学家你当然能轻易拼出来，但是这题可不一样。

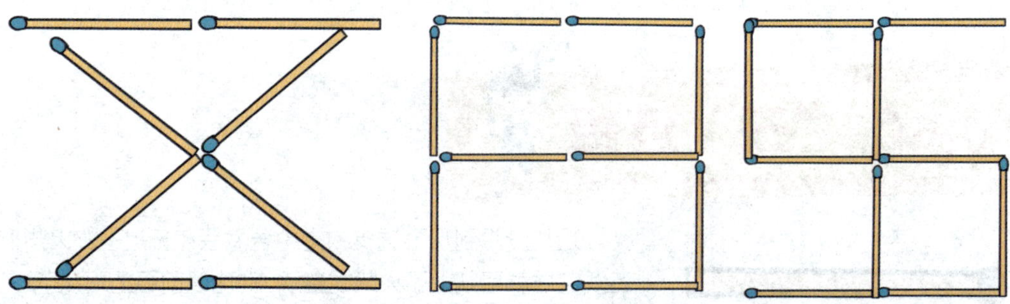

你要移动其中的5根火柴棍，才能拼出我国著名书画家、篆刻家的名字。如果不知道答案，就向巧儿求情，看在乖女儿的分上，我说不定还可以帮帮你！”巧儿妈一边搂住巧儿，一边笑着对巧儿爸爸说。巧儿在一边高兴极了，妈妈出题，一定能难倒爸爸，他们都是大人嘛，爸爸能赢她，但一定赢不了妈妈。

不过，结果令巧儿失望了，虽然她和妈妈都信心满满，但是爸爸还是用最快的速度找出了答案。妈妈一脸无奈地放下巧儿，去厨房继续烧饭了。巧儿窝在爸爸身上撒娇，但输了就是输了，爸爸

才不理赖皮的人呢！嘿嘿，你找到答案了吗？可不要向巧儿一样想耍赖呀。

020 3根火柴棍拼出来的汉字

巧儿有一个堂弟叫皮皮。皮皮小朋友真是人如其名，调皮得让一家人都头痛不已，他自己还乐此不疲。巧儿最害怕皮皮来她家，小男孩儿不是把她的玩具弄坏，就是故意捣蛋，让她气得跳脚。不过皮皮好像非常喜欢和巧儿在一起，就连巧儿去小朋友家玩，皮皮都要一起跟过去。

这不，巧儿今天本想躲开皮皮到琪琪家玩的，可刚走到一半，皮皮就不知道从哪里跳出来了，他一脸委屈地拉着巧儿的衣服，还把鼻涕擦在巧儿衣服上。皮皮不仅在自己家调皮捣蛋，在别人家也一样，巧儿和琪琪在聊天的时候，皮皮就在屋子里蹦来蹦去，吵得大家都不得安宁。终于，巧儿想到了一个办法，她从口袋里拿出3根火柴棍，然后把在远处吵闹的皮皮叫过来，在他面前用3根火柴棍摆了一个“三”字。

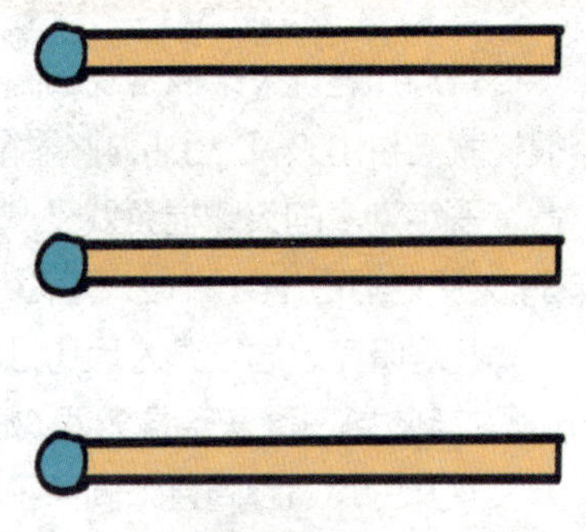

摆完之后，巧儿另外拿出2根火柴棍，递给皮皮，告诉他如果他能在“三”字上加1根或者2根火柴棍，从而组成别的字的话，以后她走到哪里就把他带到哪里。但是，必须组成所有能够组成的字，有一个落下的话，他以后就不准再跟着自己了。

皮皮只是一个幼儿园的孩子，他当然不能完成这样的考题了，他并不知道这是堂姐故意考他的，高高兴兴地坐在一边拼起了汉字。直到巧儿决定回家，皮皮都安安静静地坐在一边思考呢。

021 “三”连组

巧儿没想到那个调皮的堂弟居然会在玩过一次火柴棍游戏之后就喜欢上了火柴棍游戏，他比以前更黏巧儿了，尤其是巧儿和小朋友们玩游戏的时候，皮皮就会削尖脑袋往里面钻。晚上回家的时候，皮皮还会让巧儿爸爸教他更多的火柴棍游戏。巧儿爸爸是个心软的人，他总是经不住皮皮一脸委屈样子，逐渐教他难度深浅不一的游戏。不过，这也算是一件好事，比起皮皮在胡闹，玩火柴棍游戏似乎是个更好的选择。

爸爸不在家的时候，教皮皮的任务就落到了巧儿身上。她认为应该从最简单的火柴棍游戏教起，但是皮皮的聪明超出了她的想象，这个小男孩儿总是能举一反三，任何游戏只要巧儿简单演示一遍，他立刻就能找到类似游戏的正确答案。这让巧儿很郁闷，她不得不在书上找一些连她都不会的游戏。这不，她现在正和皮皮在研究一个由18根火柴棍拼成的6个“三”呢。如果在每个“三”字上添加3根火柴棍，就会变成6个汉字。书上这么说。巧儿和皮皮的手上都拿着另外的18根火柴棍，他们准备比赛，谁能在最短的时间内摆出最多的汉字就算赢，输的人要请赢的人吃巧克力呢！你想帮帮俩人中的谁呢？想帮他们就先开动脑筋吧，一起找出答案。

022 看我“七十二变”

点“右”成“全”的游戏相信小朋友们还有印象吧，连续移动其中的2根火柴棍，使原本的“右”字变成了“全”字。最近，巧儿和小朋友们又玩了一个相似的火柴棍游戏呢，是不是很好奇呢？大家一起来看看吧。

参加游戏的还是几个老朋友：巧儿、琪琪、亮亮、薇薇、航航。出题的是机灵可爱的小男孩儿航航，只见他用3根火柴棍，在桌面上摆了一个“二”字，其中上面的一横用了1根火柴棍，下面的一横用了2根火柴棍。

“在‘二’的基础上移动和添加火柴棍，就会变成‘采’字。不过，条件是每移动1根火柴棍就要相应地添上1根，连续变化6次之后，才能最终完成‘七十二变’。题目看起来很简单，可是做起来却很难，我可是花了一个上午的时间才拼出答案的呢！好了，大家开始思考吧。”航航一声令下，大家纷纷启动思维马达，用心思考起来。答案真如航航说的一样，很难。不过，再难的题只要有琪琪在就没有问题，只见她在一边重新用火柴棍摆了一个一样的图形，然后尝试着移动几次。很快，琪琪找到了移动火柴棍和添加火柴棍的规律，第一个拼出了答案。

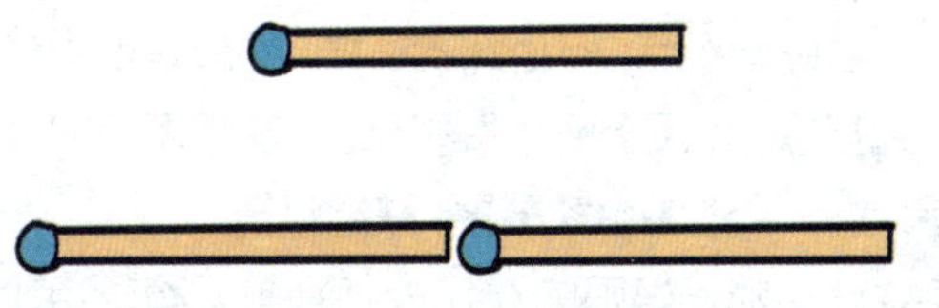

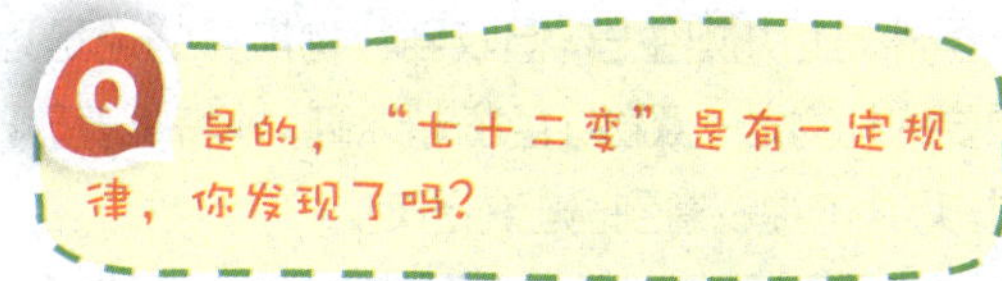

023 图形变汉字

很久没有看到舅舅了，巧儿很想他，当然，更想的是和舅舅一起玩火柴棍游戏。巧的是，正在巧儿想念舅舅的时候，舅舅来了，他从姥姥家带了很多新鲜的蔬菜和特产过来。一进门，舅舅就笑着把巧儿一把抱起来，虽然巧儿已经是个大孩子了，但是在舅舅眼中，巧儿似乎永远都长不大，他总喜欢把巧儿抱在怀里。

巧儿给舅舅倒了一杯水，然后赖在舅舅身边不愿走开了。舅舅是多聪明的人哪，他马上就知道巧儿是希望自己能陪她一起玩游戏。他笑呵呵地从桌上拿起巧儿早早放在那里的火柴棍，说："鬼精灵，不想舅舅，只想舅舅陪你玩游戏，是吧！"

"当然更想舅舅！"巧儿说起谎来脸不红心不跳。她看见舅舅用7根火柴棍在桌面上摆了右图所示的图案：

"移动2根火柴棍，你就可以组成其他的汉字，而且可以组成的汉字不止一个呢。"舅舅笑着告诉巧儿。一听到"不止一个"这几个字，巧儿就立刻想起前段时间爷爷也和她玩过类似的游戏。不过，舅舅出的题更加复杂。巧儿打起了精神，她决定用最快的速度找到答案，让舅舅大吃一惊。不过，最终的结局是，巧儿虽然只用了很短的时间找到了答案，但是答案是不完全的，她遗落了很多有可能拼成的汉字。

Q 你的答案齐全吗？仔细再思考一下。

024 组拼"元旦"

如果小朋友们最喜欢的节日是什么，相信大家一定会说是春节，但巧儿不一样，她最喜欢的节日是元旦，因为元旦这一天是妈妈的生日，相比春节，元旦家里会更热闹。每年元旦，家里所有的亲戚都会齐聚一堂，为巧儿妈妈庆生，大家都在工作之余，找一个理由全家聚聚，联络感情。

虽然是巧儿妈生日，但收到礼物最多的还是巧儿，谁让她是妈妈的女儿嘛，嘿嘿！今年，巧儿最想要的礼物是一双粉红色的溜冰鞋，她特别羡慕班上会溜冰的小朋友，觉得他们简直"酷毙了"。不过，巧儿的提议遭到爸爸的否定。

"生日是妈妈的，为什么要给你买生日礼物呢？"爸爸明知故问。

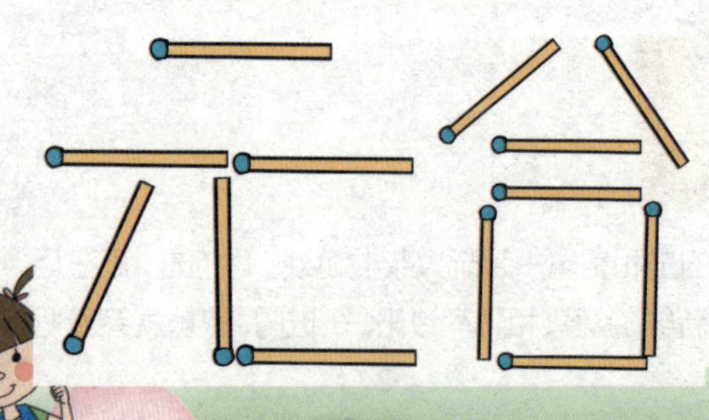

巧儿每次要求得不到满足的时候，就会撅着嘴，表示抗议，但是爸爸视而不见，他可不想惯着女儿的任性。不过，巧儿妈总是看不过去，她总是想办法为巧儿圆场，这次也一样。

"礼物买给你也可以，不过你必须先送给妈妈一份生日礼物才行。"巧儿妈说。

"嗯！"巧儿高兴地答应了，虽然她并没有给妈妈准备生日礼物。这时候，只见巧儿妈拿起火柴棍在桌面上摆了上图所示的图案：

“今天既然是元旦，而元旦又是妈妈的生日，你就陪妈妈玩一个火柴棍游戏。移动图中的3根火柴棍，让图形变成‘元旦’两个字。很简单吧？乖女儿，开始动手吧，妈妈等着你的礼物。”巧儿妈笑着说。巧儿简直是高兴极了，因为对于火柴棍游戏，她已经完全是轻车熟路，妈妈根本就是存心想给她买溜冰鞋。果然，几分钟时间不到，巧儿就出色地完成了组拼“元旦”的任务，成功地送出了自己的礼物。

025 拼出来的省名

写完作业之后，巧儿到小瑞哥哥家去玩，已经上初中的小瑞哥哥正在家复习地理知识。小瑞哥哥曾经对巧儿说，他最崇拜的人是地质学家李四光，他也想成为像李四光一样了不起的人。巧儿虽然不知道李四光到底是什么人，但她很支持小瑞哥哥的梦想，因为她自己也想成为像居里夫人一样厉害的女科学家。只要有梦想的人，巧儿都喜欢。

小瑞哥哥见巧儿进来，立刻给她拿来了一个凳子，他一脸笑容地告诉巧儿地图上那些城市的名字和相关历史，就像一个博学的历史老师。巧儿一边听小瑞哥哥介绍，一边想到上次和爸爸一起看世界地图时玩的那个火柴棍游戏。她简单地向小瑞哥哥说了一下游戏过程，小瑞哥哥听完之后也想到了一个类似的火柴棍游戏。他用23根火柴棍在桌面上摆了下图所示的图案。

“移动其中的4根火柴棍，这个图形就会变成另外的两个汉字，而且把这两个汉字连接起来，就是我国的一个省名呢！巧儿，你想不想试试？”小瑞哥哥问。

“当然想！”巧儿虽然没有正式上过地理课，但是每晚和爸爸一起看天气预报，中国省市的大致分布她还是很熟悉的，而且省市名称爸爸早早就让她记住了。她仔细观察了桌面上的图形，但是没有什么发现。

“这是一个煤炭大省。”小瑞哥哥在一边提示说。说到煤炭大省，巧儿脑中立刻闪现出一个省名，她再结合图形仔细观察，然后尝试着移动火柴棍。果然，她的思路是正确的，她已经找到正确答案了。

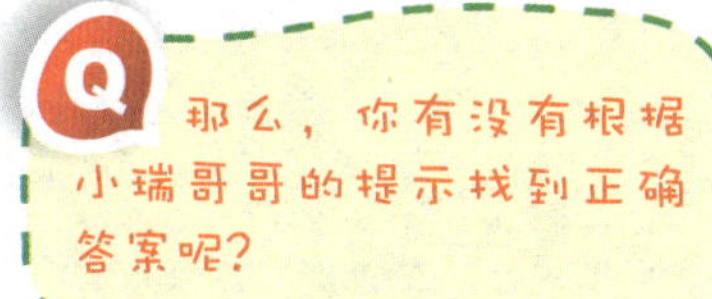

026 鸭子变形记

所有小朋友中，对英语最感兴趣的就是薇薇，她不但上课的时候认真听老师讲课，下课时也会认真搜集学习英语的方法。巧儿提供的将游戏和学习结合的方法虽然不一定是最好的办法，但相比于死记硬背，薇薇还是想尝试一下。不过，她一向不擅长玩火柴棍游戏，要想好好利用这个方法，就一定要请巧儿帮助了。于是，薇薇放学之后经常到巧儿家去玩，大部分时间，她们在一起玩结合英语和火柴棍的游戏，俩人的英语成绩都有所提高。

这一天，薇薇高兴地来到巧儿家。

“巧儿，我又发现了一个动物变形记的游戏。”薇薇说。

“是吗？什么游戏？说来听听！”巧儿也来了兴致。只见薇薇拿出火柴棍，在桌面上摆了一个“duck（鸭子）”的英文单词。

“移动其中的1根火柴棍，就会让这个单词变成另外一种家禽的单词呢！书上是这么说的，但是你知道我不善于玩火柴棍游戏，尝试了很长时间都找不到答案，所以只好来找你帮忙了。”薇薇有点儿不好意思地说。

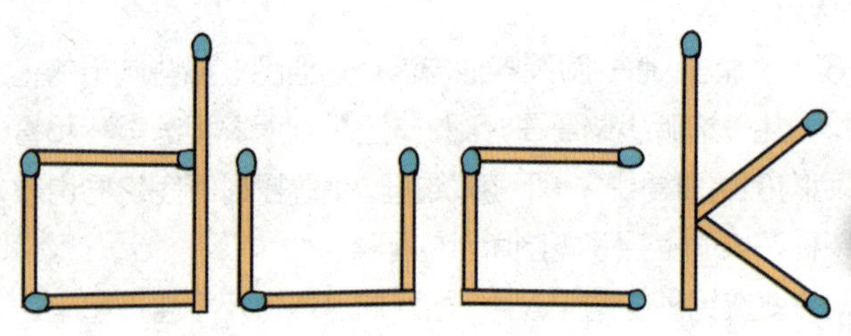

“那我看看！”巧儿仔细观察着薇薇摆出来的英文单词，然后在脑海中思索着与之相近的家禽单词。

Q 终于，巧儿找到了线索。你知道怎么移动吗？

027 加1减1

今天早上，巧儿一走进教室就看见讨厌的调皮鬼王磊又在欺负胖女孩儿王晓晓了。

“Fat！”王磊边说边跑，嘴里还哈哈大笑着，“王晓晓是Fat妹！”Fat是巧儿她们昨天才新学的单词，意思是“肥胖”。以前王磊就一直把王晓晓叫“胖妹妹”，现在学会英文了，就改用英文取笑她。王晓晓都快哭了。巧儿看不下去了，她抓住王磊，“王磊，不要欺负女生，小心我告诉班长。”

王磊只怕班长琪琪，因为琪琪一报告班主任，王磊就得罚站。

“干什么！我又没做什么，你能把我怎么样？”王磊嘴硬着说。

“好，我先不告诉琪琪，但是你不准再欺负王晓晓！”巧儿说。

“好哇！如果你陪我玩个游戏，我就答应你！”王磊坏笑着说。

“不怕你！”巧儿很有骨气地说。她看见王磊随手拿起12根火柴棍，在课桌上了摆了一个“FAT”。

“移动其中1根火柴棍，你能让它变成另外一个单词；加上1根火柴棍，也能让它变成另外一个单词。你要是都能做到，我以后就不叫王晓晓是胖妹了。”王磊说。

“好！这可是你说的，你要是敢反悔，我一定会告诉班长。”巧儿说。她说完之后就专心致志地解题。移动1根火柴棍将单词变成另外的单词很容易，但是添加1根火柴棍，使其变成另外一个单词却不简单，巧儿有些为难了。

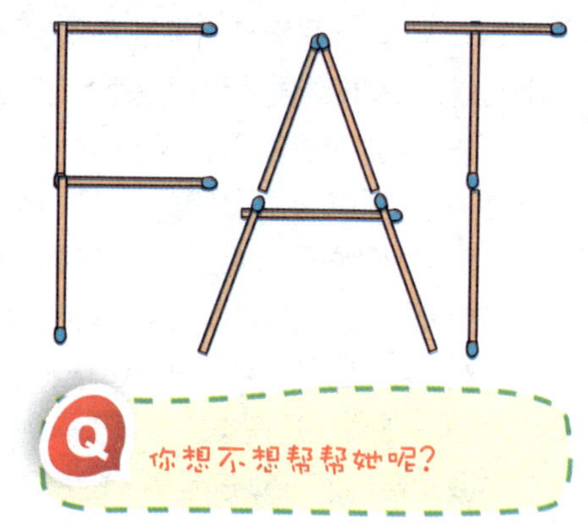

Q 你想不想帮帮她呢？

028 HOTEL的改变

由于是孤军奋战，巧儿没有完全找到上一题的答案。王磊见巧儿输了，就又跑到眼泪汪汪的王晓晓身边，大声叫道：“Fat妹！Fat妹！”巧儿既生气又愧疚，如果她再努力一点儿，如果她找到了完整的答案，王晓晓就不用受这个讨厌的王磊的欺负。就在巧儿恨得牙痒痒的时候，班长琪琪终于到教室了。

“王磊，你不想好了是吧？又在欺负女生，是不是真想到老师办公室去‘喝茶’？”琪琪说。一听到琪琪的声音，王磊立刻就老实了，但是他嘴上还是不服气地说：“又不是我的错，是巧儿和我玩游戏输了，我才这么做的。她要是赢了我，我就不会欺负王晓晓了。”

“你有本事和我比呀！”琪琪说，“如果你赢了我，我就不管你了。”

“真的！”王磊高兴地问，“那好，这是英文单词‘HOTEL’，班长一定知道这是‘旅馆’的意思吧？移动其中的3 根火柴棍，使其变成另外的单词。不过，你是班长，所以我要限定时间，10分钟之内，你不能找到答案的话，就算你输！行不行？”

“行！”琪琪想都不想地回答。她一边说话，一边移动桌面上的火柴棍，别说10分钟，5分钟都不到，她就找到了答案。王磊和巧儿在一边看得目瞪口呆，谁都没想到琪琪这么聪明，真不愧是班长。

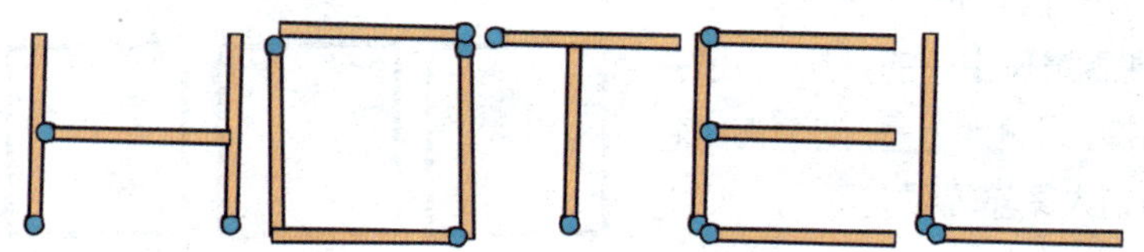

029 趣味测试

巧儿爸爸最近上班太忙了，巧儿很难见到爸爸的面。巧儿睡觉之前，爸爸一般都没有到家，巧儿早上去学校的时候，爸爸又没有起床，她真想念以前爸爸和自己一起玩火柴棍游戏的日子。

这一天，巧儿又无精打采地回到家，今天肯定又是只有自己和妈妈在家。然而，当巧儿走进客厅的时候，她发现爸爸居然已经回家了，他正在看新闻，听见门被打开，爸爸立刻笑着回过头。

“乖女儿，想爸爸了吧？爸爸都一个多星期没见宝贝女儿了，快过来，让爸爸抱抱！”爸爸像哄小孩子一样对巧儿说。巧儿高兴地把书包随便一扔，就扑进爸爸怀里。

“爸爸，你忙完了吗？明天是不是也能早点儿回家？”巧儿问。

“忙完了，以后都可以陪着我的乖女儿了！”爸爸笑着告诉巧儿，“听妈妈说你英文单词记起来有些困难，咱们也很长时间没一起玩游戏了，爸爸今天就陪你玩一个和英文单词有关的火柴棍游戏吧！”爸爸一边说一边在桌子上摆了一个“CAP”的单词。

“我知道，我知道，这是帽子的意思。”巧儿连忙说。

“我女儿就是聪明！”爸爸夸奖说，“现在，你往单词上加1根火柴棍，它就会变成另外的一个单词，在此基础上，再加1根火柴棍，它又会变成一个新的单词。怎么样，有没有兴趣试一试啊？”

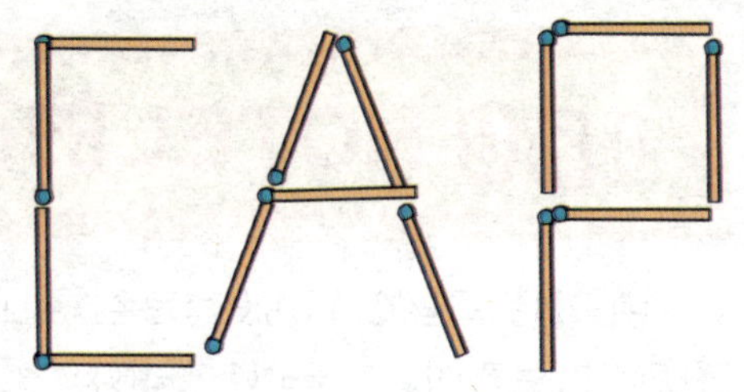

“当然要试！”不试试才不是巧儿的性格呢。不过，这一题可不简单，巧儿被难住了，爸爸又没有给出提示，只能让你来帮帮她了。

030 摆出最多的正方形

今天一下课，琪琪就拿出24根火柴棍，摆成了多个变长为1根火柴棍长度的正方形。这道题的要求很简单，那就是每根火柴棍都必须是一个正方形的边。那么，满足上述要求的正方形，你可以摆出多少个呢？

这道题对巧儿来说是很简单的，因为她在家的时候经常和爸爸玩这类的游戏。但是，对于观众席中的其他小朋友来说，要找到答案可不是件容易的事情。琪琪也是胸有成竹的样子，她觉得这道题一定会成为这次比赛中最难的一个。可是，她要失望了，底下已经有一个小朋友举手了，她就是班主任的女儿，也是一个非常喜欢玩火柴棍游戏的姑娘。只见她上台，随意移动着火柴棍，这道题就被解开了，看得大家都佩服极了。

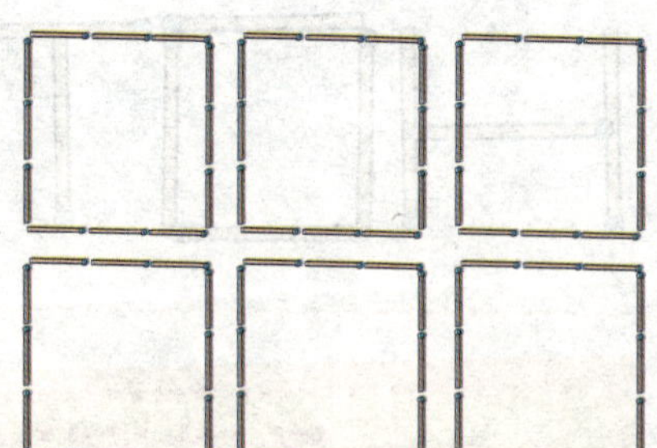

Q 你知道，这个聪明的小女孩儿是怎么移动火柴棍的吗？她一共摆出了几个正方形呢？

031 拿掉2根火柴棍

到现在为止，巧儿遇到的都是添加火柴棍，从而巧摆汉字的游戏。但其实，我们也可以从汉字中拿掉几根火柴棍，从而让汉字变成其他字。不信的话，我们就一起看看巧儿接下来遇到的这一个游戏吧。

在和巧儿玩游戏的过程中，爷爷突然想到了另外一个相关的游戏，于是他在巧儿找到答案之后，立刻又用火柴棍在地面上摆了一个"田"字。摆完火柴棍图案之后，爷爷告诉巧儿，拿掉"田"字中的2根火柴棍，这个字就会变成其他的字。当然，可以变成的汉字也不止一个哦。

"我们家巧儿这么聪明，最少可以想到三个汉字。"爷爷最后笑着对巧儿说。实际上，巧儿脑中可一个字都没想到呢。不过，她想到了一件最重要的是，那就是他们正在烧饭，爷爷竟然玩游戏忘记了照料锅里的米饭。此刻，巧儿和爷爷同时闻到一股烧焦了的味道。

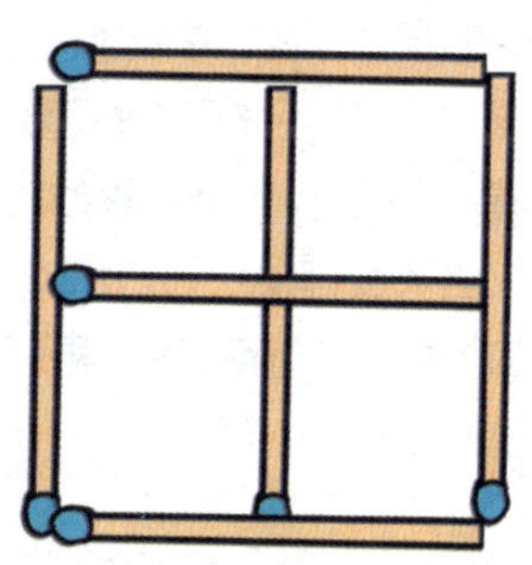

"爷爷，我得到一个经验，在玩游戏之前，我们应该先把饭煮好！"巧儿最后得出结论。

032 分田组字

说到"田"字在火柴游戏中的运用，那还真是不少。从爷爷家回来之后，巧儿就把和爷爷一起玩游戏的过程告诉了爸爸，爸爸听完之后，也想到了一个关于"田"字的火柴棍游戏。而且，据说这个游戏可以测试小朋友们的智力噢，谁能够在5分钟之内找齐所有的答案，谁就是最聪明的小孩儿之一呢。怎么样，和巧儿一起试试看吧！

先用火柴棍在桌子上摆一个"田"字图案，然后移动其中的2根火柴棍，从而使这个字变成其他的汉字。有人曾经专门研究过这个组字的游戏，听说一共可以组成30多个不同的汉字。所以，如果小朋友们能在5分钟之内，找到15个汉字的话，那你就已经很厉害了。

悄悄告诉你一个秘密，巧儿的爸爸和叔叔都是玩火柴棍游戏的高手，他们在玩这个游戏的时候，只用了3分钟就找到了所有可以组成的汉字呢。当然，巧儿没有爸爸和叔叔厉害，但她也只花了5分钟。

033 “儿子”引出的矛盾

巧儿爸爸是个脾气很好的人，所以他拥有非常多的朋友。大家没事的时候，总喜欢来巧儿家串门，因此家里总是有不少客人。客人们聚在一起，当然会一起聊天，有一位叔叔就经常抱怨他老婆没有给他生儿子。

这不，今天周末，那位叔叔又来了，还是说同样的事情——儿子。巧儿的耳朵都听出茧子来了，虽然和叔叔聊天的是爸爸，但是巧儿决定阻止那个笨叔叔继续说这个话题。于是，她笑嘻嘻地拿出火柴棍，要和叔叔玩游戏。只见她在桌面上拼了一个“儿”字，下图所示：

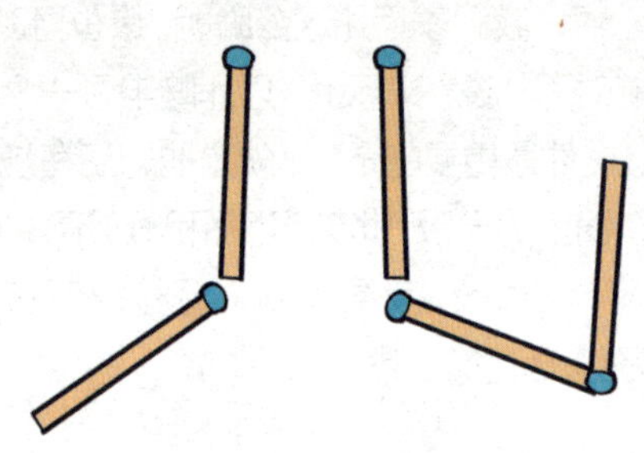

“叔叔，您再添加2根火柴棍，这个字就会变成一个其他的字。在这个基础上，如果您还能添上1根或者2根火柴棍，这个字还能变化呢！要不，你试试看吧？”巧儿依旧笑着对叔叔说，想要转移他对儿子的关注度。可惜呀，那位叔叔丝毫没有领会到巧儿的用心，他随便地看了一眼桌子上的图案，立刻转过头，和巧儿爸爸继续说起他没有儿子的苦恼了。

034 多变的“亚”字

巧儿读的课外书非常多，爸爸说这可以增加她的词汇量，而且能增加不少见闻呢。昨天，巧儿就读了一篇名为《鸿门宴》的文章，讲述的是项羽和刘邦争霸的故事。不过，吸引巧儿的并不是大家拔剑相向的故事情节，她最奇怪的是，项羽为什么把一个名叫范增的人称为“亚父”呢？

巧儿把心里的疑问告诉爸爸，然后从爸爸那里得知了典故，爸爸给巧儿讲了一个很长的故事。讲完故事之后，爸爸也顺便把脑中的一个火柴棍游戏拿出来和巧儿一起分享了。游戏是这样的：用6根火柴棍在桌面上摆出一个“亚”字，在此基础上，添加1根、2根、3根、4根、5根，甚至6根火柴棍，“亚”字都会变成另外的一个字。

035 变化的字母“A”

今天巧儿爸爸发工资，全家决定一起出去下馆子，庆祝一下。以前每次出去吃饭，都是爸爸付钱，可是这一次，巧儿妈妈为了趁机教育女儿长大后要自立，决定采用“AA制”。什么是“AA制”呢？就是饭钱大家平分，就连巧儿也不例外。

“可是我现在还不能挣钱哪！”巧儿委屈地为自己辩解。

“那也不行，天下可没有白吃白住的好事！”巧儿妈的态度非常强硬。一贯当和事佬的爸爸开始出来劝解了，“这一次巧儿接受你的一个考验就行了，毕竟她现在还是孩子，长大后肯定能自立的。你不是说自己是玩火柴棍游戏的高手吗？那就由你出题，让女儿用游戏的结果付款吧。”

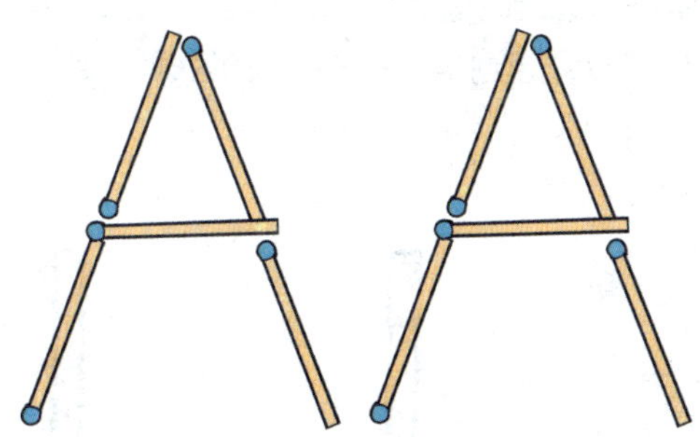

巧儿妈一听也觉得巧儿爸的建议好，巧儿虽然不乐意，但为了吃一顿美味的饭菜，她决定先忍了。巧儿妈非常擅长就地取材，只见她很快用火柴棍摆了两个字母“A”。要求也很简单，就是让巧儿将两个“A”变成6个“A”，不能加火柴棍，也不能折断火柴棍。

巧儿能找到答案吗？让我们等着瞧吧！

036 盯着看的电影

巧儿家有一个小福利，那就是每个月爸爸、妈妈其中一人会带巧儿去电影院。但是，前提是巧儿在那一个月内的表现良好，在学校和家里都没有犯什么大错，否则，福利会无条件取消的。不巧的是，巧儿这个月还真的犯错了，她趁老妈不注意的时候，把她脚边的凳子移开，最后让老妈直接坐地上了。巧儿现在都还能想出妈妈当时生气的样子，看来，电影是要泡汤了。

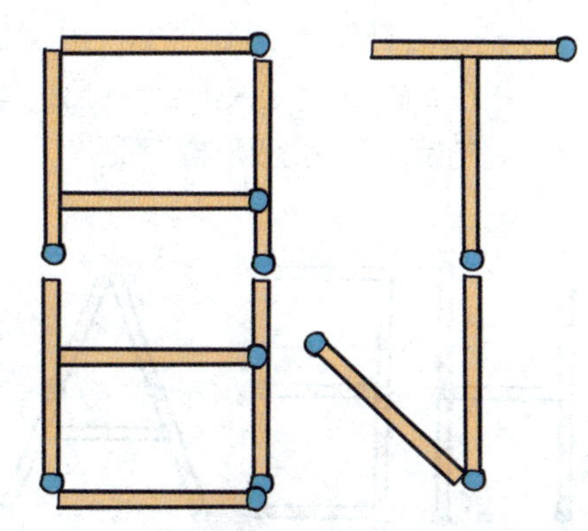

不过，意外的是，巧儿妈这一次似乎并不是真的生气，她仍然准备带巧儿去看电影（其实，巧儿妈不是想带巧儿去，只不过电影院刚好在放一部她自己非常想看的电影）。当然，巧儿又得过关斩将了，老规矩，火柴棍游戏，这一次，巧儿妈用12根火柴棍排成了上图所示的“盯”字。

巧儿妈随后提出的要求是，移动其中的2根火柴棍，使它变成一个全新的字；然后再移动2根火柴棍，使它再变成另外的一个汉字。连续移动四次之后，看看最后一个字是什么？

037 火柴变身英文字母

小朋友们，开始学习英文了吗？每当看到电视里那些外国小朋友说出一口流利的英语时，我们总会有一些小小的羡慕，希望自己也能顺利地和别的国家的人交流。那么，从现在起，好好学习英语吧，它不但能让你学到更多知识，还能陪你一起玩火柴棍游戏。这可是好孩子巧儿的经验呢，瞧，她又在玩火柴棍变身英文字母的游戏了。

右图是竖着排列的3根火柴棍。

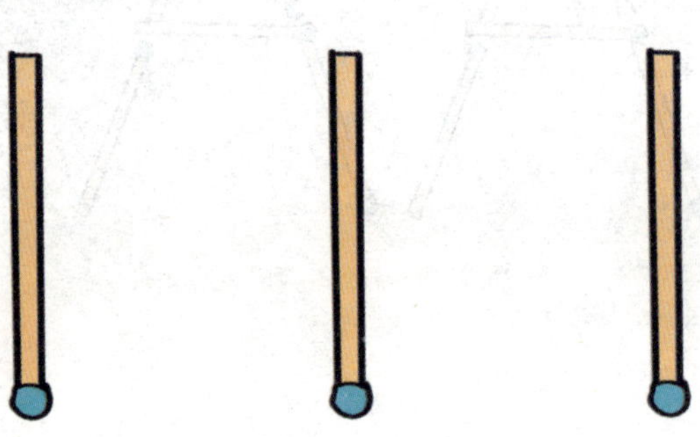

巧儿的做法是不移动3根火柴棍，也不折断或者弯曲它们，只是额外添加了1根火柴棍，最后竟让它们变成了一个常用的英语单词。她是怎么做到的呢？当然，前提是巧儿对基本的英文单词很熟悉哦，你呢？好好观察火柴棍的排列，然后想想看有哪个单词和它们长得很像吧。

038 今天你“热”了吗

最近，巧儿和小朋友们掀起了一股玩英语火柴棍游戏热，他们一个个都非常积极地参加到游戏中，思考和找到答案，玩得开心极了。为了将这股热潮推向高潮，巧儿决定自己制定出一个游戏。不过，想总是比做简单，直到现在，巧儿脑袋中都没有一个非常好的点子。

正在此时，巧儿在大街上听到了一句流行语 “今天你热了吗？”突然，巧儿灵机一动，终于想到好玩的游戏了。她把伙伴们都召集在一起，用火柴棍在桌面上拼了一个英文的“heat”，下图所示。

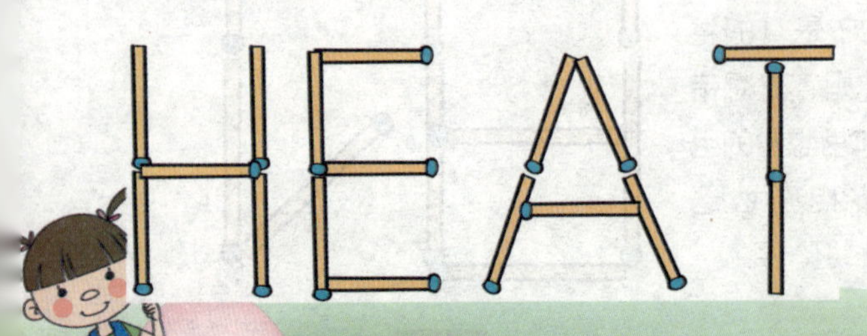

这是一个由17根火柴棍组成的英文单词。但实际上，如果你能增加其中的2根火柴棍，就会发现“heat”将会变成另一个单词。那么，到底会变成什么单词呢？这暂时还是一个秘密，小朋友自己动手试试吧。

039 一较"高"低吧

在玩火柴棍游戏方面，同龄人中能和巧儿真正一决高下的人，恐怕就只有琪琪了。自然，琪琪和巧儿一样，都是一个非常不愿意认输的人，她不光在学习中追赶巧儿，在游戏上也不甘心落后。上一次看到巧儿出的英文游戏之后，她也想弄一个属于自己的英文火柴棍游戏。

说到一较高低，那就不妨在"高"字上做文章吧，琪琪在心中这么想。她一边思考，一边用火柴棍在桌面上摆出英文"tall"的形状。

认真观察了一段时间之后，琪琪终于知道怎么描述游戏内容了：去掉单词中的1根火柴棍，从而让这个单词变成另一个单词。

Q 好好想想，如果这个游戏是你玩的话，你会去掉哪一根火柴棍呢？去掉火柴棍之后，这个单词又会变成一个什么单词呢？

040 趣连唐诗

用火柴棍玩转唐诗，这样的游戏你玩过吗？周三的语文课上，语文老师在延伸阅读的时候，给小朋友们推荐了一首自己最喜欢的诗——大唐诗人孟浩然的《送朱大人入秦》，这是一首七言绝句。为了推广自己喜欢的诗，语文老师竟然想到用火柴棍游戏的方法，她把大家都集中到一起，然后在桌面上摆出下图所示的图案：

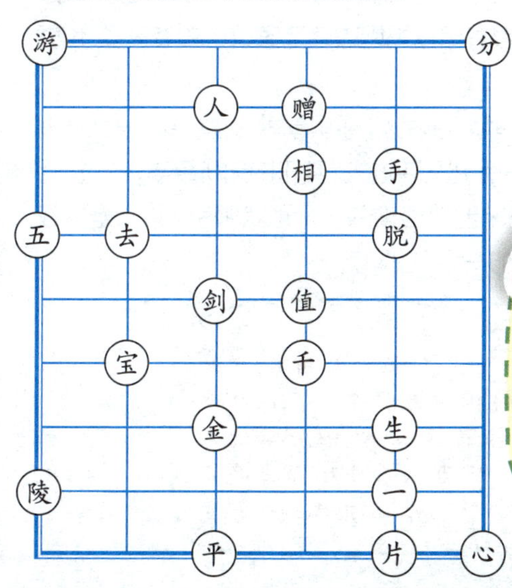

Q "哪位小朋友尽量用最少的火柴棍帮老师把这首绝句连接起来，下课后老师就请客吃冰激凌。"摆完图之后，老师对大家说。老师的话音刚落，大家的眼光都聚集到巧儿身上了，难道小朋友们是希望她去完成这个游戏？是的，谁让她最擅长的就是火柴棍游戏呢！

041 再连唐诗

巧儿回家之后，立刻将自己在语文课上的表现兴高采烈地讲给妈妈听，她最终在语文课代表的帮助下，漂亮地完成了游戏，为所有同学都赢得了一盒冰激凌，大家都很感谢她呢。说到这里，巧儿还得意地把那首绝句当着妈妈的面背了出来。刚背完，巧儿就后悔了，她居然忘记了妈妈是个唐诗迷，每次遇到和唐诗有关的东西，她都会追根究底的。果然，巧儿的话音刚落，妈妈就来来回回问了十几次，最后自己也把那首诗给背下来了。

如果你以为巧儿这样就可以脱身的话，那可就大错特错了，巧儿妈可不是那种轻易放过巧儿的人，她脑中立刻就出现了一个连接唐诗的火柴棍游戏。她拉住巧儿，在桌子上摆了右图所示的图案。

“乖女儿，用18根火柴棍把这首诗连起来吧。给你一个提醒，要用象棋中的‘马’步走法。拼不出来，我的好女儿晚上可就别想吃饭了。”虽然巧儿妈说话的时候脸上带着微笑，可是巧儿却连哭都哭不出来了，早知道这样，才不会和妈妈分享这些有趣的事情呢。

042 “回”字的变化

中秋节到了，终于不用去学校上课了，巧儿高兴地准备和小朋友们好好玩一天。可是，回到家之后她才从妈妈口中得知，琪琪、薇薇、君君、亮亮他们都跟着爸爸妈妈去姥姥家或者爷爷家了。也就是说，即使不用上课，巧儿还是没得玩。

她在床上无聊地打着滚，手里拿着一盒火柴，一会儿将火柴棍倒出来，一会儿又装进去，真正的无所事事。不过，巧儿的眼睛突然被床上散出来的一个形状吸引，原来是她在无意识中摆出来的一个“回”字。

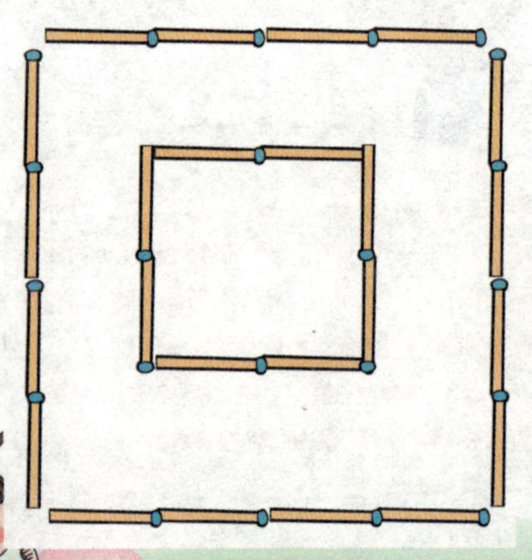

Q 这是一个由24根火柴棍组成的“回”字，仔细看着这个字，巧儿就想，能不能移动其中的4根火柴棍，从而让“回”字变成大小相同的两个“口”字呢？你认为巧儿能做到吗？

043 青春

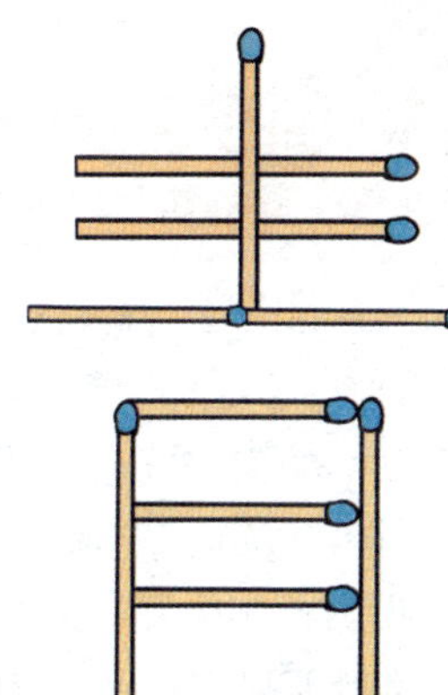

如果你问巧儿，她最近听到的最多的一个词是什么，她一定毫不犹豫地告诉你：青春！电视剧在重走青春，爸爸妈妈在怀念青春，哥哥姐姐们在享受青春，而自己和小朋友们则是走近青春。这个词是大家最常说的，巧儿爸爸甚至还因此创造了一个火柴棍游戏呢！他用10根火柴棍在桌子上摆了一个“青”字，然后告诉巧儿，只要增加2根火柴棍，移动其中1根火柴棍“青”字就会变成“春”字。

Q 该怎么办呢？巧儿为此可费了一番脑筋。其实，你只要仔细观察这两字的笔画，就可以找到突破点。比如“青”字的上半部分和“春”字相比，是不是一样呢？下半部分又如何？仔细找找看吧，说不定你可以更快找到答案。

044 负变右

“我再也不会理你了，你这个负心汉！”

“亲爱的，我不是负心汉！”

“你就是，你就是负心汉！”

“那你说说我怎么辜负你了！”

“我也不知道，但你就是负了我！”

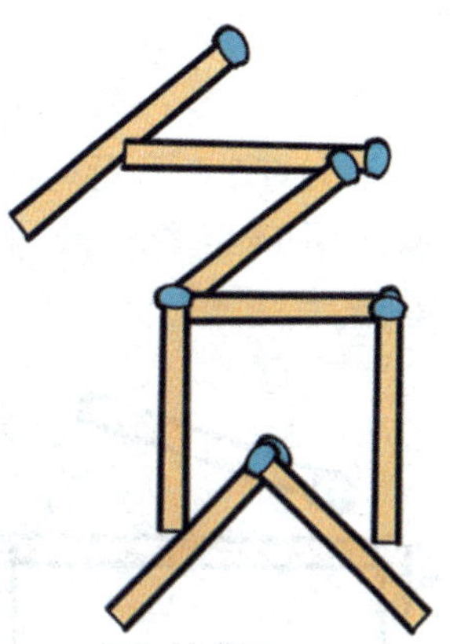

这是巧儿陪妈妈正在看的一部电视剧中男女主角的对白。看到这里，巧儿终于忍不住了。她对妈妈说：“妈妈，请换台吧，我要吐了！”巧儿妈半天没回答，巧儿转过头一看，巧儿妈已经被电视剧情感动得眼泪汪汪的了。

Q 巧儿郁闷地回到自己的房间，摆弄着火柴盒，无意间摆出了刚才一直在耳边回响的“负心汉”的“负”字。她发现连续移动3根火柴棍3次，这个字就可以变成“右”字。你知道她是怎么移动的吗？

045 吉变中

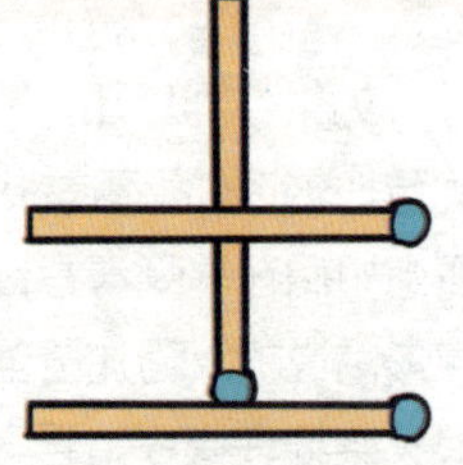

巧儿发现自己有一对非常奇怪的父母，妈妈喜欢看这种电视剧也就算了，平时总是很严肃的爸爸居然也喜欢看。这不，巧儿又陪着爸爸坐在沙发上，看电视里的男主角掉下来悬崖，周围的人安慰哭得肝肠寸断的女主角："放心吧，吉人自有天相。"

巧儿忍不住又要吐了，她在沙发上翻来覆去。巧儿爸终于知道女儿对这种电视剧不感兴趣，他可不愿意为了电视而忽视了女儿。于是，巧儿看到爸爸果断地关了电视，陪自己玩起了火柴棍游戏。不过游戏的内容却离不开刚才看的电视。巧儿爸用火柴棍在桌子上摆了一个"吉"字。如右图所示：

Q 移动2根火柴棍的话，这个字就会变成一个另外的字；再移动2根火柴棍，字形还会继续变化。如果连续移动5次，"吉"就会变成"中"字，不信的话，就自己动手试试看吧。

046 向变中

十分钟过去了，巧儿还是不知道怎么把"吉"字变成"中"字，她正急得直挠头。不过，巧儿爸爸可是一点儿都不急，相反，他因为难住了巧儿而显得非常得意，在一边唱着歌："我得意地笑，我得意地笑……"

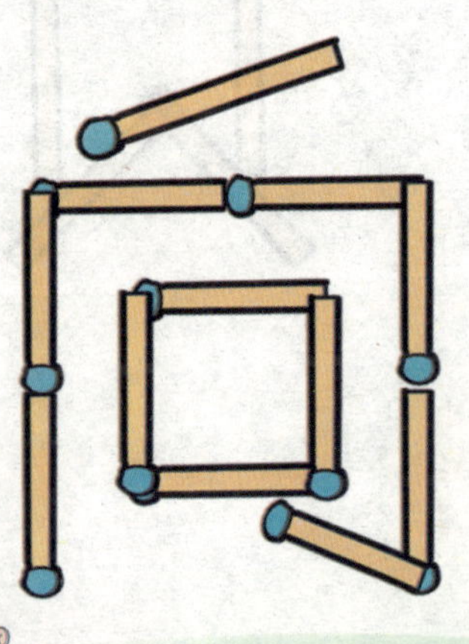

这可让一直在一旁看着的巧儿妈看不过去了，妈妈怎么能让人这么欺负自己的女儿呢？就算是爸爸也不行，于是，巧儿妈立刻给巧儿爸爸下了"战书"。她拿出火柴棍，在巧儿旁边的桌面上摆了一个"向"字，然后让巧儿爸移动2根火柴棍，变成"回"字，在"回"字的基础上再移动2根火柴棍，变成另外的一个字；连续移动8次之后，让"向"字变成"中"字。

047 “三”的超级变化（一）

巧儿最喜欢玩火柴棍游戏，不过她的朋友并不喜欢。虽然他们偶尔会陪着巧儿一起玩，但更多时候，他们会各自玩自己喜爱的游戏。比如薇薇，她最喜欢的游戏是下棋，因此总是组织一些小伙伴在她家下棋。有一天，巧儿想到一个好办法，那就是玩一个结合了棋子和火柴棍的游戏。

她用9根火柴棍摆出了3个“三”字，下图所示。

第一个“三”字，添加两颗棋子，就会变成另外的一个字；第二个和第三个“三”字，各添加一颗棋子和一根火柴棍，也会变成另外的一个字。

Q 这个游戏因为既有火柴棍，又有棋子，所以薇薇的兴趣最大，不过，兴趣可不能代替答案，摆出最后的结果才算胜利。薇薇应该怎么添加呢？

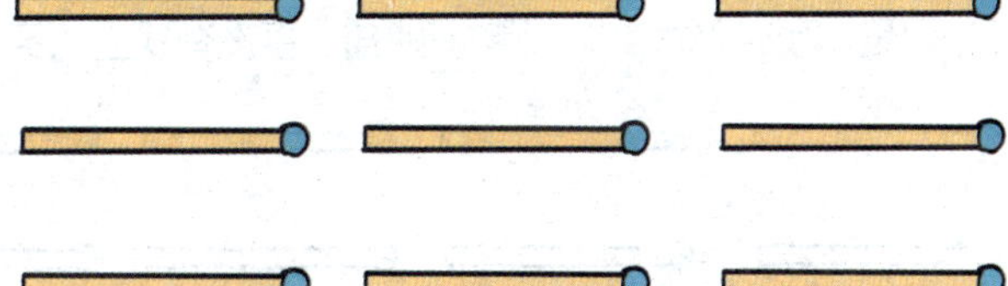

048 “三”的超级变化（二）

说到汉字“三”的变化，有意思的游戏可不止一个。巧儿出完题之后，琪琪也立刻有了灵感，她想到了“三”字另外的一个超级变化。只见她和巧儿一样，用9根火柴棍在桌面上摆出了3个“三”字。

“不许抄袭我的游戏！”琪琪摆完图形，巧儿立刻说。

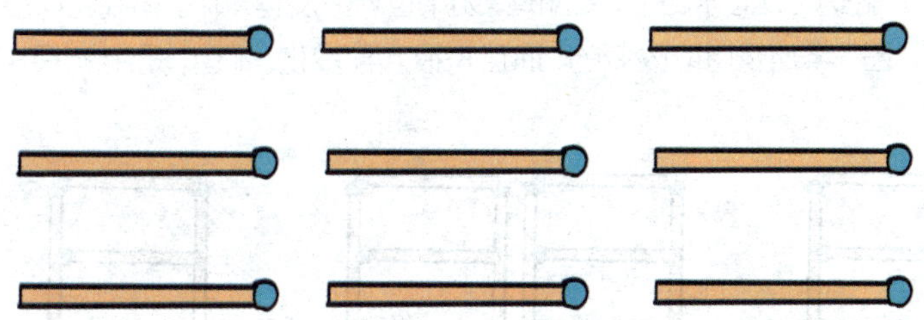

Q “放心吧，我的游戏和你的可不一样！我不需要用到棋子的。”琪琪笑着对巧儿说，接着，她提出了自己的游戏要求：“在每一个‘三’字上，添加2根火柴棍，从而将这三个‘三’字，变成另外的三个字。”应该怎么做呢？

049 “三”的超级变化（三）

晚上爸爸下班回家之后，巧儿高兴地把自己玩的“三”字变化的火柴棍游戏告诉爸爸，她当然是希望爸爸夸奖自己聪明了。可是，巧儿的小算盘打错了，爸爸听完之后，对巧儿说：“乖女儿，你的游戏太简单了，爸爸这有一个更好玩的。”

一个简单的“三”字，会有多难的游戏呢？巧儿很不服气，马上玩起了巧儿爸爸的游戏。只见爸爸用18根火柴棍在桌面上摆出了6个“三”字。

“每一个‘三’字都需要添上3根火柴棍，这样的话，‘三’字就会变成其他字了。女儿，试试看吧！”不就是添加3根火柴棍，巧儿撇撇嘴，这个游戏不就是和自己玩的游戏一样吗？有什么难度呢？可是，巧儿虽然信心十足，但她却一直没有找到答案。

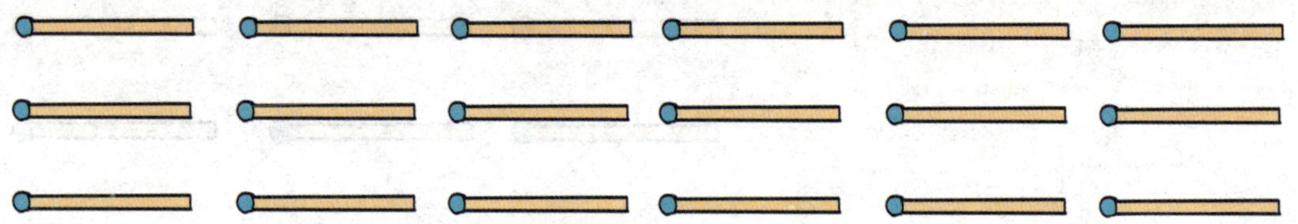

050 趣变“日”字

你最喜欢的季节是哪一个呢？巧儿最喜欢的就是风高气爽的春天和秋天，最不喜欢炎热的夏天，虽然可以穿裙子、吃冰激凌，但是身上总是汗淋淋的，难受死了。最重要的是，大热天的，小朋友们都不愿意出来玩了，如果自己能把太阳变成其他东西就好了，巧儿心想。

当然，太阳是不能变成其他东西的，要知道，如果世界上没有太阳，那我们可能也不会存在了。不过，代表太阳的“日”字却是可以改变的，而且有很多种变化。下图，是由25根火柴棍摆成的5个“日”字：

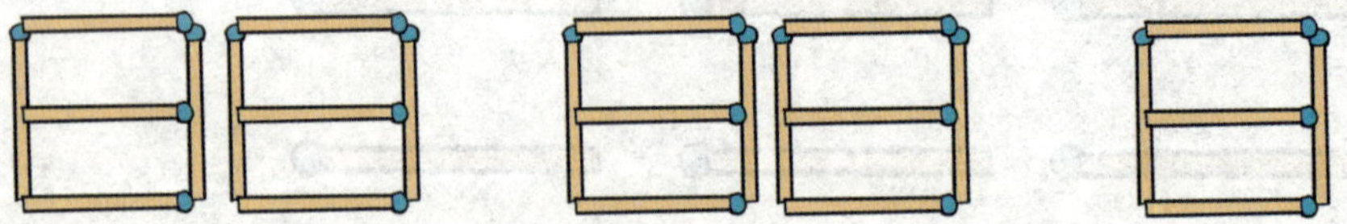

Q 第一个“日”字，添加1根火柴棍，使它变成一个另外的字；第二个“日”字添加2根火柴棍，第三个添加3根火柴棍，第四个添加4根火柴棍，第五个添加5根火柴棍，都能使“日”字变成其他的字，你知道怎么做吗？

051 一直添加（一）

人们都说中国文化博大精深，具体就体现在我们的汉字上，巧儿对此可是很认同。为什么这么说呢？因为最近的火柴棍游戏，让巧儿充分认识到了汉字的变化。明明是意思完全不一样的两个字，只要移动、减少或者添加火柴棍，就能变成另外一个，英语可不能简单做到这样的变换。

以前玩的都是字变字的游戏，可是昨天，她却和小朋友们玩了一个从偏旁部首演化而来的字。如图：

Q 这是由1根火柴棍摆成的某个字的一部分，现在，请在这个部首的基础上添加1根火柴棍，使它变成一个汉字。在汉字的基础上再添加一根火柴棍，使它变成另外的一个汉字。持续添加1根火柴棍，你能变出多少个汉字呢？

052 一直添加（二）

既然在“一”的基础上，可以添加火柴棍，从而衍生出那么多的汉字，在其他部首的基础上添加，是不是也会有这么多的变化呢？这是巧儿做完游戏之后，脑中一直在思考的问题。课间休息的时候，巧儿把自己的想法告诉其他小伙伴了。君君听完之后立刻说：“当然行，我回去之后也想过这个问题，而且也想出了一个游戏呢。”

“是吗？那快让我们玩玩吧。”巧儿立刻说。

Q 于是君君用4根火柴棍在桌面上摆了一个“口”字，这也是某些汉字的一部分。添加1根火柴棍，“口”字会变成一个另外的汉字；在变成的汉字上再添加一根火柴棍，它又会变成其他的字。连续添加火柴棍，你能变出多少个汉字呢？

053 趣变元旦

周五放学之前，班主任交给了班长一个任务，他让一些同学利用周末的时间，来学校出板报。这一向是巧儿的工作，这一次自然也不例外。只不过，巧儿这一次决定出一个非常有特色的板报，黑板上出现的所有内容和文字，都用火柴棍表现出来。这对巧儿来说，是件很简单的事，但是，对其他小朋友来说，可是非常困难的。

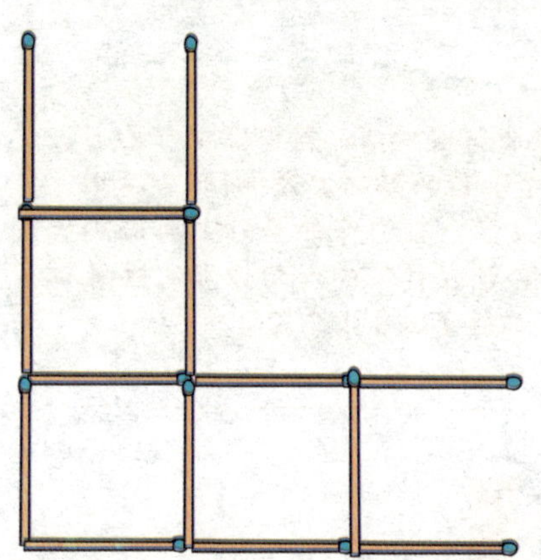

这不，亮亮立刻就出错了，他应该在黑板上用火柴棍摆出“元旦”两个字。可是因为确实不知道应该怎么拼出这两个字，亮亮把图形拼成了左图所示的图案：

Q 这可怎么办？放着不管不是办法，如果把火柴棍全部拿下来又很麻烦。巧儿想了想，很快就有了解决方法，她对亮亮说，只要移动这上面的5根火柴棍，就可以变成“元旦”两个字了。你知道应该怎么移动火柴棍吗？

054 “S”变“U”

上学的路上，走在巧儿前面的薇薇突然回过头，笑嘻嘻地指着更前面的一个大姐姐对巧儿说：“巧儿巧儿，你快看，那个姐姐的身材真好，标准的‘S’形呢！”

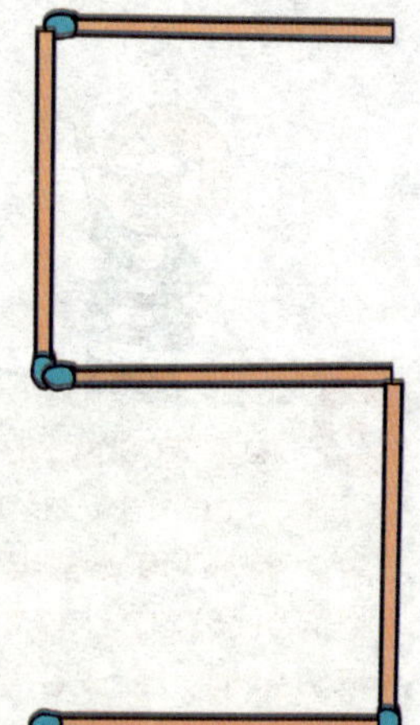

“原来那就是‘S’形的身材啊！”巧儿边看边得出结论，“以前总听见表姐们说最好看的身材就是‘S’形的，可是我觉得也不是很好看哪。”

“那是你没见识！”已经开始发育的薇薇说，她最想的就是变成S形身材，只有假小子巧儿才说这样的身材不好看。

“哈哈，就算你是S形的身材，我也能让你变成U形的。”巧儿笑着说。什么是U形的？其实巧儿说的已经不是身材了，她想到了一个火柴棍游戏，就顺口说出来了。用5根火柴棍摆成英文字母“S”，右图所示：

移动1根火柴棍，它就会变成一个其他的字母，再移动一根火柴棍，则会再次演变出一个新字母。连续移动4次，字母“S”就可以变成字母“U”，自己动手试试看吧。

第五章

巧手来创意

拼拼搭搭，用火柴棍将智慧和创意发挥极致

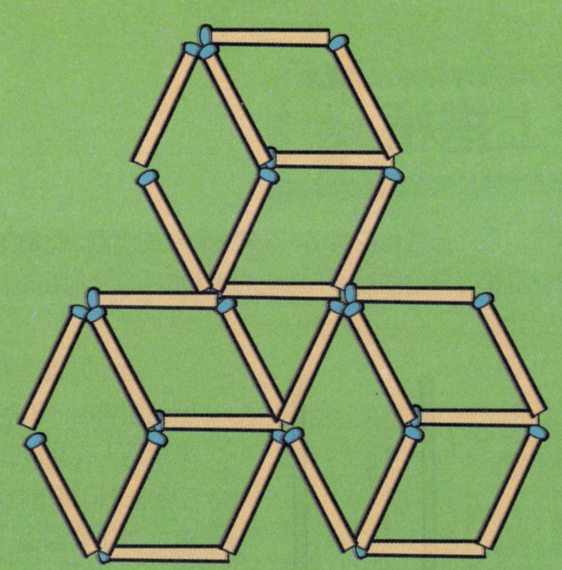

001 巧搭飞机

暑假巧儿跟爸妈一起去云南大理旅游，一路上的风景让巧儿兴奋不已。除了见识到很多风土人情，她还带回来面具、玩偶之类的小玩具。最让巧儿激动的是第一次乘坐飞机，从高处向下望去，下面的大山都变成了小土包，朵朵白云从身边飘过。

巧儿感觉自己已经变成了齐天大圣一般，穿越云层好不开心，只用了一个多小时他们就到达了昆明机场。回来后巧儿还是经常缠着爸妈说以后还要做飞机，她说要在云彩上面跳舞。巧儿妈见巧儿这么喜爱飞机，就给巧儿出了一道关于飞机的火柴棍游戏。妈妈说："你想自己开飞机吗？那今天就给你出个小难题，好好听题吧！火柴杆长4厘米，现在有一个圆形的池塘直径6厘米，请你用3根火柴棍搭一座飞机架在池塘上。"

巧儿听了题目已经非常轻车熟路，先拿出纸笔在纸上画了直径6厘米一个小池塘，然后拿出火柴棍就在池塘上面胡乱搭了起来，只是火柴棍总不够长，让巧儿伤透了脑筋。只好等晚上爸爸回来再求教爸爸了。

Q 那么小朋友们你们知道答案吗？开动脑筋想一想巧儿是在哪里出了问题呢？

002 杯上搭桥

知道了飞机的答案后，巧儿显得有些懊恼，本来很简单的问题，但是自己怎么就想不到呢？巧儿心里暗下决心，下次一定要好好动脑筋，不能粗心大意呀！这个时候隔壁的同学琪琪到家里来玩，她是巧儿最好的朋友呢！

巧儿见琪琪来了很高兴，立马把爸妈留的池塘搭飞机的问题画在纸上，让琪琪来解题。本以为琪琪也答不出来，谁知道不到3分钟琪琪就把火柴棍搭在池塘上，建好了飞机跑道。这让巧儿很惭愧，她立刻请琪琪到自己房间把昨天妈妈布置的新题拿到琪琪面前。这个难题也让巧儿很头疼，妈妈的问题和搭飞机跑道的问题类似，不过好像更难些。题目是：有4只杯子和4根火柴棍，要用这4根火柴棍在杯子上架一座桥，但每根火柴棍只许有一头搭在杯子上。

Q 巧儿先动手去把爸爸的小酒杯拿了过来。"反正我是想不出来了，昨天妈妈就跟我说了这个游戏，到今天我还没想出来，你来试试呗！"说完，巧儿很不好意思地把火柴棍递给琪琪。琪琪能在杯上搭桥吗？同学们拭目以待吧！

003 未来的魔法师

巧儿最爱的电影之一肯定是《哈里·波特》了，在这部电影里很多神奇的画面都让巧儿神往。她经常拿起两支铅笔做成的魔棒，耍起自己的法术。先是用魔棒指着某个物体，口中念念有词，然后等着这个物体自己飘起来。

每次妈妈看到巧儿这样总是偷笑，妈妈告诉巧儿："这是电影里虚幻的场面，很多魔法都是电脑制作出来的，虽然好看但是并不真实。"巧儿妈见巧儿失望的样子又来安慰说："虽然有些场景是虚幻的，但是在制作动画特效的过程当中还是要利用很多自然的物理反应，否则做出的效果会不真实。所以要想成为魔法师制作自己的特效，现在就要多观察，多学习，多应用，将来才能成为制造魔法的'魔法师'呀！"

巧儿听了妈妈的话后若有所思："妈妈你以前问我有什么理想，我觉得是想做个数学家，现在我的理想是做个魔法师！"妈妈点头微笑："好吧未来的小'魔法师'，从现在开始努力吧！今天给你带来的火柴棍游戏是：给你15根火柴棍，摆成右图所示的图形。"

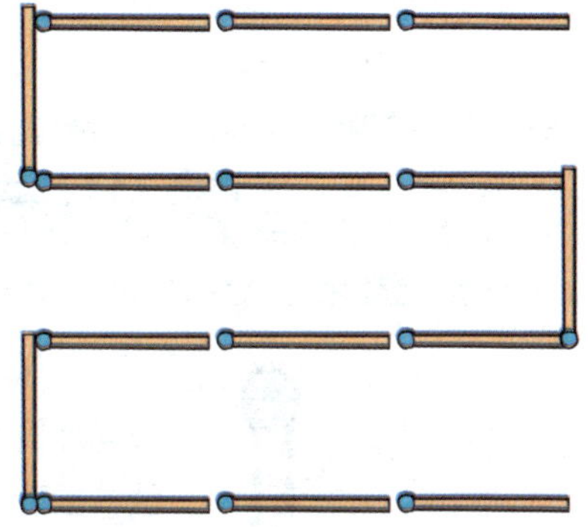

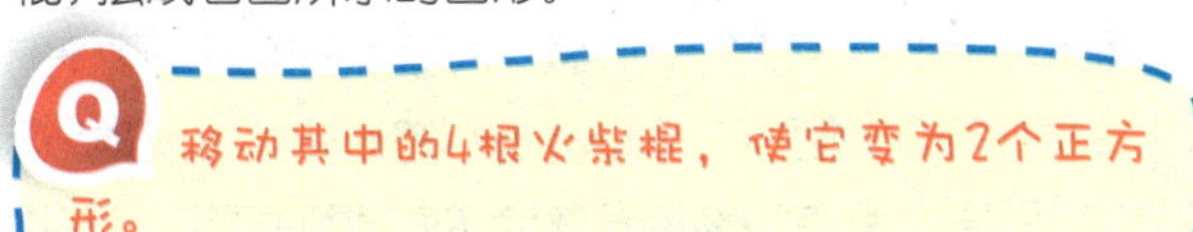

004 图形变换

巧儿准备今年去参加跆拳道的兴趣班，巧儿爸爸对这个想法表示非常赞同："女孩子练跆拳道好哇！既能强身健体，在必要的时候又能正当防卫，好好学，回来后教教爸爸。"

巧儿高兴地点点头，不过，在此之前，她还有一个小问题要请教爸爸呢。

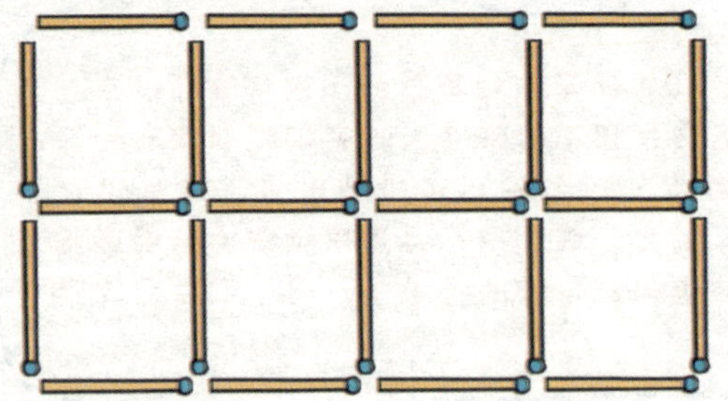

这是由22根火柴棍摆成的一个图形，看起来就像是一个横着的窗户。那么，如果可以，移动其中的8根火柴棍，你能不能让这个横窗变为竖窗呢？

005 拆“川”字

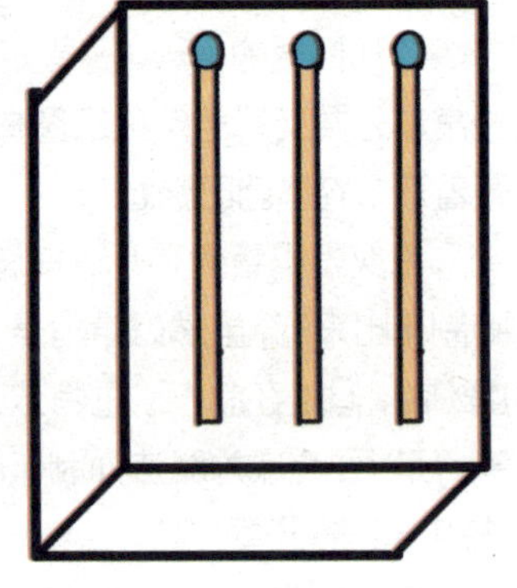

俏皮的巧儿又在难为妈妈了，只见她用火柴棍在火柴盒的表面摆了一个“川”字，如右图所示：

摆完之后，巧儿笑嘻嘻地对妈妈说：“妈，你能不能不碰中间的那根火柴棍，把它移到旁边呢？如果你做到了，那么我就答应你，以后再也不偷吃冰箱里的东西，也不带小朋友们来偷吃东西。”巧儿妈一听，立刻假装生气地说：“你这丫头，做错了事还有理了是吧？不就一小游戏嘛，能难得倒我！”说完，巧儿妈就开始玩游戏了。

006 3种火柴棍

巧儿自从上次和琪琪探望流浪猫后，心思一直都放在这两只可怜的小猫咪身上。巧儿很想把猫咪带回家去养，但是她知道妈妈会反对，爸爸一直有过敏性鼻炎，只要家里有动物毛发就会不停地打喷嚏。琪琪也不能把猫咪带回家去，因为她妈妈最怕猫了。她们两个只好每天早上上学前和放学后去给猫咪送点食物，有时候还把猫咪的小窝收拾一下。

猫儿在她们的呵护下慢慢地长大了，现在两只小猫已经会自己玩耍，经常围着巧儿和琪琪“喵喵”的转圈。有时候她们舍不得离开，回家就会很晚，这样秘密很快就被巧儿妈发现了。巧儿妈对巧儿的爱心表示赞同，但是她又告诉巧儿：“养小动物是需要很多时间和精力的，现在因为养这两只猫咪耽误了你的学习，回来的太晚连作业都无法完成。晚上你还要熬夜赶作业，白天就更没精神了，这样下去可不行。”

巧儿摆出一副委屈的样子："那猫咪怎么办呢？"妈妈微笑着告诉巧儿："我自有办法，明天再告诉你吧！妈妈这几天还给你准备很多你最喜欢的火柴棍游戏呢！"

Q 最近妈妈找的这几个游戏都是动手游戏，你可以尽可能发挥创造力和想象力，喜欢吗？巧儿听到又有游戏就把猫咪的事情忘到一边，仔细听妈妈说起游戏规则：给你三种火柴棍，它们的长度分别是2、4、10，能否摆成一个三角形？

007 抽火柴棍

巧儿放学刚到家，巧儿妈妈就从厨房里拿出了一盘油炸小毛鱼出来。巧儿一看到小鱼口水都掉下来啦，平时巧儿不怎么喜欢吃肉，喜爱吃鱼。妈妈看到巧儿手也不洗伸过来就抓，赶紧把盘子推到一边并对巧儿说："洗手去！"

吃完饭，巧儿就出去溜达。她来到小卖店老爷爷那儿，陪老爷爷玩起了火柴棍游戏。老爷爷用3根火柴棍摆出了右图所示的图形。

Q 老爷爷对巧儿说："小丫头，你能不能不分开上面两根火柴棍的情况下，把下面的火柴棍抽出来呢？如果你做出了这道题，爷爷就请你吃冰激凌！"巧儿一听说有冰激凌吃，连忙说可以。但实际上，她根本不知道怎么做呢。

008 3根火柴棍

学校最近组织了风筝大赛，要求是每个同学都要自己动手做一个漂亮的风筝。当然不但要漂亮还要能飞得高。老师给大家一个礼拜的准备时间，每位同学可以根据自己的喜好选择颜色和形状。

回到家后，巧儿做的第一件事就是先设计风筝的形状和图案。拿起纸笔她首先画了一个大大的圆，她准备做的风筝是一个金黄色的太阳。虽然从来没有见过这样的风筝，但是巧儿很喜欢。正画着，爸爸回来了，他看见巧儿画的风筝哈哈大笑起来。爸爸告诉巧儿，做风筝的纸和竹签都是特制的，这种素描纸肯定飞不起来，而且圆形的风筝比起其他形状更不容易起飞，所以他建议巧儿换个形状，比如三角形。

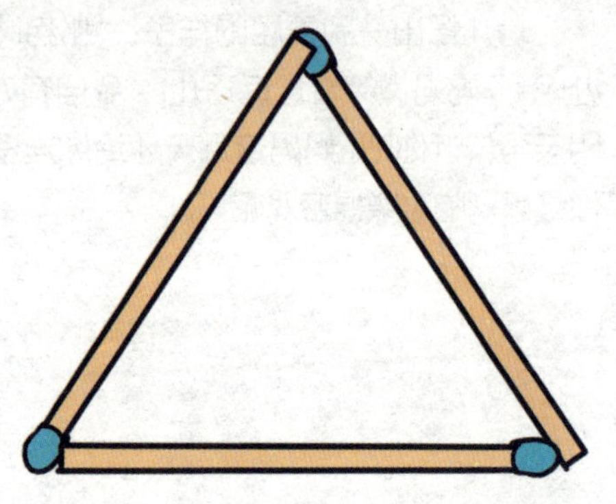

爸爸把几年前放在仓库里的一根竹子拿了出来，用小砍刀把竹子削成薄片递给巧儿，然后又找来了很多胶水和颜料之类。都准备齐全之后，巧儿爸又教巧儿怎么做才能让风筝飞得更稳、更高。

巧儿这才明白，别看这风筝好看，做起来可真是有很多门道哇！巧儿听取爸爸的建议直接做个三角形的风筝，于是她拿起了竹片开始先做支架。

Q 巧儿爸好像忘记了什么事，拍了下脑门："巧儿，妈妈给你留的游戏题差点儿忘记跟你讲了，她的问题正好跟你这个风筝差不多。要求你拿3根火柴棒，摆成一个直角三角形。你能做到吗？"

009 你中有我

班级的风筝大赛终于开始了，时间就定在星期五的下午在学校操场上。同学们每个人都拿着自己做的风筝，五颜六色，千奇百怪。有可爱的小燕子、飞翔的企鹅、吓人的蜈蚣，还有展翅的老鹰……巧儿的风筝是一条海鱼，三角形的头部后面跟着漂亮的尾巴。

比赛分成5组，每组10人，最终从每组选出一人参加决赛。同学们热情非常高，巧儿看了很高兴，心想：游戏的乐趣在于分享，你中有我，我中有你，大家一起投入到游戏中来才能获得真正的快乐啊！其他同学也纷纷响应，这样同学们都轮流放飞风筝，大家都非常愉快。比赛最后，老师对大家的表现也很满意，还特地表扬了巧儿这种大公无私的精神。

回到家，巧儿立刻把比赛过程告诉了妈妈，巧儿妈也对巧儿一番夸奖。巧儿妈微笑着摸摸巧儿的头："这么巧，今天妈妈给你准备的游戏题也是'你中有我'。8根火柴棍可以摆出一个正方形和两个三角形（如下图），请你用8根火柴摆出3个正方形和10个三角形来。"

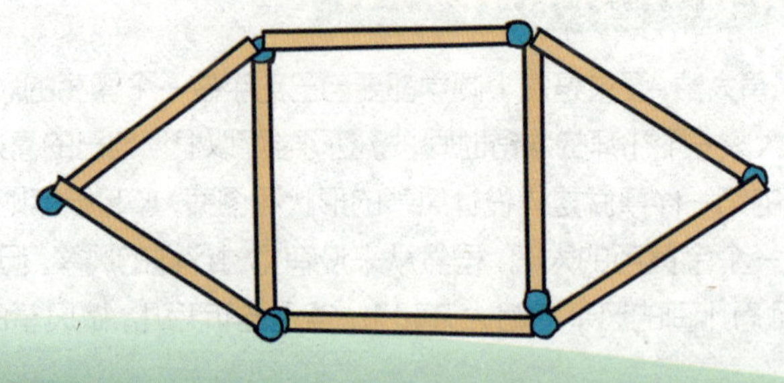

010 4个直角

爸爸这个星期天准备带巧儿去逛一次文具批发部，巧儿现在的课程中已经用到很多学习用具了，比如：三角尺、直尺等等。这次还要给巧儿买个新书包。到了文具批发部，巧儿高兴地合不拢嘴，这里有很多新款式的文具，除了各式的铅笔、修正带，还有她向往已久的新书包。巧儿毫不犹豫地挑了一个蓝猫图案的双肩包，这个书包她向往已久。巧儿爸爸还特地为巧儿挑选了一个很精致的带锁日记本和一些课外书。不一会儿，他们就把新书包装得满满的回来了。到家后，巧儿做的第一件事就是整理这些课外书，这可都是巧儿最喜欢的益智题呢！随便翻开一本，巧儿就发现这本书里也有很多火柴棍游戏。

巧儿爸爸建议巧儿先不要着急，按照这本书的内容，每天完成一个游戏，这样一个学期下来又能学到很多新知识啦！巧儿同意爸爸的建议，这次她只选择了一个游戏题：用4根火柴棍摆出4个直角，且移动其中一根火柴棍便可形成新的四个直角。

Q 看完要求，巧儿就拿起火柴棍在桌上摆弄起来。前几天也摆过类似的图形，但是这次好像有些难度。到了午饭时间，她终于完成了游戏。小朋友们你们知道巧儿是怎么摆放的吗？

011 3个立方体

巧儿这段时间忙着风筝比赛，好几天没去林奶奶家。这不林奶奶捎了口信过来说，让巧儿过去吃杨梅。听到杨梅，巧儿的口水就直往下咽。以前在爷爷家吃杨梅吃的牙齿咬豆腐都疼，就是这样还是舍不得放下。妈妈听说巧儿要去看林奶奶，还特意请巧儿带了一些猫粮给林奶奶养的猫咪们。

林奶奶笑着给巧儿开门，还想出了一个火柴棍游戏呢，这个游戏不仅能帮助巧儿更好地认识立方体，还能开发孩子的创造力。林奶奶颤颤巍巍地从抽屉里拿出火柴棍在桌子上摆出了一个图形（如右图），她的要求是在每个六边形中添加三根火柴棍使它变成三个立方体。

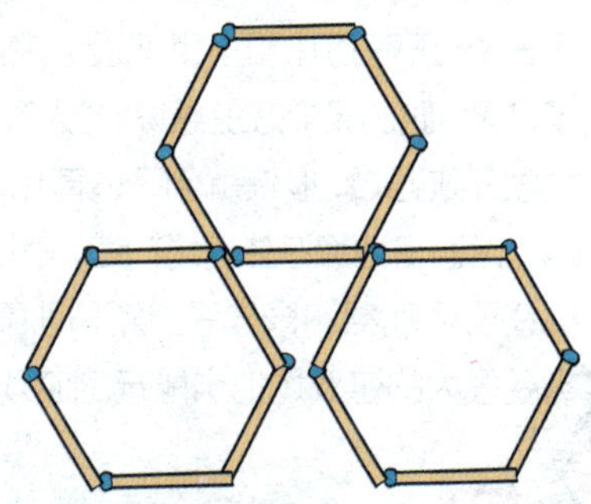

巧儿又有的忙了，这次她能找到答案吗？

012 分分小马蹄

平时一到星期天巧儿总是忍不住要到体育场溜达，滑板、旱冰、自行车都是她热衷的项目。这个星期天也没例外，晚饭后她早早地来到体育场。体育场到处都是小朋友穿梭的身影，有的在滑旱冰，有的在打篮球，还有一群小朋友围在一起跳皮筋。

巧儿今天带来的也是旱冰鞋，不过她还顺便带来了练习旱冰的障碍物。有了这些小东西，巧儿就可以按照障碍物布置的线路进行练习。巧儿妈布置好障碍物的线路，巧儿也穿好了旱冰鞋，只见巧儿妈每隔两脚距离放置了一个小圆锥，妈妈把圆锥摆成小马蹄的形状，然后让巧儿在马蹄中间穿梭，要练习穿梭的节奏感，还不能把障碍物碰倒哦！不一会儿，巧儿就累得满头大汗，来到妈妈旁边坐在树下休息。

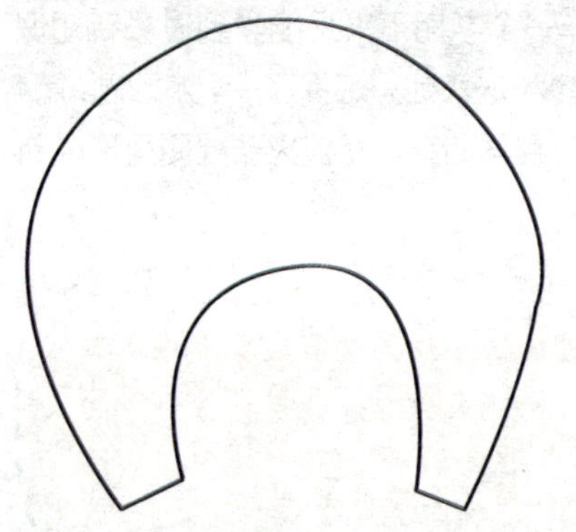

Q 妈妈给巧儿擦擦汗，指着前面的小马蹄说：“这是一个小马蹄，给你几根火柴棍你能把它分成5块吗？”

巧儿这会儿就在地上拿石子画了马蹄形状，如左图。拿了两个小木棍就开始拼了起来。

013 小小五边形

巧儿这些天特别热衷于玩滑轮，即使在家里也要穿上溜上两圈，一不小心就碰翻了垃圾桶或者跟妈妈撞个满怀。被妈妈强烈斥责了一番后，巧儿极不情愿地走到琪琪家门口，还没进门就发现琪琪也站在门外呢！原来琪琪的妈妈在家打麻将，琪琪都被吵得待不下去了。正在巧儿和琪琪都没了主意的时候，邻居小航拿着篮球跑了过来。他出了个好主意说：“大家一起到体育场去打球怎么样？”大家一致通过，很快就到了体育场，在这里还发现同学大胖和小佳也非常沮丧地靠在体育场门口，巧儿一问才知道，原来体育场整修，现在已经乱得不像样子。这下彻底没希望了，大家提议一起玩个不需要很大的游戏场地也能玩的游戏。巧儿灵机一动就想到一个好主

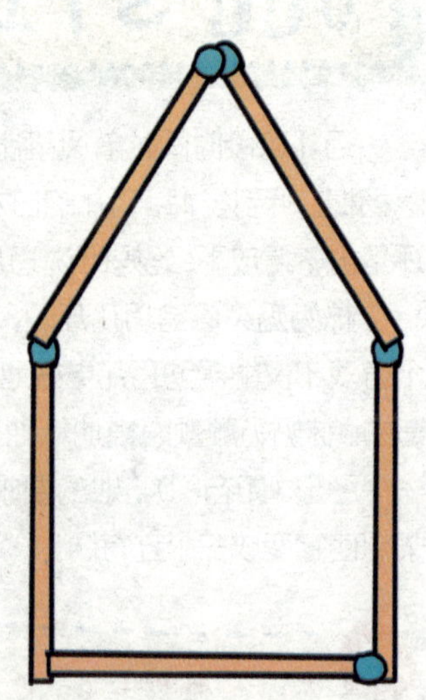

意。这个火柴棍游戏是巧儿妈妈以前出过的，正好适合现在5个人玩。巧儿这就开始出题了，5个人把手打开拼成一个五边形，要求这5个边均可以与一直线相交（5条边的长短可以不一样）。

Q 巧儿说完规则和要求，大家就都各自伸出手来模仿火柴棍的摆放，可是无论怎么摆都没有办法让一根直线通过。那么这个五边形究竟是什么样子呢？聪明的小朋友你也来找找答案吧！

014 留下的正方形

这天巧儿约了琪琪到家里来玩，琪琪可是班里的大红人，每位同学都很喜欢她。平时一到周末，琪琪的日程总是安排的满满的。这次她们约好到巧儿家里来玩积木，这种新型的积木是巧儿爸爸出差刚带回来的，还没有来得及看图纸呢！巧儿正看着图纸，琪琪已经在敲门啦！

看到积木盒子和图纸，琪琪已经有点迫不及待，她和巧儿商量好，每个人拼一个积木，看谁先完成。10分钟过去后琪琪已经差不多快要完成了，巧儿却只拼到一半。琪琪把拼好的城堡，放在巧儿面前。巧儿很不服气，口里还说："你的积木比我的好拼。"琪琪也不示弱："我就是聪明，不信我出个题目你回答，答出来算你聪明。"

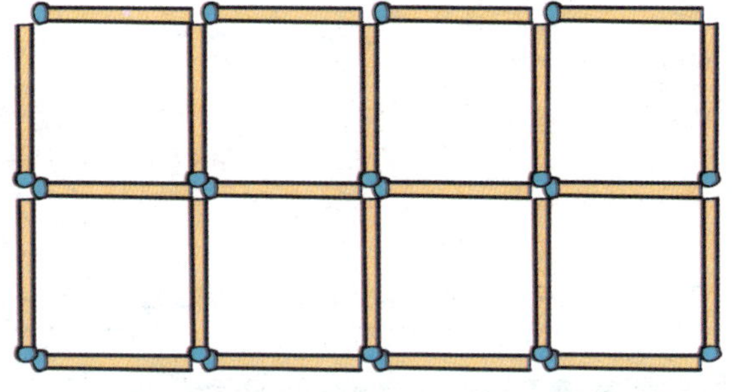

Q 琪琪用22根火柴棍拼出了8个正方形，接着她要求巧儿移动4根火柴棍，从而使得正方形只剩下4个。巧儿能做到吗？

015 提火柴棍

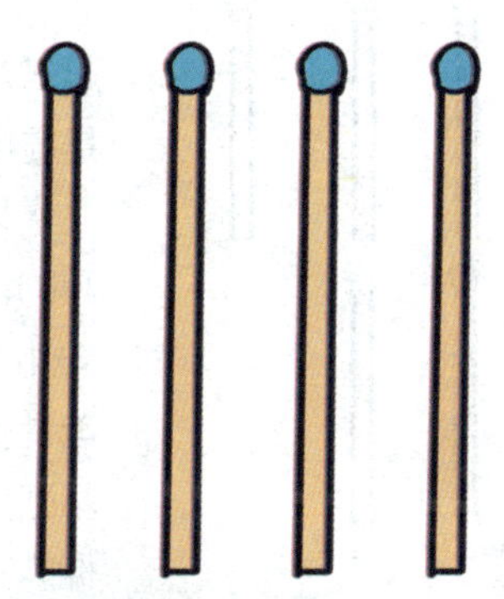

学校组织了"全家齐钓鱼"的亲子活动，为的是让家长也参与到孩子的学习中来。巧儿爸爸这次当仁不让。比赛结束的时候巧儿父女以钓35条鱼的好成绩获得了冠军，还获得了不少奖品呢！

这下巧儿可高兴坏了，还没有到家就喊了起来："妈妈，妈妈，我们得了第一名。"巧儿妈看巧儿乐不可支，自然也是褒奖一番，然后巧儿妈的问题出现了："在今天的比赛中你们用鱼钩钓到了35条鱼，那是钩子的技巧。现在我这里有4根火柴棍，你能不能只用1根火柴，就把其他的3根火柴棍像钓鱼一样提起来呢？”

Q 巧儿掩面偷笑，轻而易举就用1根火柴棍提起了3根火柴棍，她是怎么做到的呢？

016 又对又错

大家都说巧儿的胆子越来越大了，为什么这么说呢？因为她竟然敢在数学课上和同学吵架。大家都在静静听课的时候，突然听见巧儿大吼一声：“我说是对的就是对的！”

老师走过来一问，原来巧儿在上课的时候和同桌玩起了火柴棍游戏，那是一个很有意思的游戏，下图：

乍一看，这是一个错误的等式，但是巧儿的同学坚持说这个式子是正确的。

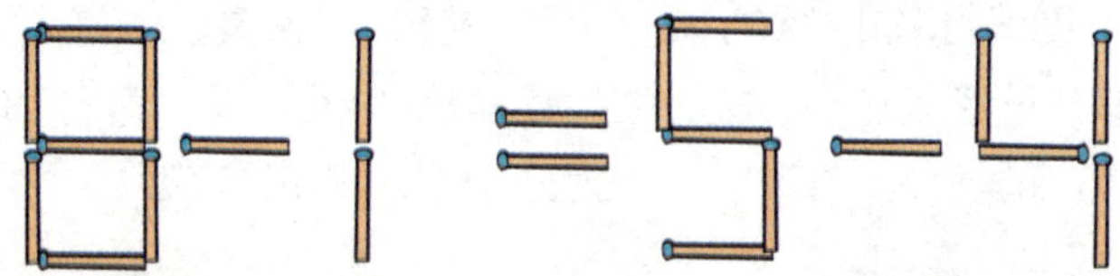

Q 但是，如果转换一下角度，这个式子又是正确的，在谁也不能说服谁的情况下，巧儿和同学吵起来了。如果你是老师，你应该怎么给学生解释这个问题呢？

有一天，巧儿突然对爸爸说：“爸爸，我要去森林去找恐龙，你带我一起去好不好？”巧儿爸一听就乐了：“傻孩子，现在很多关于恐龙的报道都是虚构的，恐龙早就灭绝了呀！”

巧儿不服气地拿出报纸指着上面的报道和图片给爸爸看：“这个不是假的，你看还有照片呢！”巧儿爸仔细看过照片，亲亲巧儿的小脸蛋：“乖女儿，这不是真的，照片是在电脑上做出来的呀！”巧儿不依，又要缠着爸爸说各种不解之谜。爸爸告诉巧儿：“要想了解这些不解之谜，先要把学习基础打好哇，现在爸爸就陪你玩个游戏。”这是由5根火柴棍拼出的图形，你能不能只移动1根火柴棍，就使它变成数字“1”呢？

018 4色火柴棍

巧儿爸爸今天一回来就给巧儿带来了礼物，巧儿一看在爸爸手里拿着五颜六色的盒子，有长又短，大小不一。巧儿大概数了一下，一共有20盒，忍不住打开其中一个，这一看巧儿高兴地跳了起来。原来盒子里装的是各种颜色的火柴棍，有白色、红色、绿色、黄色等等。巧儿以前只见过黑头的火柴棍还不知道火柴棍也有这么多的颜色。最近经常玩火柴棍游戏，也从中学到很多知识，巧儿对火柴棍有一种很自然的亲切感。见到这么多美丽的火柴棍，巧儿都不忍心去点燃它们呢！巧儿爸爸一定是想激发巧儿的学习兴趣，才特地去收罗了各种颜色的火柴棍送给巧儿。爸爸知道巧儿还有很多难题等着小火柴棍来给她答案呢！这不妈妈也来凑热闹了，她随手挑了白、绿、黑头火柴棍，摆成下面的形式，你会发现：两根黑头火柴棍中间夹一根火柴棍；两根绿头火柴棍中间夹两根火柴棍；两根白头火柴棍中间夹三根火柴棍。请你用白、绿、黑、红头火柴棍各两根摆成一排，使两根黑头火柴棍中间夹一根火柴棍；两根绿头火柴棍中间夹两根火柴棍；两根白头火柴棍中间夹3根火柴棍；两根黑色火柴棍中间夹4根火柴棍。

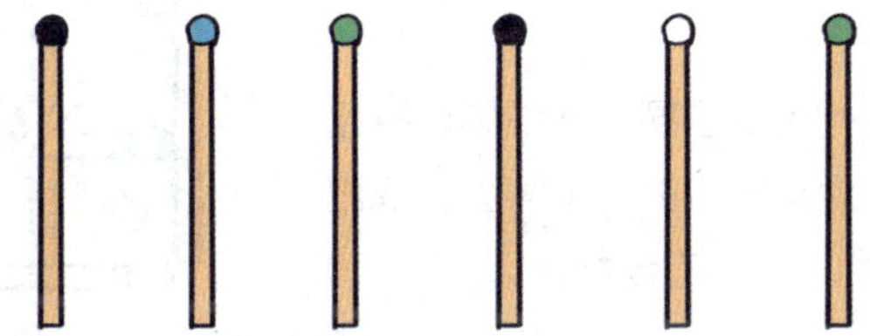

019 小聚会

这天放学巧儿和琪琪约了新搬来的邻居小新到巧儿家一起做作业，别看巧儿平时闹腾得欢，写作业的时候可不敢马虎，每次除了按照老师要求认真检查，而且还会自己找些题目作为家庭作业。可是一旦遇到不会的问题她就会着急起来，现在三个小伙伴在一起写作业就可以相互请教，互相学习了。巧儿热情地请大家进屋，还给琪琪和小新拿来水果。大家从书包里拿出作业本就开始写作业啦！琪琪的速度最快，她分别把老师布置的作业题先抄写在作业本上，留下一部分空格填写答案，这样就不用一直抄题目了。巧儿和小新也在埋头苦写。一个小时后琪琪首先大功告成，她伸个懒腰跟巧儿和小新说：“你们要加油呀！我已经完成了，我发现大家在一起写作业速度会更快，以后我们经常聚会，大家在一起

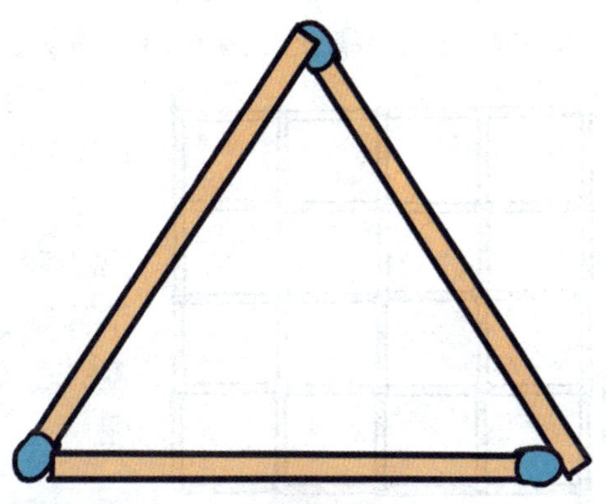

写作业好不好？”小新也差不多写完了，她完全同意。琪琪等巧儿把作业写完，还给大家带来一个名叫小聚会的火柴棍游戏。（如图）琪琪用三根火柴棍摆成一个三角形，显然三角形每个顶点均有两根火柴汇聚。请大家用一些火柴棍摆成某个图形，使它的各个顶点都有三根火柴棍汇聚。

Q 听琪琪说完规则，巧儿和小新就开始动手各自拼各种图形。面对火柴棍问题巧儿可不会被难倒，不一会儿一个符合规则的图形就展示在琪琪面前。琪琪又竖起了大拇指。大家也动手拼拼看巧儿是怎么完成的呢？

020 米字旗里的秘密

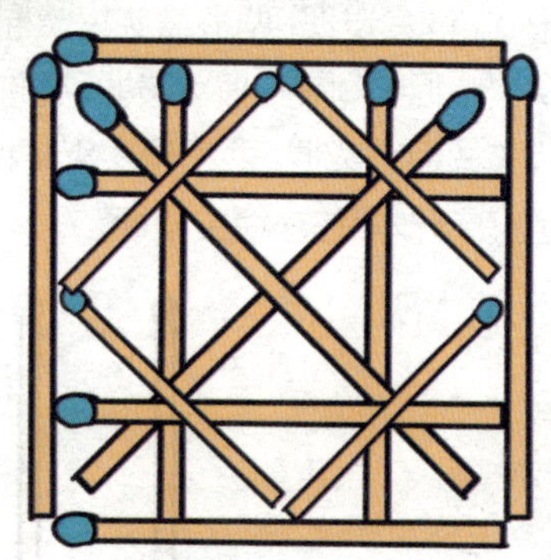

2012年，小朋友们一定对一个东西非常熟悉，那就是英国的米字国旗，因为这一年的奥运会就是在英国举办的。巧儿在大街上还经常能看到一些女孩子穿着米字旗的衣服呢。这不，她也想追一次潮流了，玩一个和米字旗有关的火柴棍游戏。

这是由14根长短不一样的火柴棍摆成的图形，看起来由米字旗组成的。请仔细观察图中的“米字旗”找出其中含有的正方形、长方形和三角形的数量。

021 没有正方形

虽然不是大富翁，但巧儿认为自己家也不是贫困人家，至少爸爸妈妈应该不会为给自己买点小零食发愁吧？但实际上，巧儿妈妈却一直在零食方面对巧儿很苛刻，每次想吃巧克力或者冰激凌的时候，巧儿都会和妈妈来一场硬战，只有赢了妈妈，才能拿到买零食的钱。

昨天，巧儿突然想吃棉花糖了，于是她做好充分准备之后去找妈妈拿钱。果然，巧儿刚说完要吃糖，妈妈就已经拿出了火柴棍，并且在桌子上摆了下面所示的图案：

“这里面有30个正方形。妈妈的问题就是，拿掉其中的几根火柴棍，从而使得这个图案中一个正方形都没有？”

巧儿知道妈妈不会让自己轻易过关，可是她怎么也想不到，妈妈竟然会想到这么刁钻的一个游戏，一时间竟然都不知道怎么下手了。小朋友，你喜欢吃棉花糖吗？如果你不用接受妈妈的考验的话，就帮帮巧儿吧。看，她正在看着你手里的棉花糖流口水呢。

022 3变7

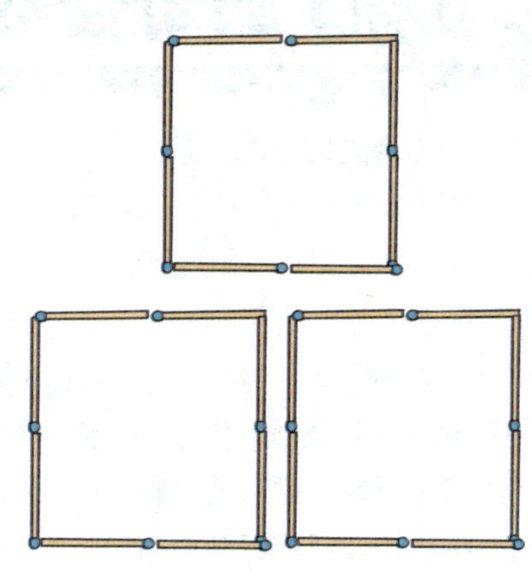

巧儿不但是一个玩火柴棍游戏的高手，她还是一个讨价还价的高手呢。大家还记得巧儿在校园活动节前找班主任举办比赛的事情吗？当时，她可是凭着自己的三寸不烂之舌，硬是让班主任把第一个难题换掉了。这一次，为了吃上棉花糖，巧儿又开始了和妈妈讨价还价，因为上一题她实在是解不出来了。

“好吧，看在你最近表现还不错的分上，我就给你换一个游戏吧。”妈妈“大发慈悲”地说。下面就是妈妈重新换的游戏：用8根火柴棍可以摆出一个正方形，现在用24根火柴棍摆出3个并排着的正方形，变换正方形的位置，其实就可以得到7个正方形，你知道该怎么变吗？当然，正方形的大小是可以不相等的。

023 巧迎国庆

1988年10月1日，这是一个什么特别的日子？相信小朋友们一定都知道，这是我们伟大的中华人民共和国建国39年的纪念日呢。这一年的10月1号，大家都在庆祝国庆这个欢喜的日子，巧儿也一样，不过她的方式比较特别，她和小朋友们决定用一个火柴棍游戏来纪念这一次的纪念日。

用火柴棍将1988摆出来，你将会发现，在其中添加几个运算符号（如图所示），只要移动其中的2根火柴棍，就可以使这4个数字之和为39。不过，这个游戏似乎没有巧儿想象中的那么简单呢。你看看，都已经过去半小时了，小朋友们还是没有找到答案。呵呵，这一次，巧儿可算是搬起石头砸自己的脚了。

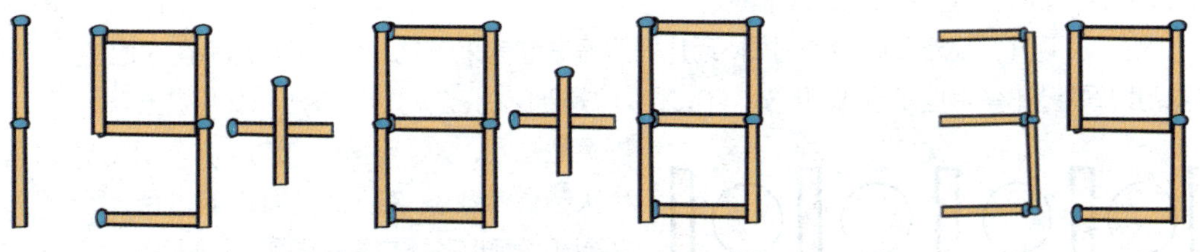

Q 但是，聪明的你一定不会被难倒，此刻是不是已经有了结果了呢？

024 最奇怪的火柴棍游戏

越古老的地方，就越会有一些有趣的人，越和这种人交往，你就越能够认识不同的世界。巧儿最喜欢去爷爷家玩的最主要的原因之一，就是因为在这个看起来偏僻的小地方，其实有很多厉害的老人呢。

在爸爸和叔叔身上，巧儿学到的是很普通的火柴棍游戏的知识，但是，在爷爷那里的一位老爷爷身上，巧儿却见识到了用诗来玩游戏的方式。那一天，巧儿偶然在小路上遇见这位在树荫下休息的老爷爷，他把巧儿喊到身边去，然后用点烟的火柴棍在身边摆了这样的一个图案：

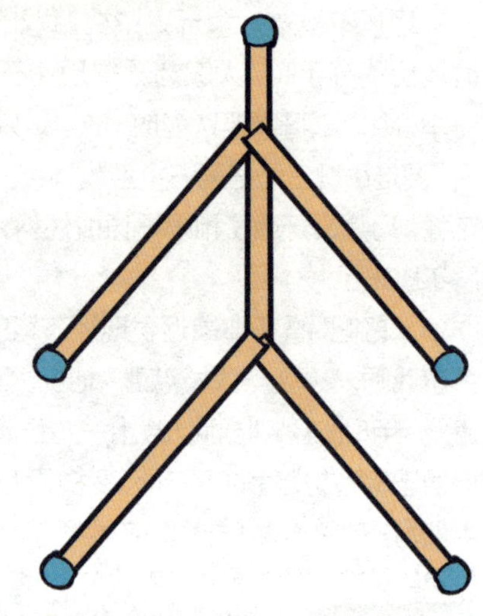

图形完成之后，巧儿听见老爷爷自言自语地说："5根火柴成一人，志在四方去远行。移动两根成一舟，乘风破浪向前进。"老爷爷说完就走了，巧儿一时也不知道是什么意思。回去之后，巧儿把这一次的遭遇说给爷爷听，爷爷告诉他，那位老爷爷其实就是村长，他正在和巧儿玩一个火柴棍游戏呢。不过，也许是巧儿太笨了吧，所以老爷爷才走的，因为到现在，巧儿还是没有想到答案呢。

025 巧搭地名

最近，巧儿对中国地图和世界地图非常感兴趣，她每天下午放学回家，都待在爸爸的书房里，研究有趣的国家名和地名。巧儿是个非常专心的孩子，如果她对什么感兴趣了，那就是不吃饭、不喝水也要研究到底。巧儿妈常说，巧儿要是什么时候对读书感兴趣就好了，她可就一点儿都不用操心了。嘿嘿，所有的妈妈应该都是这么想的吧。

这一天，巧儿又忘记了吃饭的时间，巧儿妈只好进书房来喊她。她看见巧儿趴在大地图上，兴致勃勃地看着，不禁有些不忍心打扰她。不过，饭总是要吃的，总得想个办法把女儿哄出去呀。巧儿妈突然想到，能够转移巧儿注意力的办法，就只有用火柴棍游戏了。她在巧儿旁边的地面上用5根火柴棍和12颗棋子摆成了左图所示的图案：

"乖女儿，看看这个，你研究了这么长时间的世界地图，是时候考考你了。移动这里面的2颗棋子和2根火柴棍，你就可以得到一个世界地名。试试看吧！"

026 搭梯形

“一组对边平行但不相等，另一组对边相等但不平行的四边形，就是我们今天要讲的等腰梯形。”数学课一开始，老师就介绍了今天要讲的内容，巧儿赶快在笔记本上记下来。不过，说到梯形，她其实一点儿都不陌生的，玩火柴棍游戏的时候就经常会涉及到。昨晚还在小瑞哥哥家玩了一个搭梯形的游戏呢。

小瑞哥哥用5根火柴棍在桌子上摆了一个右图所示的等腰梯形。

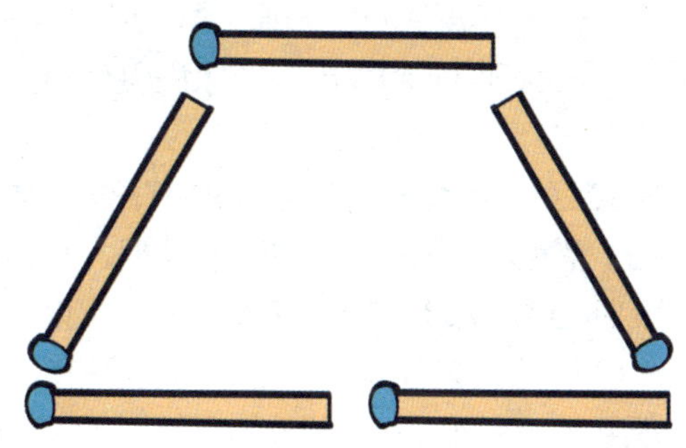

“这么简单，给我5根火柴棍，我也能摆一个比这个更好看的等腰梯形。”巧儿看着小瑞哥哥摆完图形，然后笑嘻嘻地说。小瑞哥哥也笑了，他真的给了巧儿火柴棍，但是不是5根，而是30根。要求摆成的等腰梯形当然也不止一个，而是9个和图中的梯形大小一样的等腰梯形。

Q 巧儿终于意识到自己说错话了，不过现在反悔也来不及了，小瑞哥哥是不会让说大话的她有反悔的机会的。那么，巧儿现在应该怎么运用手中的30根火柴棍呢？

027 搭菱形

巧儿在小瑞哥哥那儿玩了一次搭图形的火柴棍游戏之后，突然发现以前和小朋友们很少玩此类游戏。这可不行，身为火柴棍游戏的高手，怎么能有领域没有涉及到呢？于是，巧儿决定和伙伴们办一次搭图形的游戏聚会，每个人准备一个相关的游戏，周末的时候在巧儿家集中。

最开始玩的当然是作为东道主巧儿的游戏啦。她也不客气，二话不说，拿起火柴棍就在游戏桌上摆了下图所示的图案。

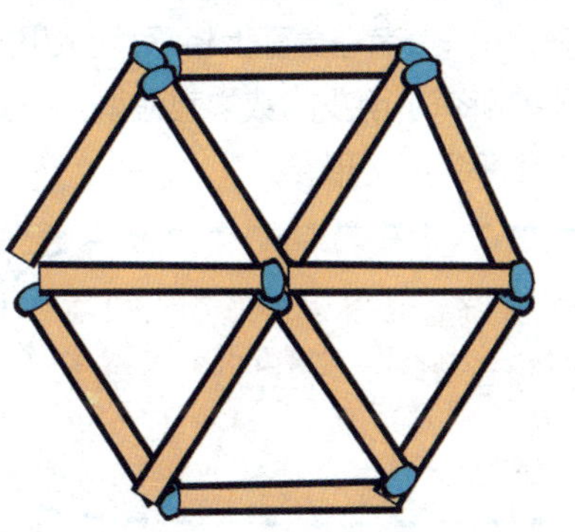

Q 这是由12根火柴棍摆成的正六边形，移动其中的3根火柴棍，就可以使正六边形变成4个菱形。从正六边形变成菱形？这两个看起来完全不一样的图形，能够搭成功吗？谁知道呢，也许你能告诉大家结果哦。

028 搭正方形

作为巧儿的劲敌，琪琪怎么会错过这样的机会呢？因此，巧儿的游戏刚介绍完，琪琪就迫不及待地要展示自己的游戏。不过，大家及时制止了琪琪，因为巧儿游戏的答案大家还不知道呢，除非琪琪能找到答案。

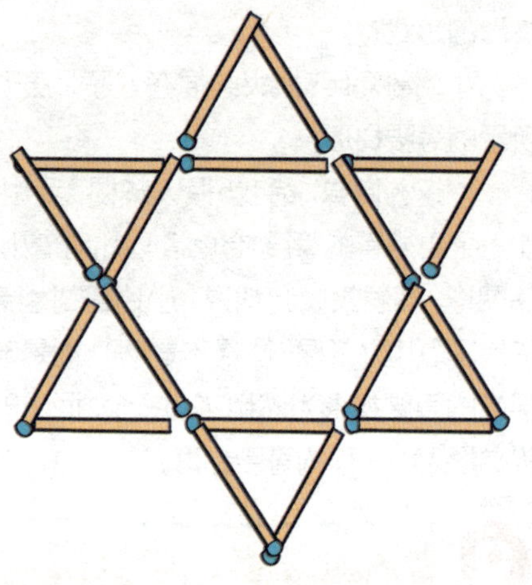

“这有什么难！”琪琪自信地说。她认真地开始解题。很快，琪琪就找到了正确答案，搭出了菱形。她高兴极了，马上在桌面上摆出了一个和巧儿完全不一样的图形：

“这是一个五芒星的符号，由17根火柴棍组成的。现在，需要大家移动其中的6根火柴棍，从而搭出6个相等的四边形。嘿嘿，做不出来我这题，你们也别想进入下一个游戏。”琪琪显然很得意，她对自己的游戏可是非常有把握的，短时间之间，绝对不会有人找出答案。果然，时间在流逝，大家还是不知道从哪里下手。你来帮帮大家吧。

029 搭平行四边形

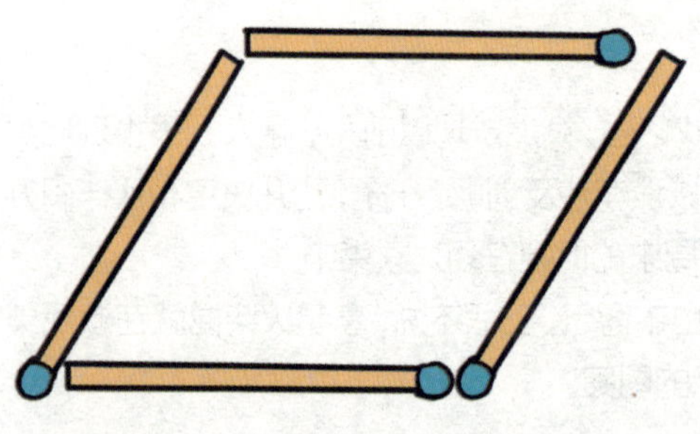

在玩这个游戏之前，有一个概念需要向大家解释一下，那就是平行四边形。什么样的四边形叫做平行四边形呢？平行四边形是指在同一平面内，有两组对边分别平行的四边形。就是说，这次要搭的图形相对的两边必须是平行并且相等的。

想出这个游戏的是平时数学不怎么好的薇薇，她动手能力不强，所以没有在桌面上将平行四边形摆出来。但在场的所有小朋友的数学都很好，大家一点儿都不在意。他们听见薇薇说：“请大家用12根火柴棍摆出6个平行四边形。”

Q 薇薇的游戏听起来实在是太简单了，但是做起来可就没有那么简单哦。想想看，一个平行四边形最少需要用4根火柴棍才能搭起来，6个平行四边形就是需要24根火柴棍，可是薇薇的要求是只能用12根火柴棍，应该怎么做呢？

030 翻跟头的火柴棍

巧儿妈在收拾东西的时候，翻到了一直以来收藏的巧儿的成绩单。巧儿妈重新看了一遍，突然发现一个有趣的评语，几乎所有班主任都说巧儿是假小子。仔细想想，巧儿还真和男孩子一样，她不喜欢穿裙子，也不和别的女孩儿一样爱打扮，还喜欢翻跟头，简直就是个男孩子嘛。

巧儿妈笑着把巧儿喊进房间，她突然想好好看一看女儿，可是，野小子的脾气哪有那么听话的？喊了一次，没来！再喊一次，还是没来！巧儿妈心里开始生气了，她冲进巧儿的房间，看见巧儿又在玩火柴棍游戏。这一次的游戏好像非常简单，就是让火柴棍翻跟头。有10根排成一行的火柴棍，5根头朝上，5根头朝下，如下图。

2根火柴棍连在一起移动，连续移动5次，你能不能让头朝上和头朝下的火柴棍彼此间隔开来呢？巧儿就是因为太专心思考，所以没听见妈妈叫她，直到妈妈动手移动火柴棍，她才一下子坐起来，对着妈妈做了一个鬼脸。

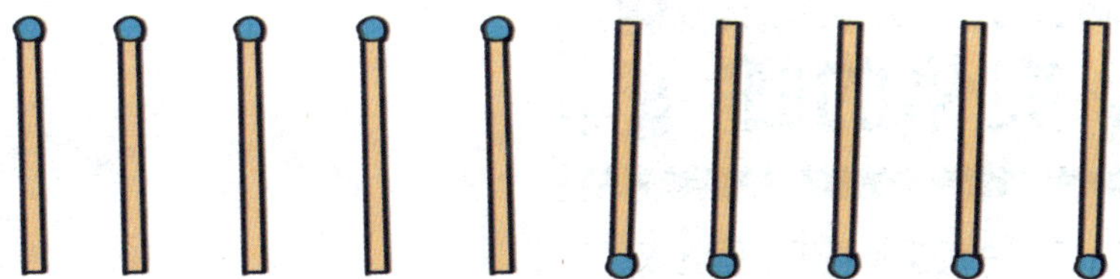

031 火柴棍的移魂大法

巧儿妈是一个非常注重抓住机会教育女儿的妈妈，她无意中完成了火柴棍的转移之后，就想借这类的游戏教巧儿一些技巧。所以，她在巧儿旁边的椅子上坐下来，忘记了她原来要做的事情了。

受上一个游戏的启发，巧儿妈想到以前，她和巧儿爸爸一起玩过的一个火柴棍游戏。她从火柴盒中拿出8根火柴棍，4根头朝上，4根头朝下排列，中间留一个空隙，下图所示：

“女儿，移动这些火柴棍，使头朝上的火柴棍和头朝下的火柴棍调换位置。但是，在移动火柴棍的过程中，要注意每一个位置只能放一根火柴棍，而且火柴棍只能移动到相邻或者间隔一根火柴棍的位置上。不过，因为你是我的乖女儿，妈妈特意为你再加一个条件，从头朝下的火柴棍开始移动。好了，开始吧！”巧儿妈说得真轻松，但是可把巧儿给难坏了。

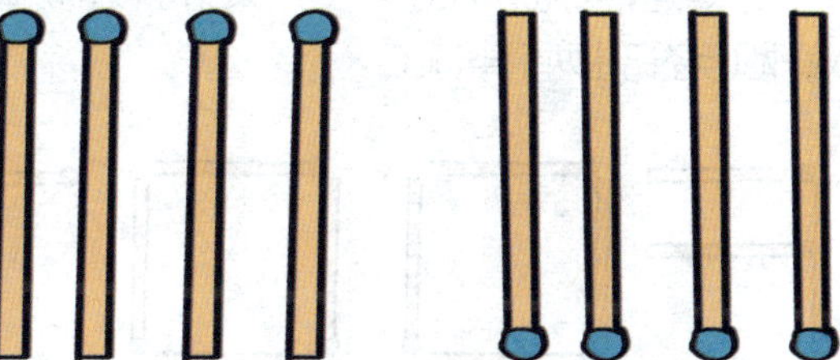

032 插火柴

每次和小朋友们去书店，巧儿总喜欢到书架旁边看她最喜欢的《爱丽丝漫游仙境》。据爸爸说，这本书是一个笔名叫路易斯·卡洛尔的英国教授写的，他还写了同样著名的《爱丽丝镜中游记》，这两本课外书都是巧儿的最爱。

除了这两本书，巧儿还非常喜欢玩这位教授发明的一个有趣的火柴棍游戏。这位教授曾经将10根火柴棍按照下图所示的方式插在沙土中：

然后，教授对他的学生说，移动上排的3根火柴棍和下排的1根火柴棍，从而使沙土中形成5条直线，且每一条直线上火柴棍的数量都是4根。刚开始接触这个游戏的时候，巧儿也用了很长时间才找到答案。但是，现在回过头来看，这个游戏其实很简单的。

033 变化的脚

终于放学了，巧儿一脸没精打采地回到家。

“哟，乖女儿，今天怎么这么没精神？早上去学校的时候不是还好好的吗？”巧儿妈从厨房探出头问。巧儿把书包放在客厅，然后挤进家里的小厨房，抱着妈妈的腿撒娇道：“人家不想去学校了，妈妈你在家教我吧！”

“傻孩子，说什么傻话呢？哪有学生不去学校的！是不是在学校遇到什么困难了？有人欺负你？”巧儿妈问。

“没有，就是英语太难学了，那些奇怪的英语单词我怎么也记不住！”巧儿抱怨道。

“刚开始学习一门新语言，大家都一样！乖女儿，你不是喜欢玩火柴棍游戏吗？干吗不把学习和游戏结合起来呢？那样就能增强你的记忆力，有助于学习英语了！”

“怎么结合呀？”巧儿不是很理解巧儿妈说的话。

“咱们现在就来玩一个游戏。你看，这是由13根火柴棍摆成的英语单词foot（脚），移动其中1根火柴棍，就会让它变成另外一个单词！你来试试！”巧儿妈一边说一边在地板上用火柴棍摆好单词。巧儿认真观察了一下“foot”，发现移动1根火柴棍确实能够让它变成另外一个单词。

“妈妈，我知道你的意思了，采用游戏的方法来记单词，是吧？”巧儿高兴地说，通过这个游戏，她已经记住两个单词了。

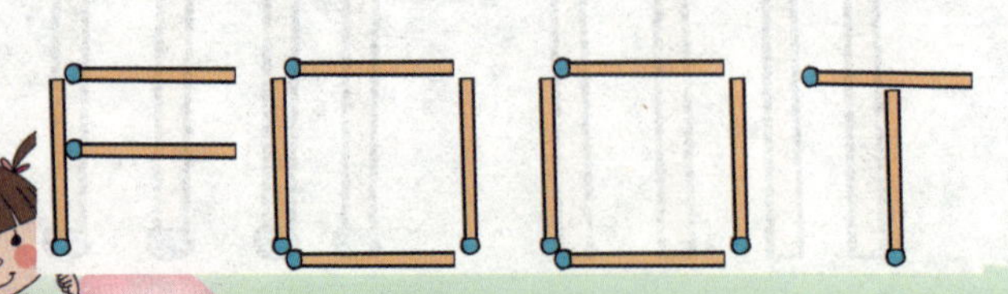

“还是我女儿聪明！”巧儿妈也高兴地笑着说道。对于学习英语，你是不是有像巧儿一样的烦恼呢？那么不妨也采取游戏的方法来帮助自己记忆吧！

034 狐狸变形记

上周，巧儿妈已经教了巧儿一个熟记单词的捷径，她发现将单词和火柴棍游戏结合的方法真的能帮助她记牢更多的单词。因此，她想把这种方法介绍给班上其他的小朋友，但在此之前，一定要让他们相信这个办法是有用的。巧儿决定和他们玩一个火柴棍游戏，她把平时要好的几个小朋友召集起来，在桌面上用12根火柴棍摆了一个英文单词“fox”，这个单词是“狐狸”的意思。

“大家看好，移动里面的3根火柴棍，就可以完成狐狸的变形，将它变成另外一个动物的名字！”

“真的假的？我可不相信！”火柴棍游戏十分不在行，但英文成绩最好的薇薇首先发出质疑。

“当然是真的！这个办法是我妈妈教我的，它可以帮助我们记住更多的单词，比如这个游戏，就能一下子让我们记住两个英语单词，不是很好吗？”巧儿解释说。

“可是，怎么移动火柴棍呢？它会变成哪个动物？”航航问。

“这个就需要大家来寻找答案了，如果我告诉你们答案是什么，那就不能增强你们的记忆了。”巧儿呵呵笑着说。大家纷纷觉得巧儿说得有道理，也不再强求她说出结果了，自己开始思考起来。

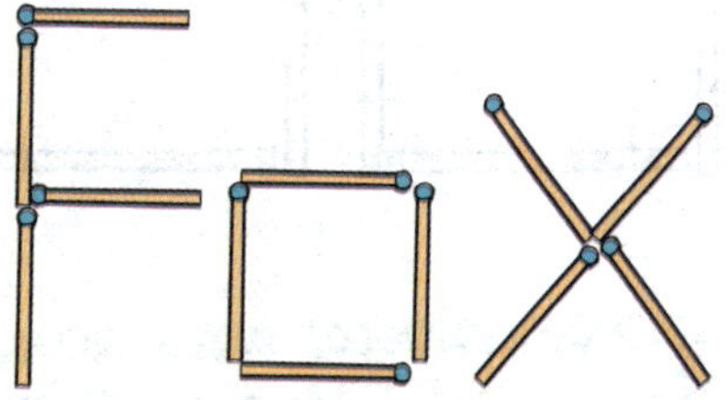

035 六角星的变化

一转眼巧儿有大半年没见到舅舅了，那个总是笑嘻嘻陪自己玩游戏的舅舅居然这么长时间没来看她，难道舅舅一点儿都不想她吗？好吧，既然舅舅没有时间过来，巧儿决定自己去找他。说起来，自己也有很长时间没去看姥姥和姥爷了。于是，周末的时候，巧儿一个人去了姥姥家。

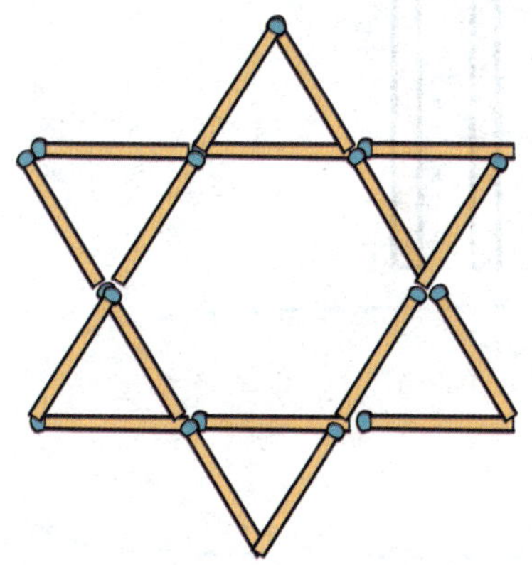

刚坐上车，巧儿就发现自己忘记做一件最重要的事了，她忘了打电话通知舅舅去车站接她，她还不知道从车站怎么去姥姥家呢。不过，她刚下车，就被一双大手抱起来了，原来妈妈早就给舅舅打电话了。知道巧儿会来，舅舅还精心准备了好几个火柴棍游戏呢。

舅舅用12根火柴棍摆成了一个六角星的形状，它有6行，每一行有3根火柴棍，如左图所示。

“小丫头，移动其中的4根火柴棍，使它变成一个另外的图形，但要保持6行，并且每一行的火柴棍数目都是3。”

036 用得少，搭得好

巧儿最近听说了一个很新鲜的词“月光美少女”，这是什么意思呢？说的是每个月才刚刚开始，女孩子们就把零花钱都花光了。巧儿正好就是“美少女”之中的一员，因此，她恨不得自己的每一分钱都能当做两分钱用。不过，也正因为零花钱不够，才让巧儿明白一个道理：用得最少，买到最好的消费方式，才是最正确的。

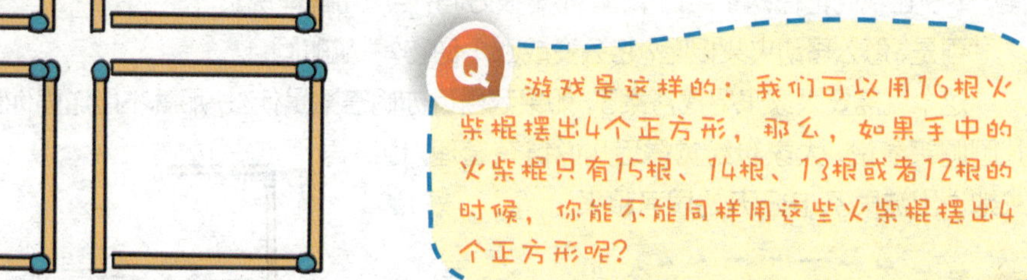

说到这里，就不得不提巧儿上次和小朋友们玩过的火柴棍游戏了，这个游戏的名字刚好就叫“用得少，搭得好”。

Q 游戏是这样的：我们可以用16根火柴棍摆出4个正方形，那么，如果手中的火柴棍只有15根、14根、13根或者12根的时候，你能不能同样用这些火柴棍摆出4个正方形呢？

037 成双成对

在我们还不是很熟悉的深海，有一种非常恩爱的鱼，叫比目鱼，它们总是成双成对地出现，两条鱼之间的感情非常好。那么，你知不知道，火柴棍也有成双成对的哦，不过，这需要你的帮忙才行。

巧儿从盒子里拿出10根火柴棍，按照一定顺序排列好，并且还给它们逐个编上了号，如下图所示：

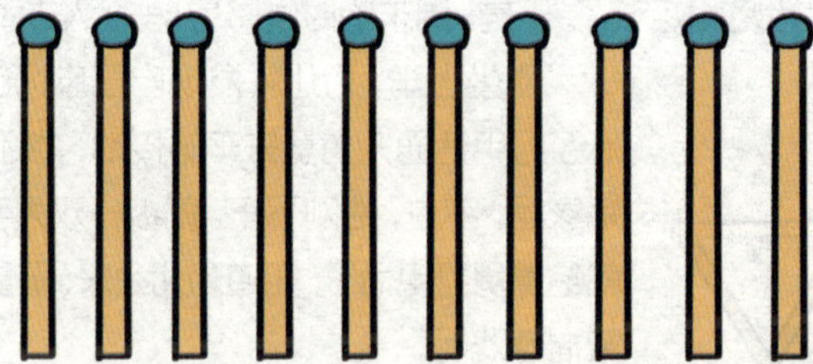

Q 请把这10根火柴棍两两组合在一起，但需要按照一定的要求：每根火柴棍必须和它隔开两根火柴棍之后的火柴组合在一起，比如，能和第一根火柴棍成双成对的，就只有第四根火柴棍。你知道怎么组合了吗？

038 房子变窗子

“我有一所房子，面朝大海，春暖花开！”这是巧儿最喜欢的诗人，海子写的诗，每次读到这句诗的时候，巧儿仿佛就会看见一所面朝大海的房子，她赤着双脚站在夕阳斜照的沙滩上。哇，这样的场景简直是太漂亮了！

“可是，在海边要怎么造房子呢？海浪一来，不就把你的房子冲走了吗？”亮亮在一边扫兴地说，打断了巧儿的白日梦。巧儿白了亮亮一眼，说：“亮亮，你真讨厌！别说别人了，游戏玩得怎么样了？”

亮亮睁大眼睛盯着桌子上巧儿摆出来的房子：

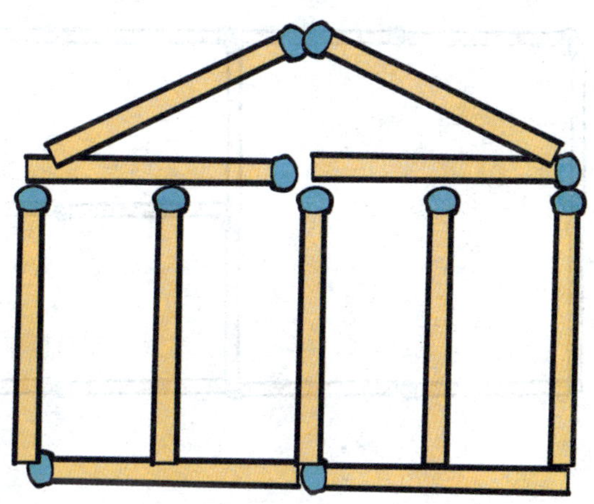

Q “我只听说过移动火柴棍让房子的朝向改变的，还没有听说过可以让房子变成窗户的。巧儿，你这个游戏是不是要我的？”亮亮很怀疑地问。

“当然不是，我已经玩过了，一定可以的，是你太笨了。”巧儿笑呵呵地说。

039 火车掉头

上周亮亮生日，巧儿送了他一个玩具火车，因此每天放学后，小朋友们都到亮亮家玩火车，大家已经很长时间没有玩火柴游戏了，巧儿觉得这不是一个好现象。于是，今天在开始玩火车之前，巧儿建议大家先玩一个关于火车的火柴棍游戏。游戏是这样的：用29根火柴棍拼出一辆火车的形状，下图所示。

Q 移动其中的7根火柴棍，就可以让火车掉头，你知道应该怎么移动吗？

040 换年份

第一次英语考试，巧儿的成绩是59分，离及格只差一分了，可是老师还是没有让她及格。这样的分数让巧儿妈看到，巧儿晚上的晚饭就别吃了。唯一的办法，就是让爸爸帮自己说说好话吧。于是，巧儿先把英语试卷给爸爸看了，看完之后，巧儿爸笑着说，帮忙说好话没问题，但要陪他玩一个游戏才行。现在的巧儿可没什么讲条件的权利，她马上答应了爸爸的要求。

巧儿爸用火柴棍摆了下图所示的图形。

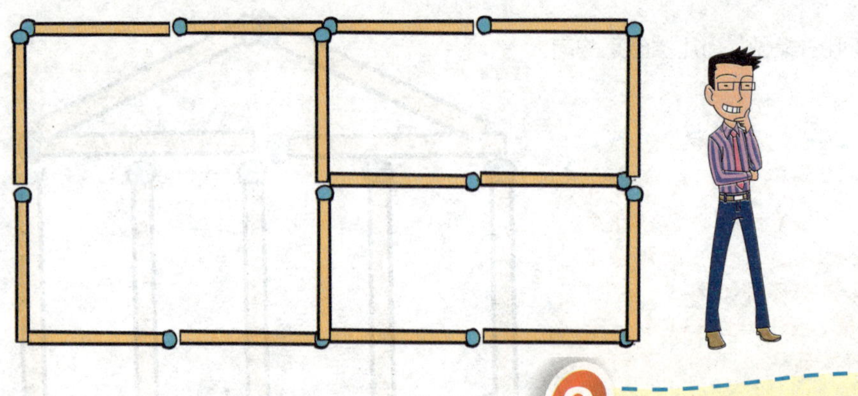

Q 他让巧儿移动其中的3根火柴棍，从而使这个图形变成年份1991。大家猜猜看，巧儿能做到吗？

041 8根火柴棍的用法

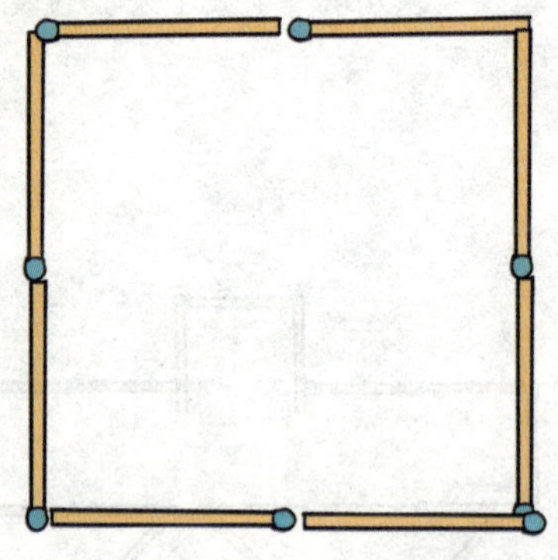

上学之前，巧儿都会检查一下自己书包里面的火柴盒，她要先确定里面有多少根火柴棍，然后再决定和小朋友们玩什么样的游戏。这一天，她打开火柴盒发现，里面已经只剩下8根火柴棍了，能玩什么游戏呢？这可难不倒巧儿。

课间休息的时候，巧儿将8根火柴棍全部拿出来，放在桌面上，然后对小伙伴们说："现在只有8根火柴棍了，但是，用这8根火柴棍，可以搭出含有1个、2个、3个、4个、5个、6个、7个以及14个正方形的图形。大家轮流排，看谁能在最短时间内搭出最多的正方形吧。"

答　案

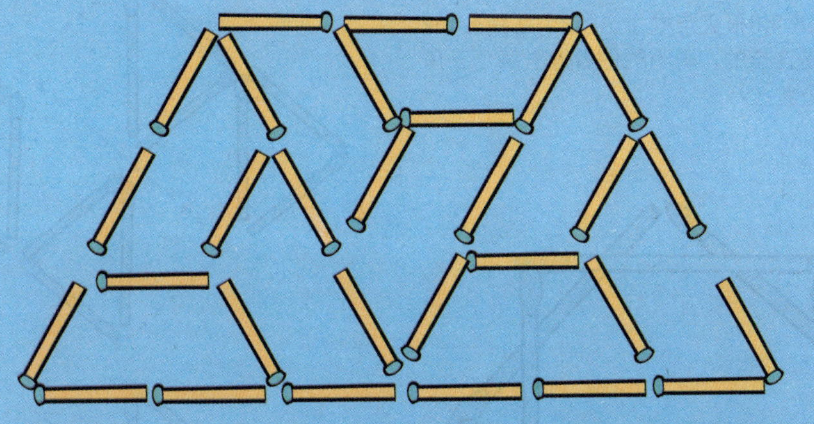

第一章 视觉大发现

001 谁是一家人

答案 巧儿的答案不准确。

分析 这个图形里有1个大的正方形和4个小正方形，一共有5个正方形；
有4个大三角形，4个中三角形和8个小三角形，一共是16个三角形。
正方形和正方形是一家人，三角形和三角形是一家人。你找到了么？

002 数正方形

答案 答案是18个。

分析 原来在每4个小正方形组成的图形中还可以找到大的正方形哦。细心的你找出来了没有呢？

003 摆三角形

答案 巧儿用8根火柴棍拼出的8个三角形和2个正方形是这样的，聪明的你看得出每个三角形在什么位置么？

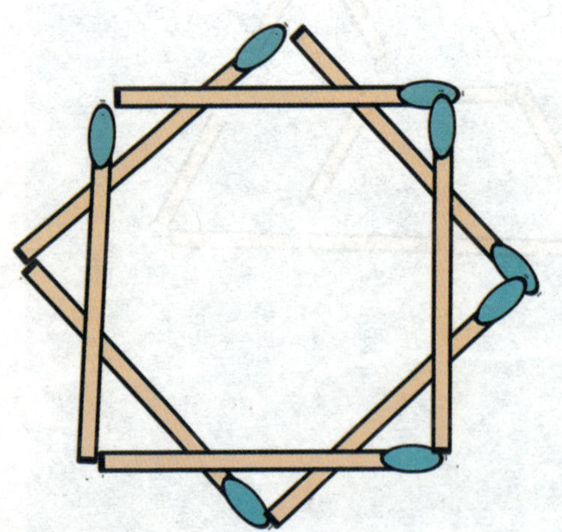

004 变换图形

答案 将虚线处火柴棍按照箭头的指向，移到箭头的位置即可。具体如下图。你试过了吗？

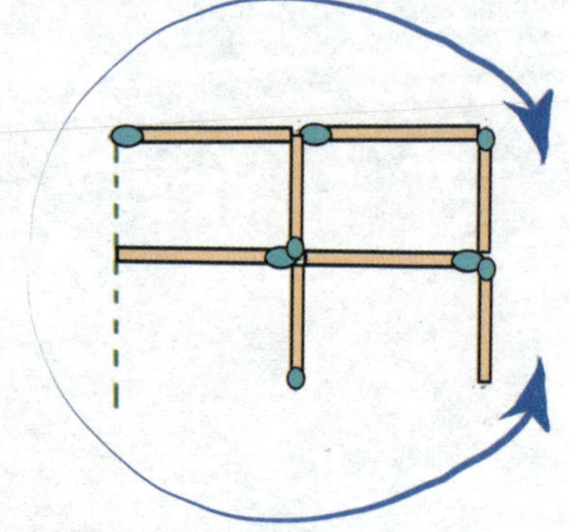

005 巧变三角形

答案 拿去虚线的部分，剩下的就是相等的4个等边三角形。

分析 聪明的小朋友们，你一定也已经找到了答案。在这类游戏中只要开动脑筋多一定会有收获！

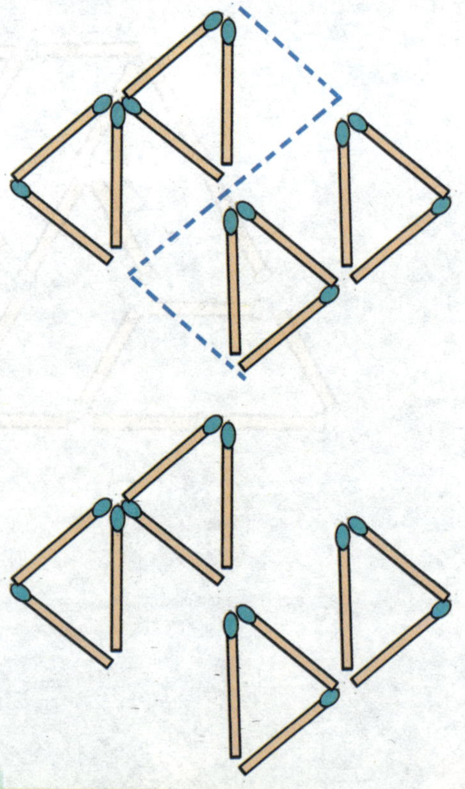

006 巧变正方形

答案 巧儿拿过2根之后就是下面的图形。

分析 答案不唯一，自己再想想吧！

007 鱼骨头变多边形

分析 你也动动手吧！

答案 挪动后的图形是：

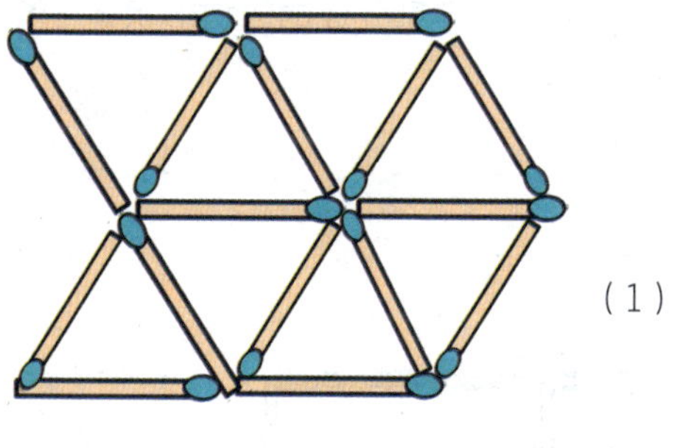

（1）

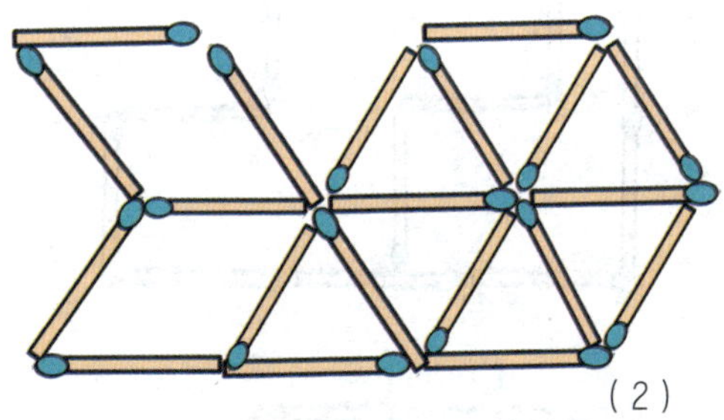

（2）

008 W变三角形

分析 其中带圆圈的部分就是三角形，大家一起数一数是不是有9个呢？

虽然过了几天巧儿才想出答案，但是她的学习精神确实值得我们学习呀！

答案 巧儿拼出的图形是：

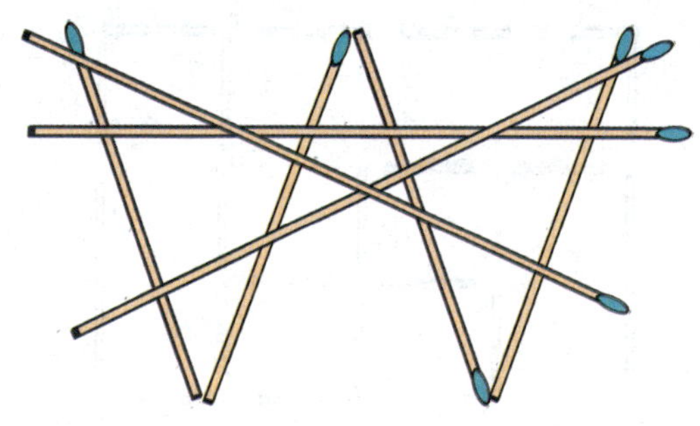

009 分身有术

答案 只要自己动动小手是不是很快就能拼成呢？

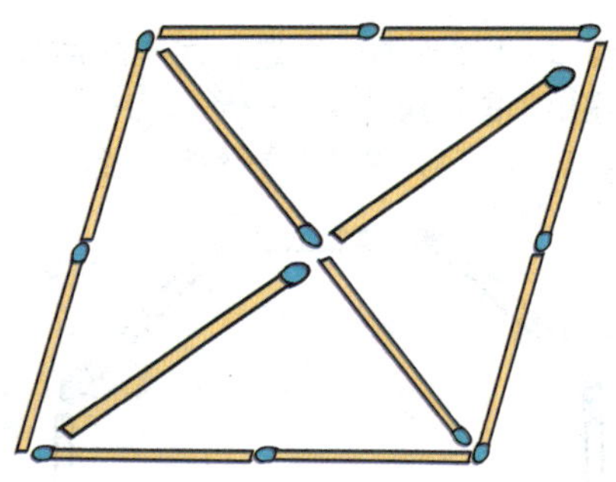

010 平分菜园

分析 画折线的部分是平分菜园的火柴，小朋友们都拼好了吗？

答案 下面是王子航同学拼出的图形。

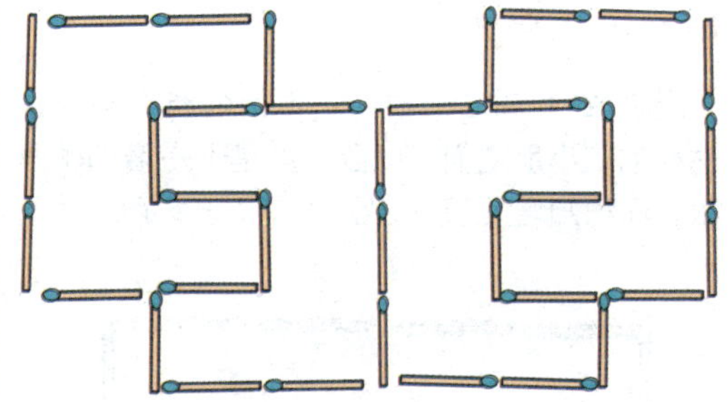

011 移形换位

分析 同学们能找到答案么？

答案 带虚线的部分是移动火柴棍的位置。

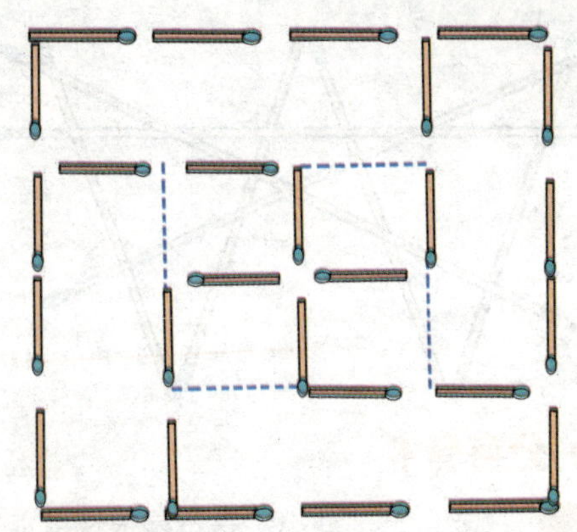

012 谁最大

答案 巧儿发现的规律是，同样的周长的火柴根摆出的图形越是接近圆形，它的面积就越大。如下图：巧儿拼的正是这个图形。

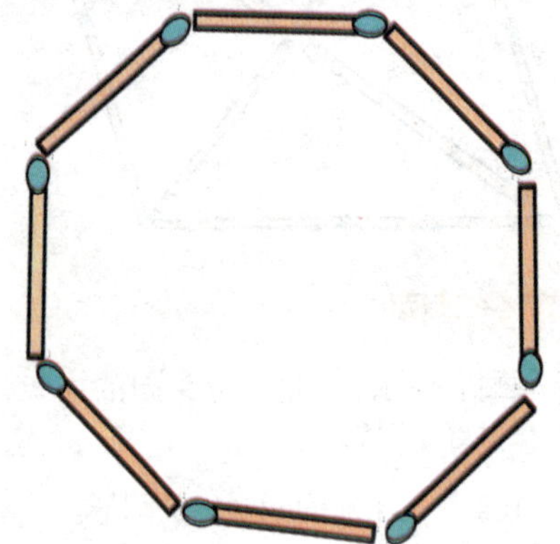

013 以小搏大

答案 巧儿和同学们一起拼出的两个图形是这样的，小朋友们可以数一数是不是增加了两根，面积却增大了一倍呢！

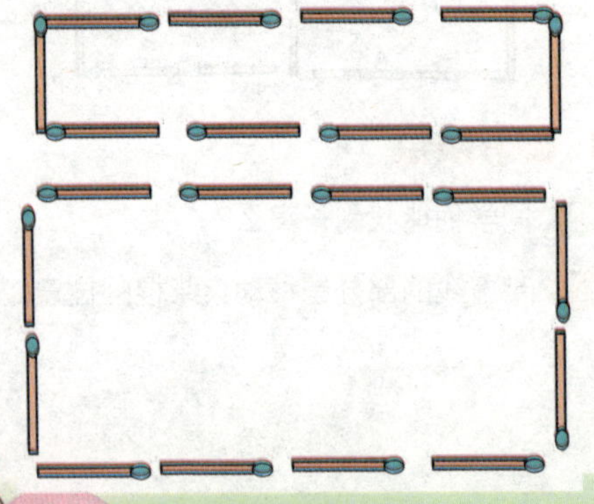

014 大小不变

答案 小朋友们要记住，在周长是四边形的图形当中，正方形的面积是最大的。这个图形虽然增加了周长，但是面积却依然相等。

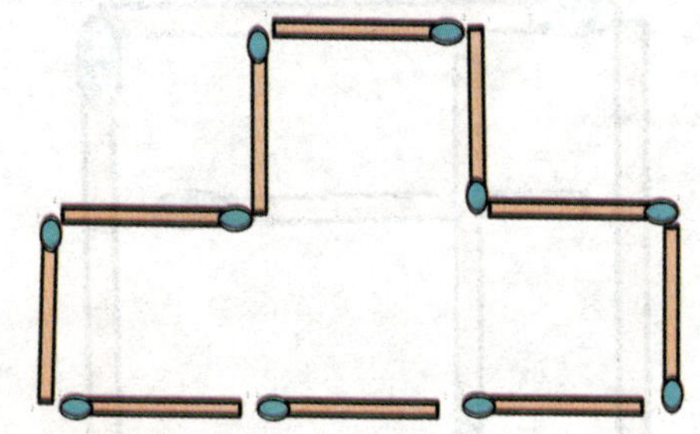

015 面积分一分

答案 （1）具体做法应该分成两步：如图，先在左边摆一根火柴（虚线处），从该火柴的顶端A与下面三根火柴的前两根之间B连线，交上边火柴与C点，从此处连摆三根火柴，（如图1所示），再连CD交底边于E，从E再连摆两根火柴即可。（可见分成的三块形状是一样的）。

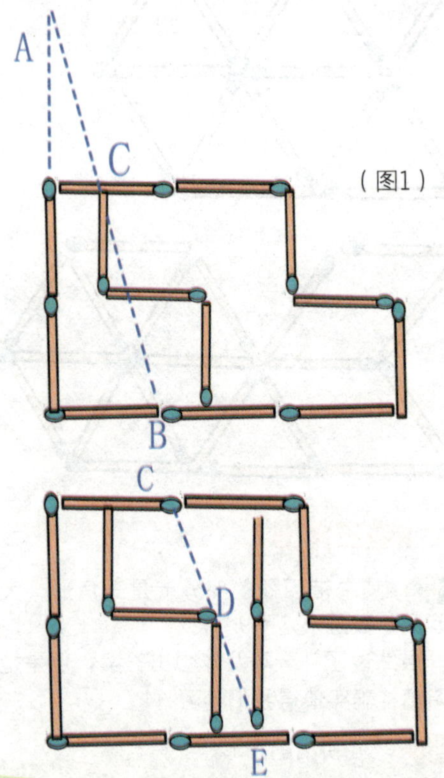

（图1）

答案 （2）如图所示，移动三根火柴棍后，原图形移去一个平行四边形，它的面积恰为原三角的一半。

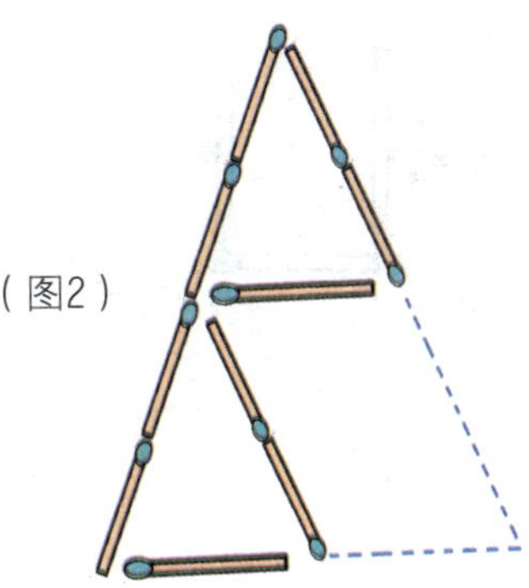

016 四边和五边

答案 见下图，若火柴长为单位1，则图（1）面积为 $S_1=4\times1.5=6$，$S_2=1\times2=2$。图(2)在虚线中可以看到答案。

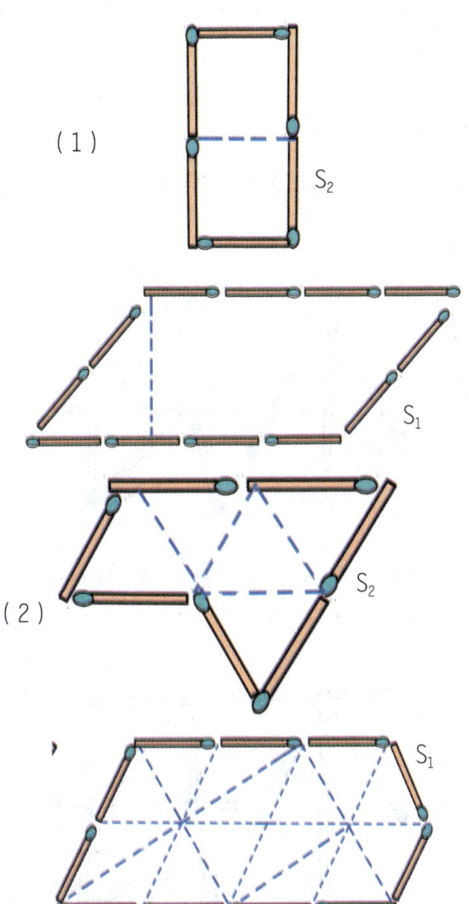

017 设计小果园（一）

答案 巧儿的设计如下图，大家都能拼出来么?

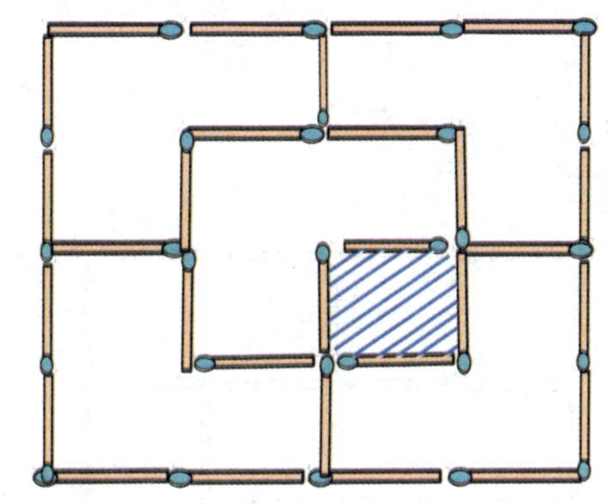

018 设计小果园（二）

答案 巧儿很快也完成了设计这两个果园的任务。

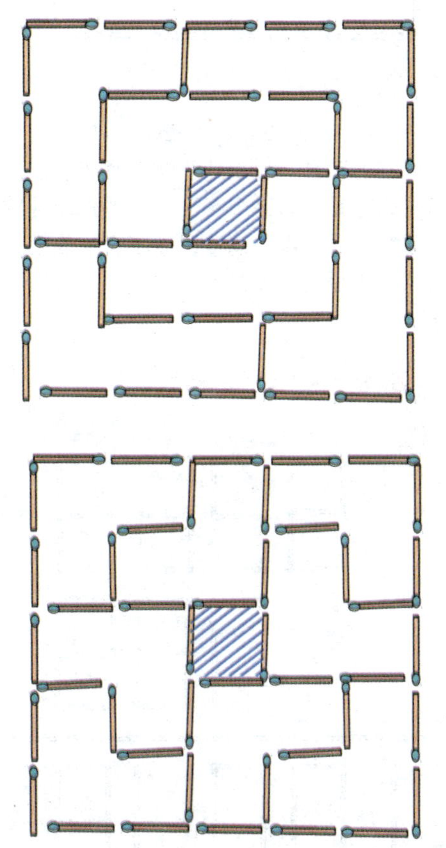

019 多一只长颈鹿

答案 移动长颈鹿腹部下方的两根火柴棒，让两根火柴棒相交的部分向下突出，这样看起来长颈鹿的腹部向外鼓出，就像是怀孕了一样，肚子里多了一头小长颈鹿来。

020 消失的正方形

答案

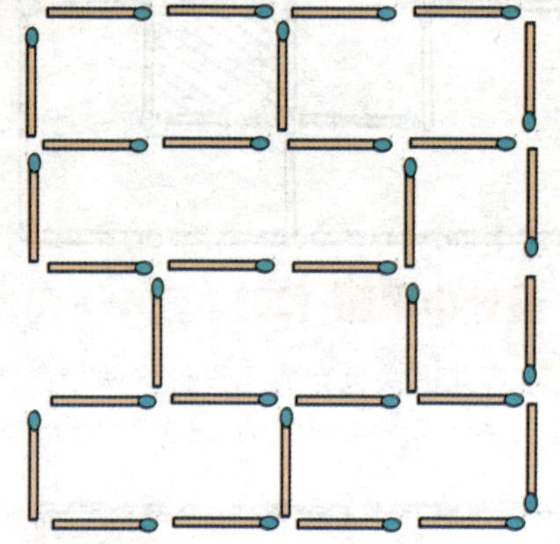

021 流动的竖线

答案 其实，这里不存在最长的竖线，所有的线段其实都是一样长的。这些线段看起来有长有短，这是因为这个图形流动的形态迷惑了你的眼睛。只要细心观察，就不会被表面现象所迷惑。小朋友们如果不信的话，可以亲手拿尺子量一下。

022 鸡鸭鹅的火柴游戏

答案

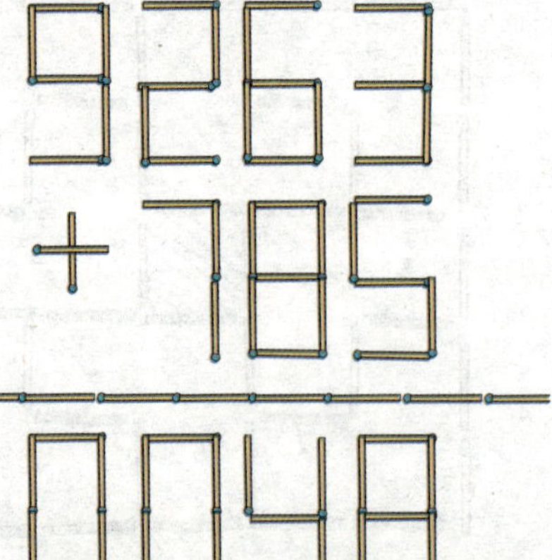

023 老爷爷的难题

答案

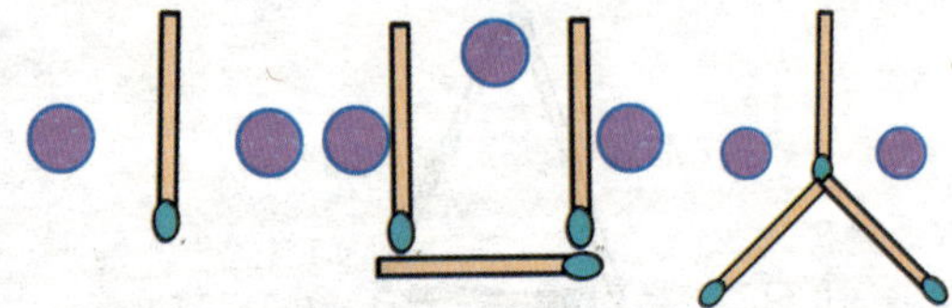

024 巧变花名

答案 最后变成的花名是白玉兰。

分析 按照这个思路，自己试着移动棋子和火柴棍吧。

025 奇怪的日本名

答案 移动2根火柴棍之后，变成的中药名是“川贝”。

026 小船变成的国家

答案 巧儿妈拼出的小舟如下图：

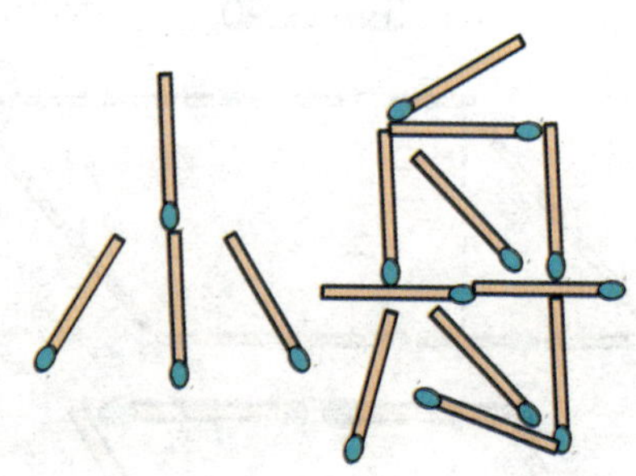

而移动火柴棍之后，就变成下图所示的国家名了。

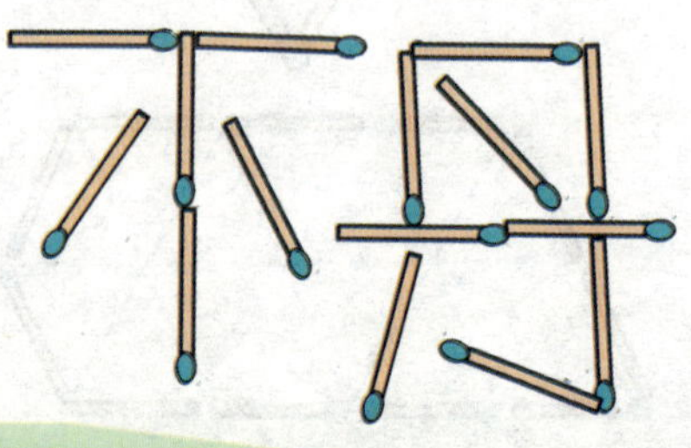

027 老爷爷的棒棋又回来了

答案

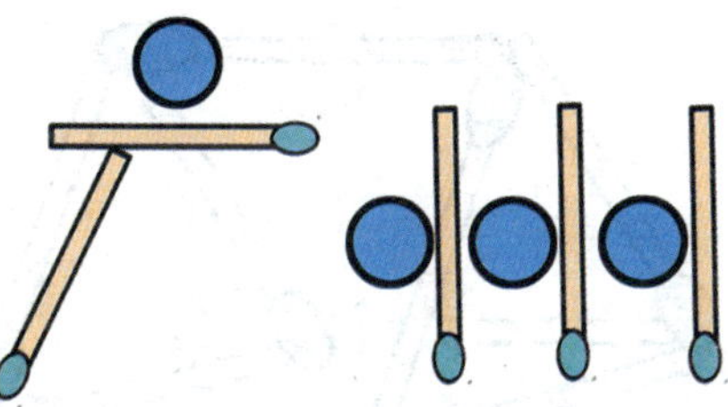

028 巧儿的反击

答案

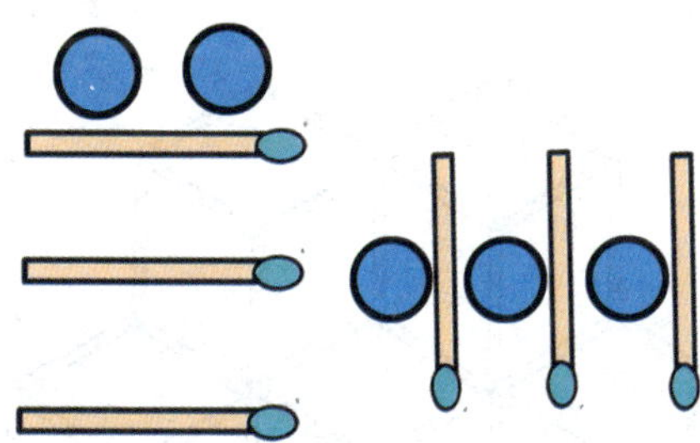

029大闹花果山

答案

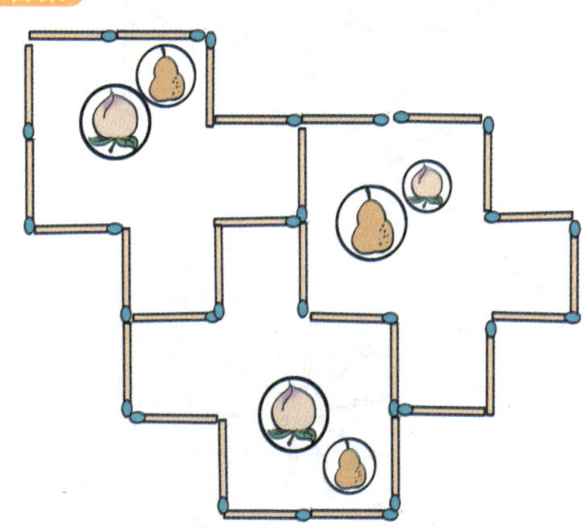

030等分“蝙蝠”

答案

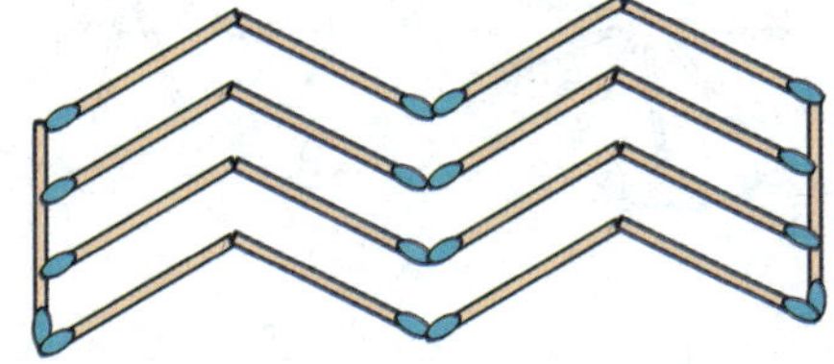

031 分梯田

答案

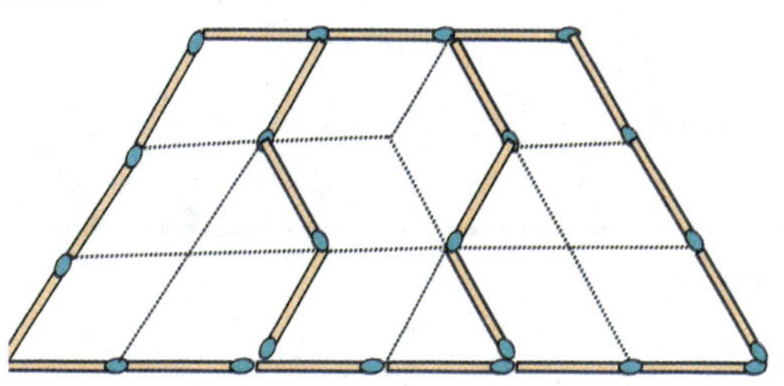

032 图形中的花

答案

033 三角形的连续变化

答案

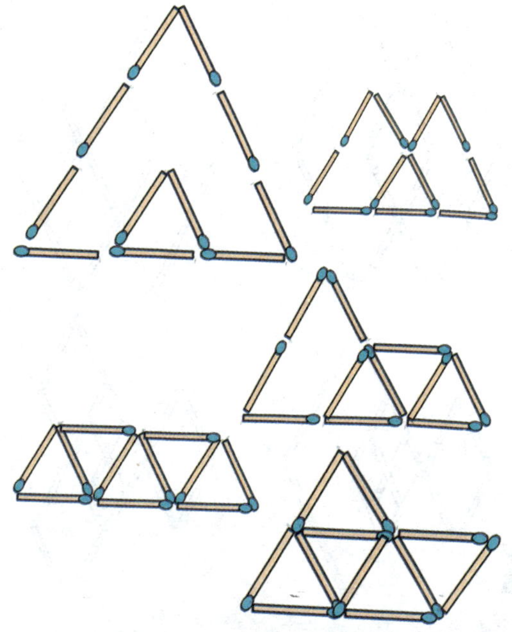

034 减少的三角形

答案

035 智减三角形

答案

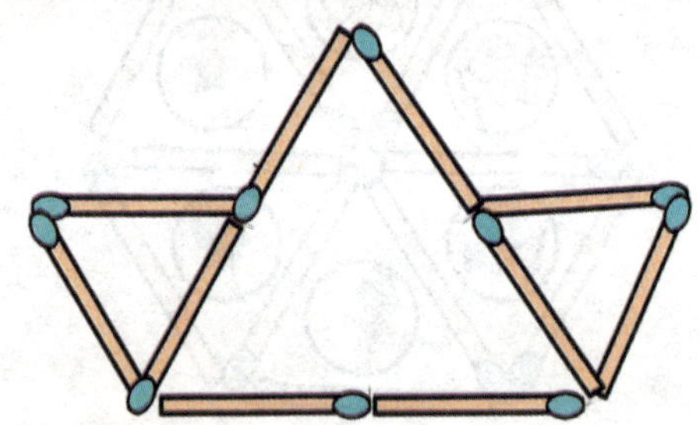

036 增加的菱形

答案

037 变不可能为可能吧

答案

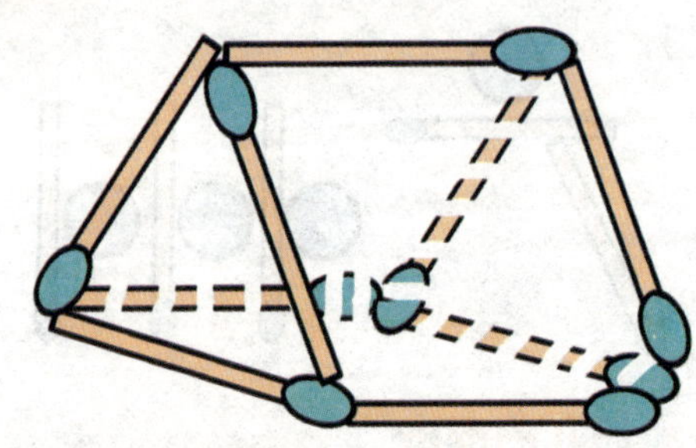

038 立方体的变化

答案

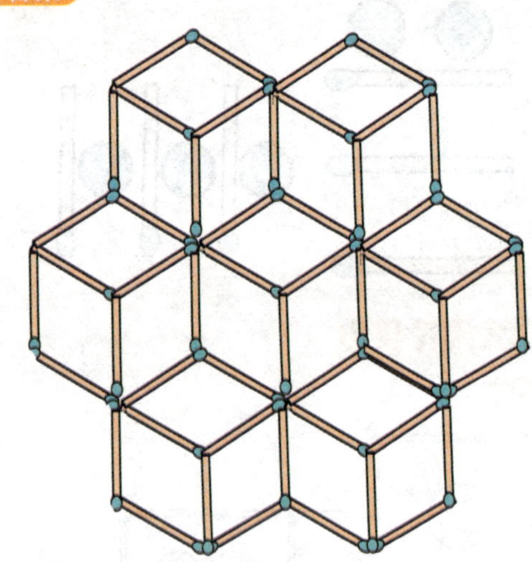

039 数火柴

答案

040 添加2根

答案

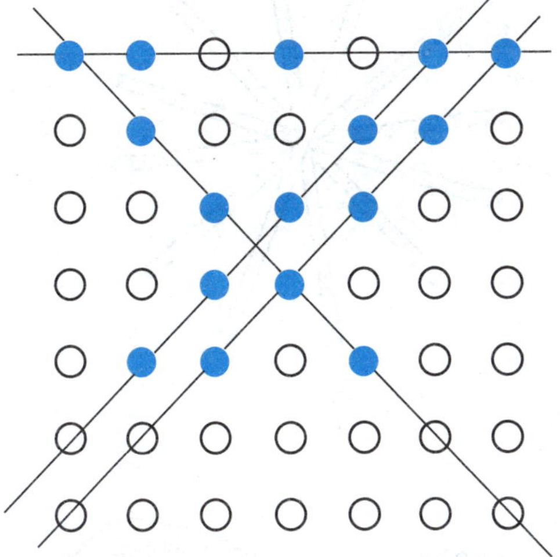

041 改错题

答案

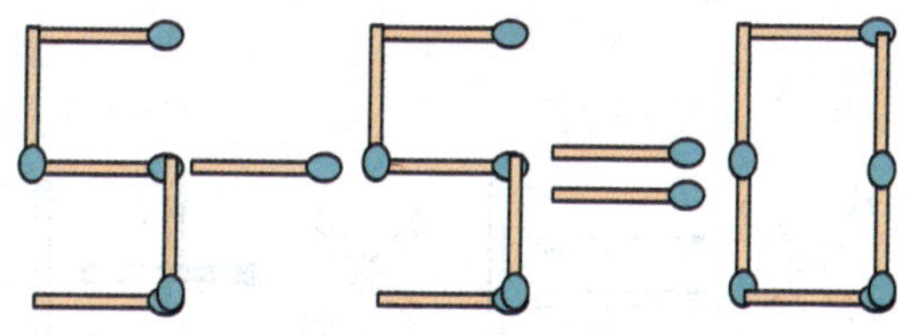

042 神奇的折线

答案

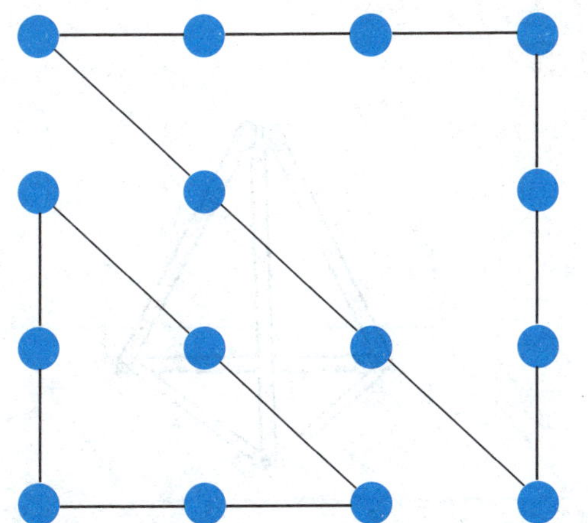

043 一起来数火柴棍吧

答案 从打叉的火柴棍开始数，就可以保证最后一根数到13的火柴棍是红头的火柴棍。

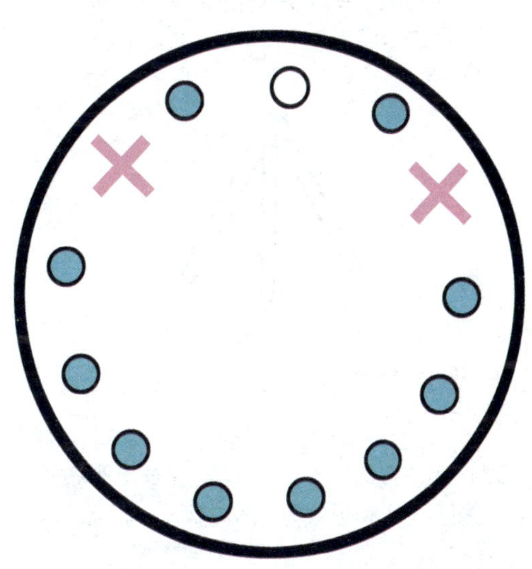

044 剩下哪一堆

答案 剩下的是20根火柴棍的那一堆哦。

分析 爸爸拿走的火柴堆分别是15根和18根的，而妈妈拿走的则是16根、19根和31根的。

045 每人有多少根火柴棍

答案 巧儿手中有22根，琪琪手中有24根，而薇薇手中有21根。你猜对了吗？

046 消失的三角形

答案

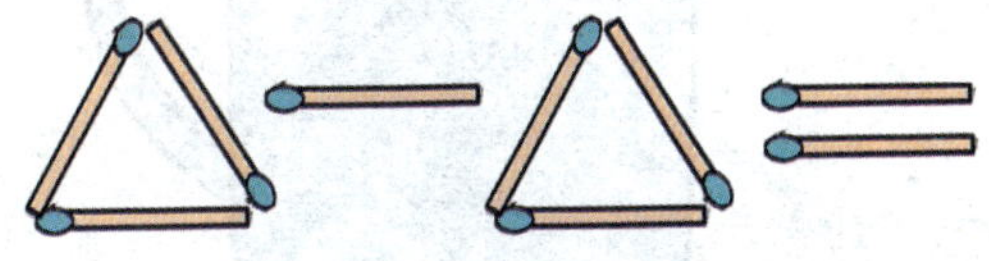

047 钓火柴

答案 小朋友不要因为"钓"字，就像等着火柴棍去咬钩，这里说的"钓"是一种形象说法，你只要引燃3根火柴棍，然后快速将它们熄灭，利用火柴头上硫黄的黏性，将火柴粘在一起。玩这个游戏时，一定注意安全。

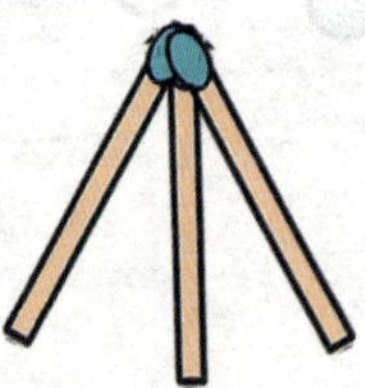

048 五边都相交

答案 这也是五边形？当然是，它可只有五条边。有一条边没有相交？试着画出那条边的延长线吧，它和虚线是相交的噢。

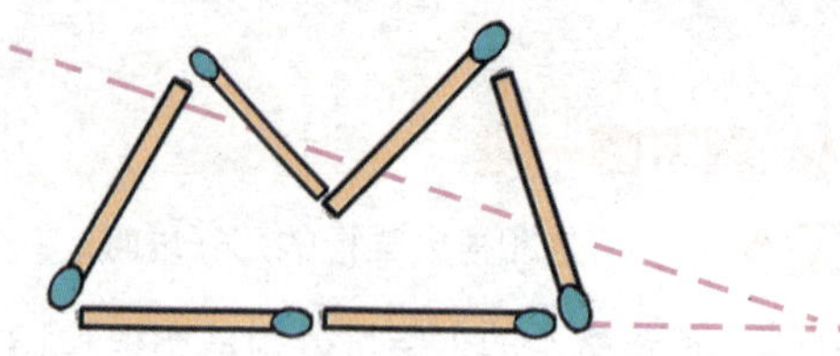

049 挂锁的杯子

答案 游戏中可没有说，不能将火柴棍弄断哦。如图，将1根火柴棍折断，支在另一根火柴棍和杯口的位置上，锁就可以被挂住了。

050 火柴们的接触

答案

051 火柴大力士

答案

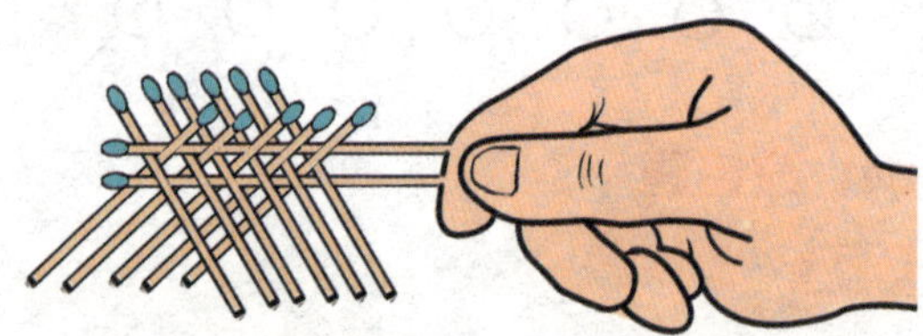

052 一根都不动

答案

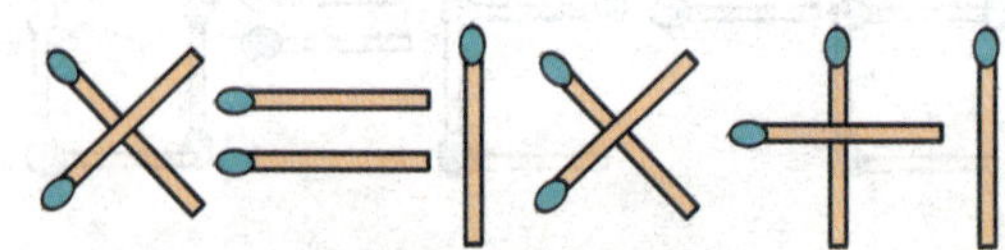

10=9+1

053 4个三角形

答案

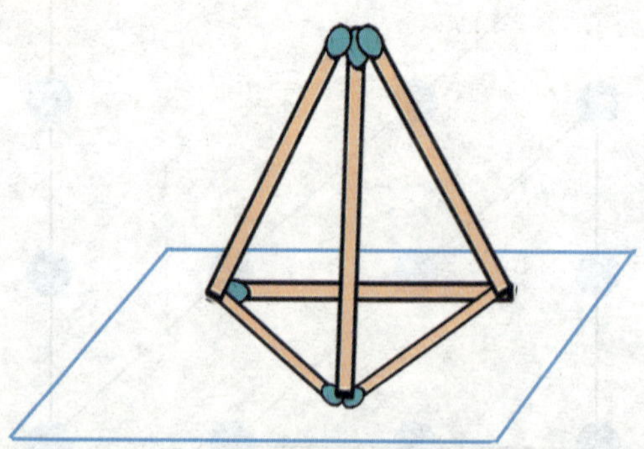

054 巧分池塘

答案

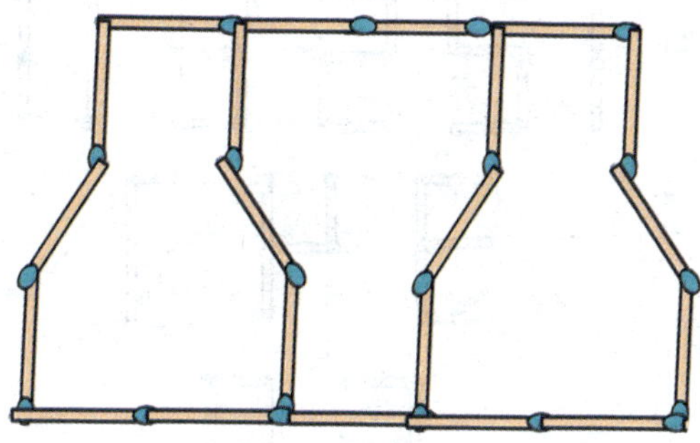

055 师傅的烦恼

答案

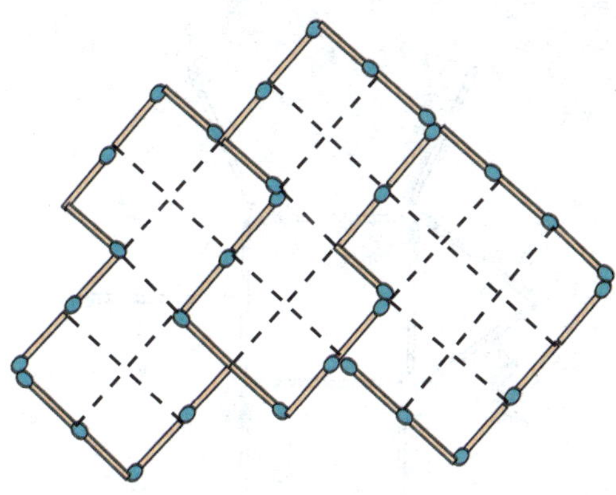

056 花圃的等分

答案

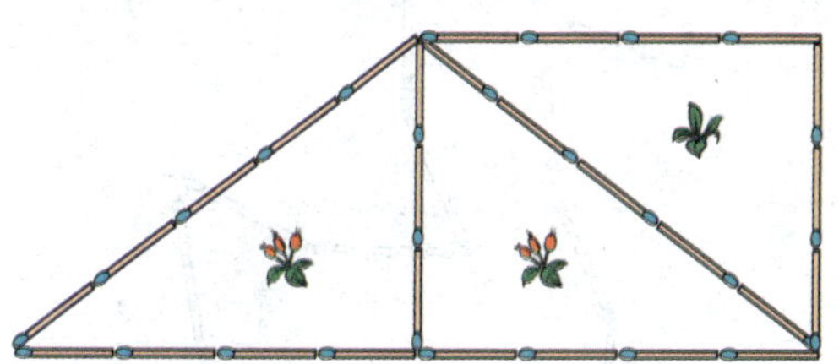

057 巧分兔棚

答案

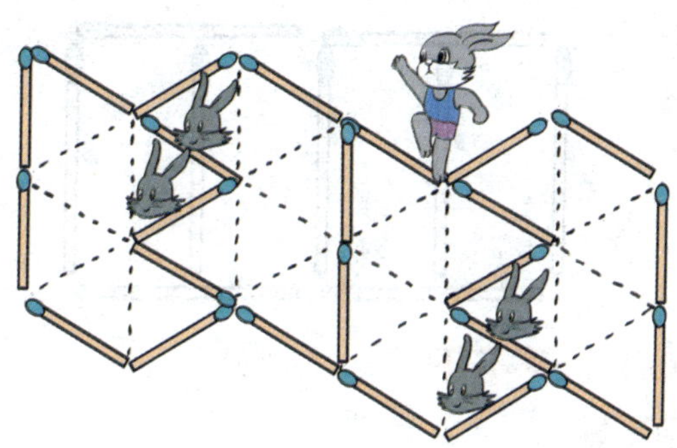

058 给爷爷倒酒

答案

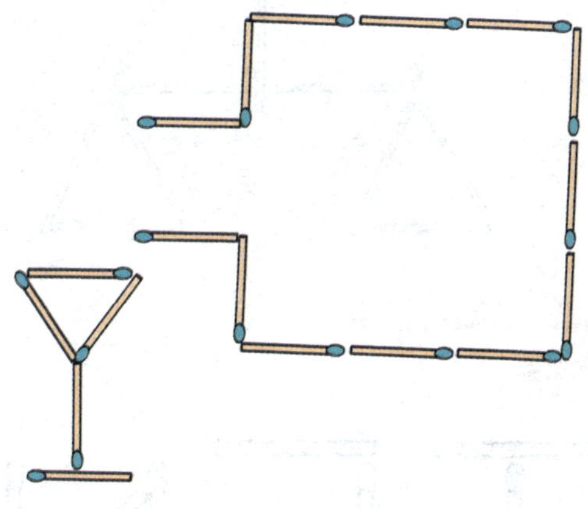

059 巧变邮编

答案

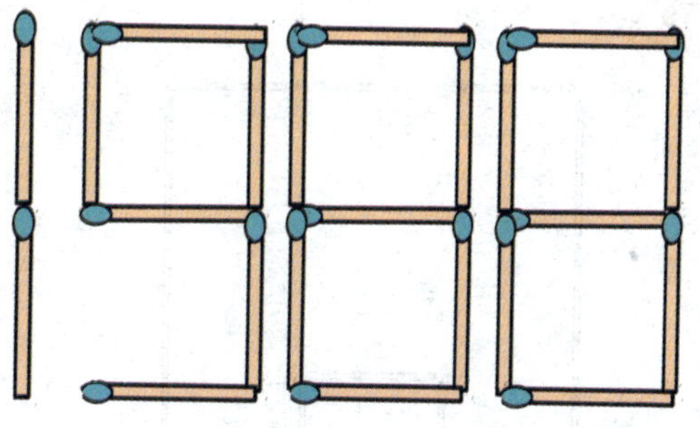

060 灵活的九节鞭

答案

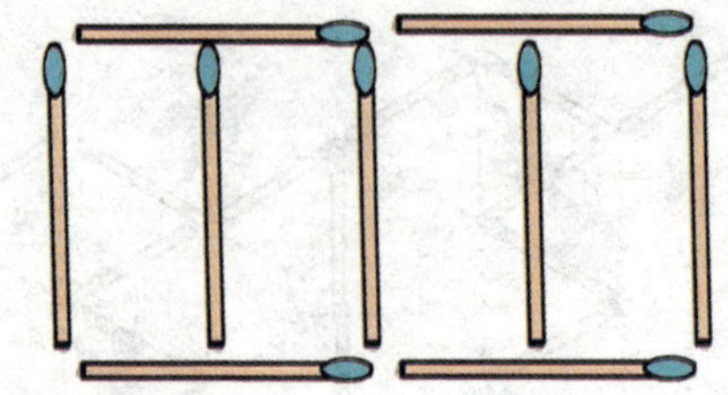

061 天平不平

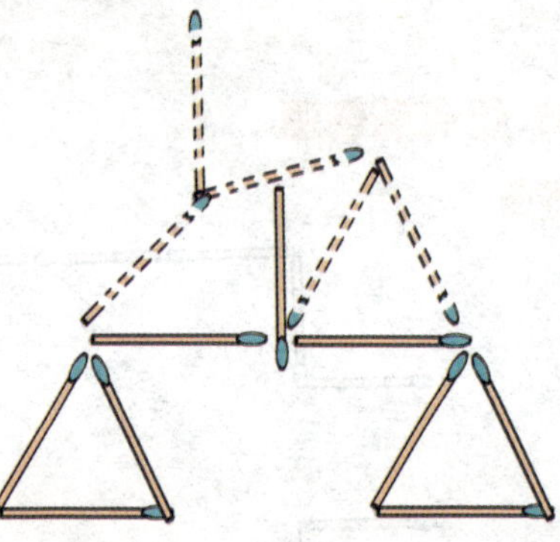

062 不变的数字

答案

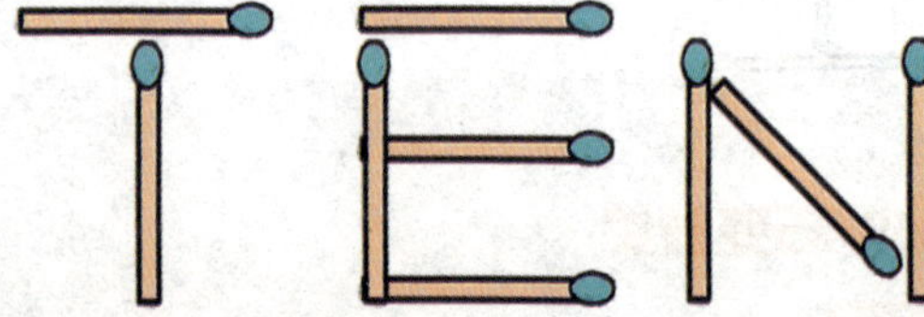

063 楼房变正方形

答案

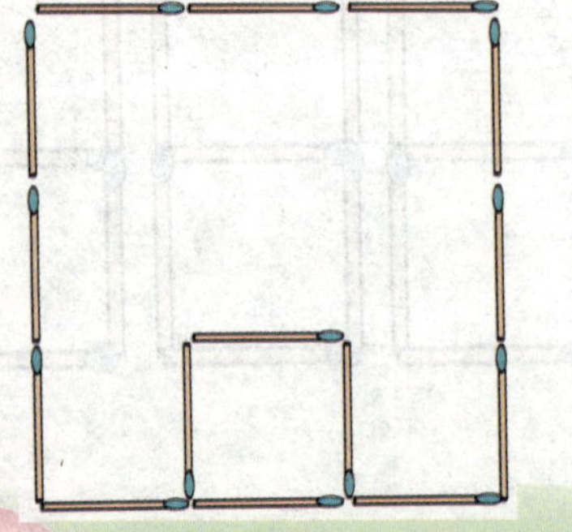

064 快问快答

答案

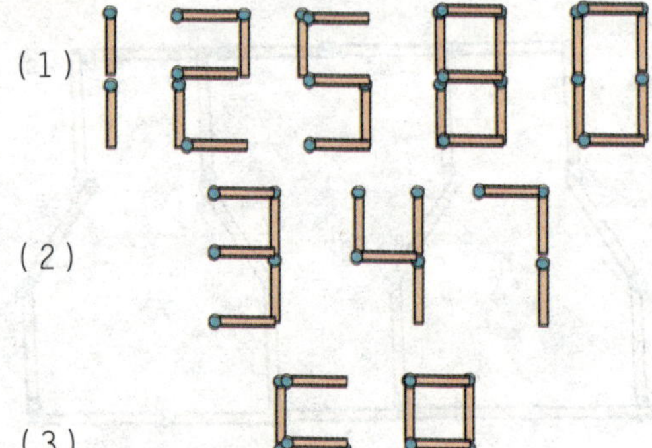

065 小猪变乌龟

答案

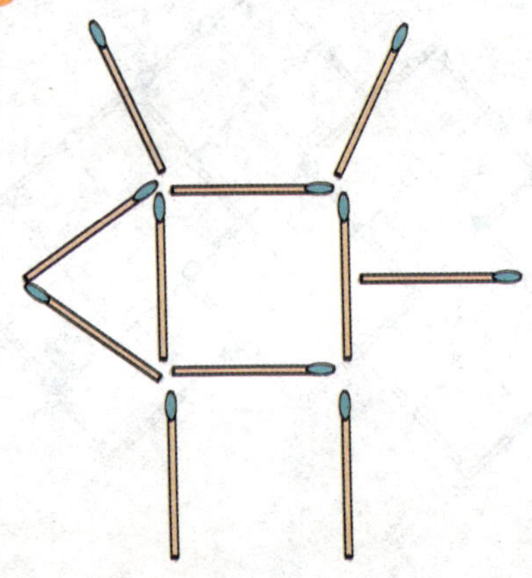

066 小天鹅来了

答案

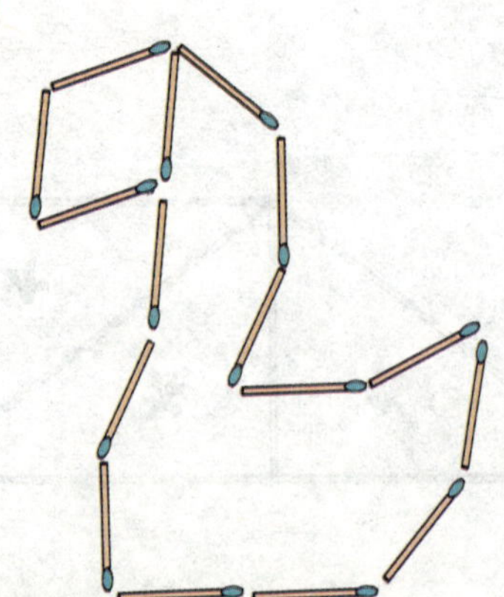

067 八卦图的变动

答案

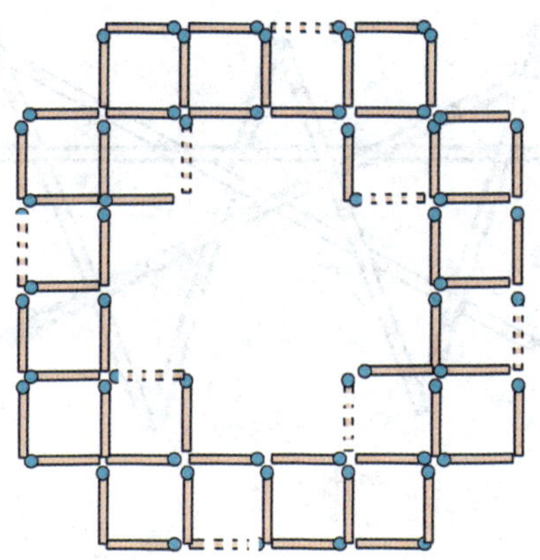

068 钓鱼

答案

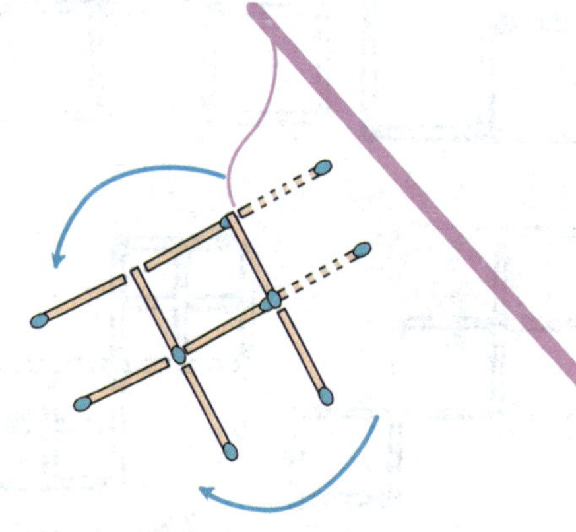

069 房子变成的小树

答案

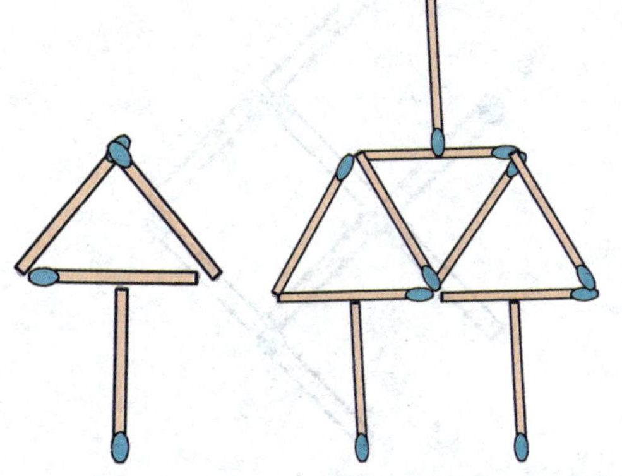

第二章 推理大本营

001 随意变动的房子

答案

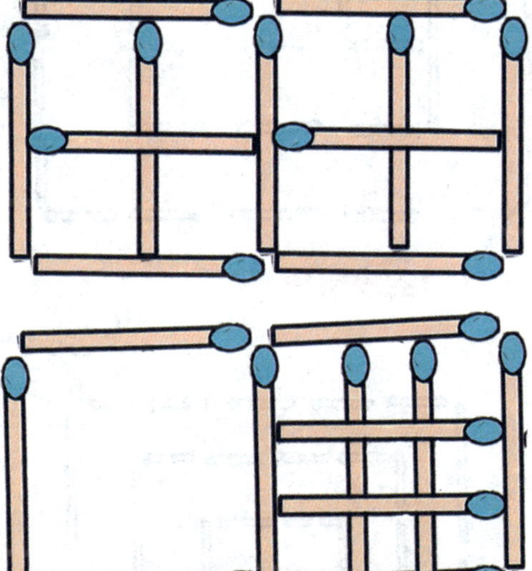

002 随意变动的箭头

答案

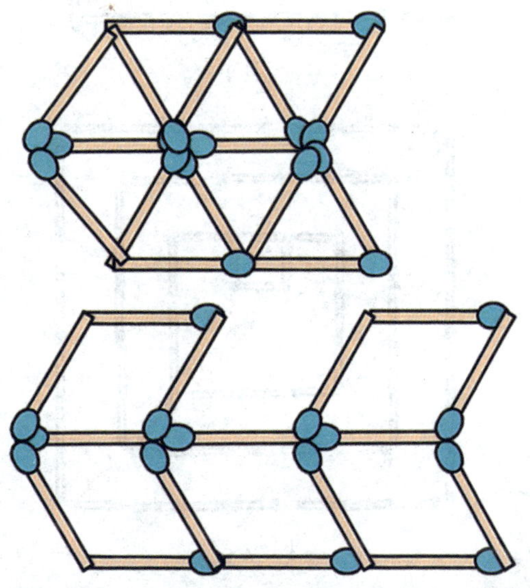

003 神奇的螺旋线（一）

答案

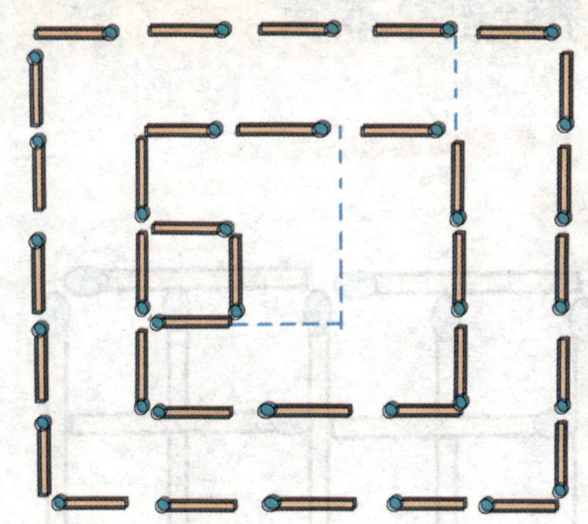

004 神奇的螺旋线（二）

答案

（图1）

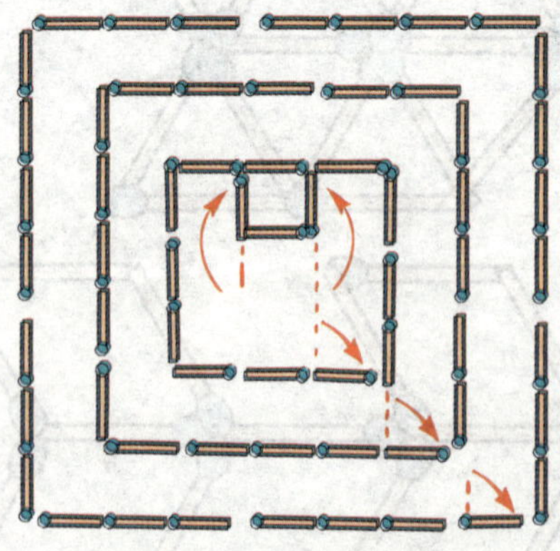

（图2）

005 英语老师的兴趣

答案

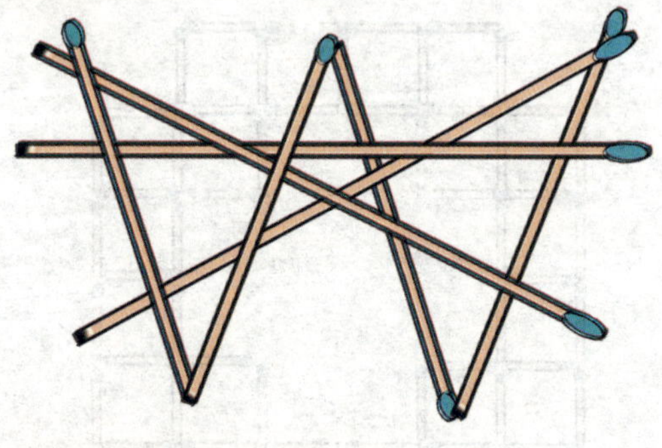

006 多变的“田”字

答案

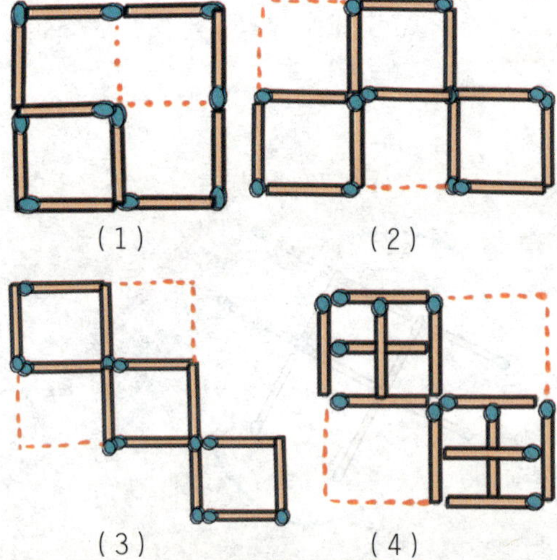

007 往反方向走

答案

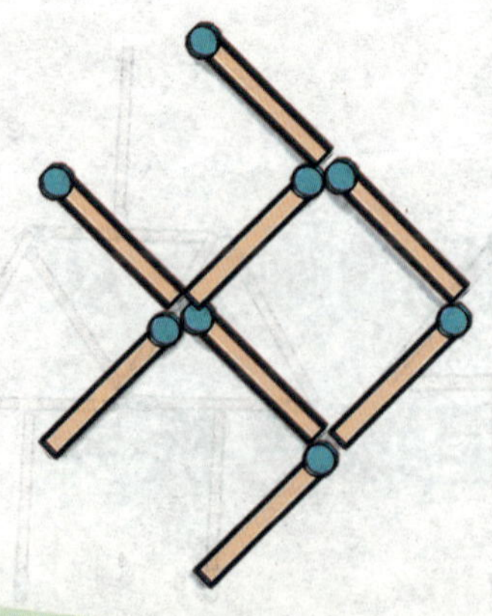

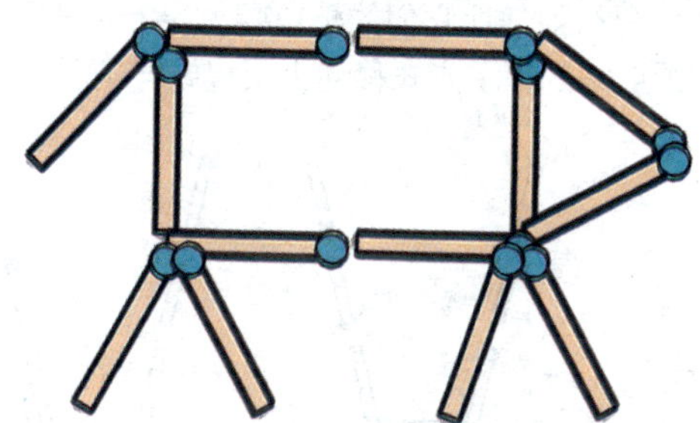

008 复杂的红十字

答案

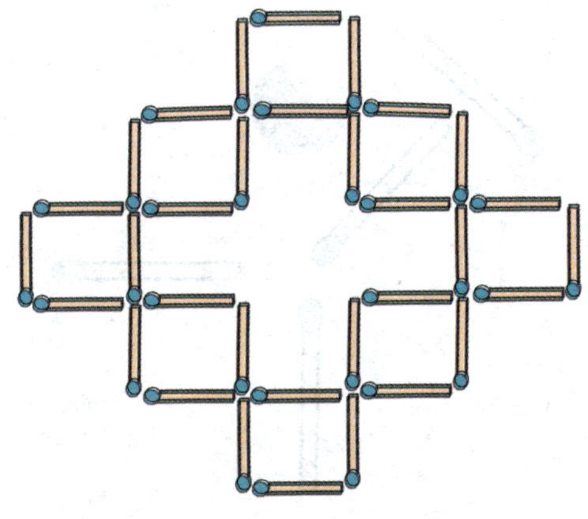

009 重组图形

答案

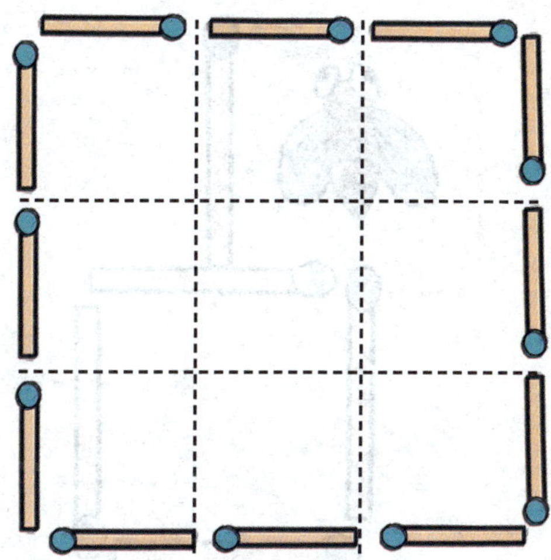

010 增加的正方形

答案

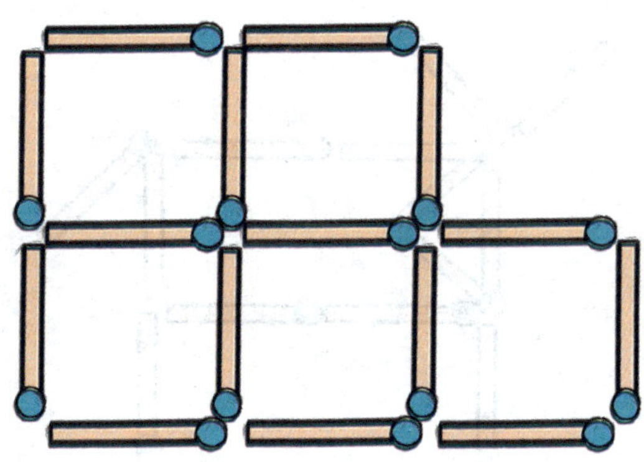

011 巧变三角形

答案 选择一根较宽的木片，像下图一样盖住图形残缺的那一角就可以了。

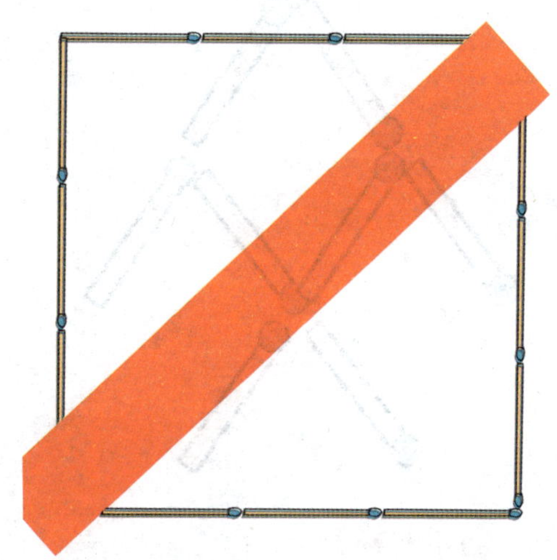

012 取火柴

答案 我们头一次和对方拿同样数目的火柴棍。1.如果对方头一次拿3根火柴棍，第二次无论拿到多少根必输。2.如果对方头一次拿火柴棍少于3根第三次或第四次对方必输。（自己前二次或前三次要和对方拿一样多的火柴棍）

013 调头的黄牛

答案

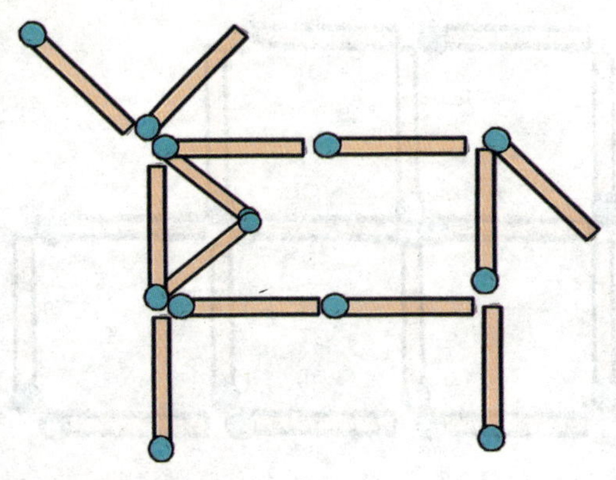

014 回游的金鱼

答案

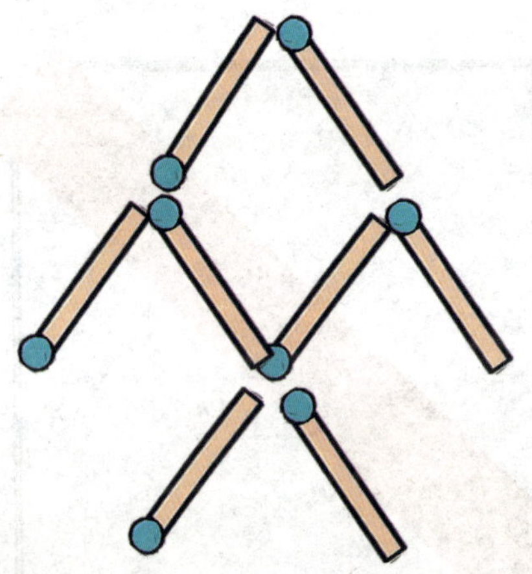

015 倒扣的杯子

答案 两只倒扣的杯子如图所示：

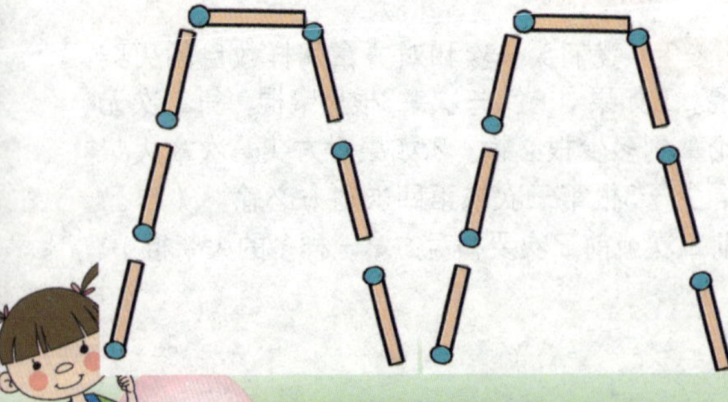

那么如何让它们的杯口朝上呢？只要按照下图虚线的指示方式移动火柴棍就行了。

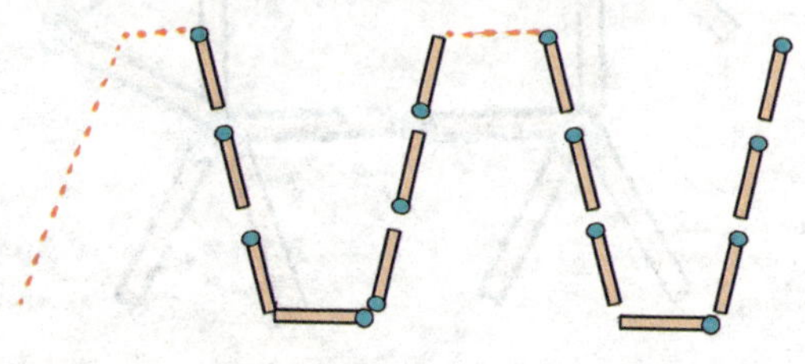

016 杯子里的硬币

答案

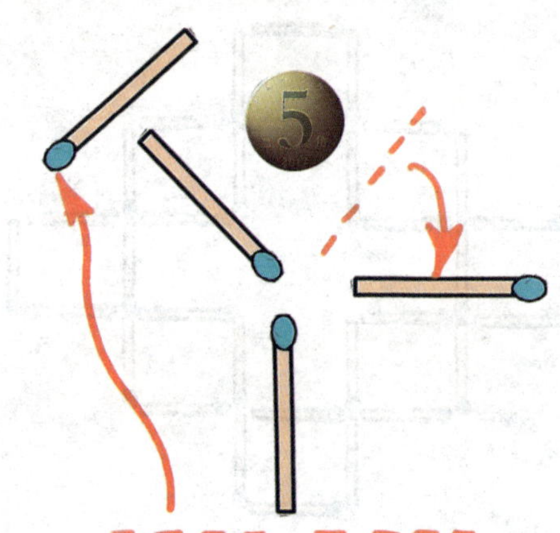

要想让杯子倒置，而且硬币出杯，我们就应该按照上面箭头指示的方向进行移动：

017 救出被困的蜜蜂

答案

018 变成蝴蝶的金鱼

答案 按照下图虚线的指示移动火柴棍，你就会看见金鱼变成了一只横着的蝴蝶噢。

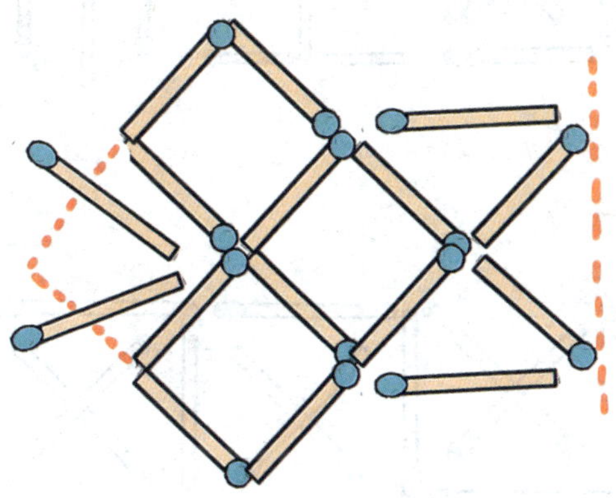

019 树丫变房子

答案

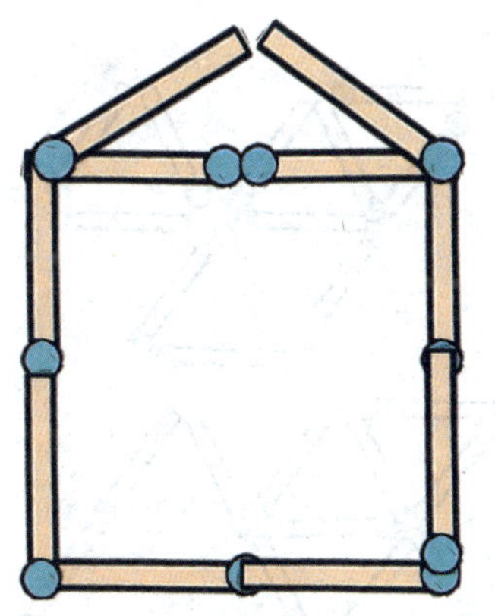

020 神奇的图形

答案 这个答案是不固定的，你可以根据自己的想象自由发挥。

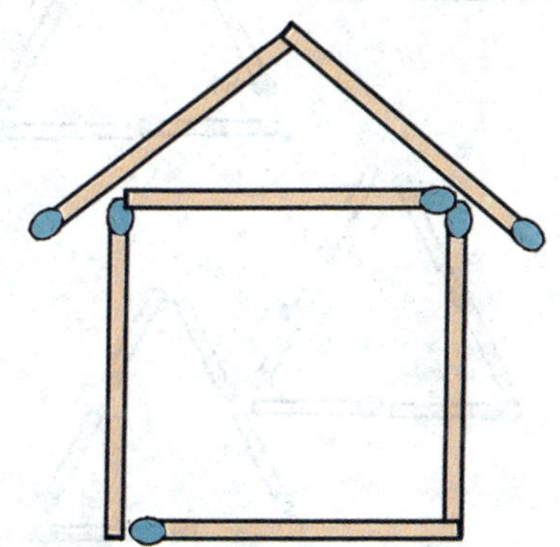

021 菊花的改变

答案

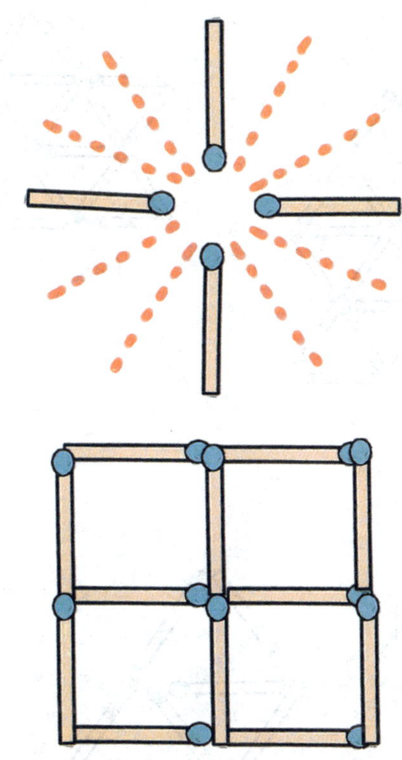

022 2个变4个

答案 这是立体三角形。

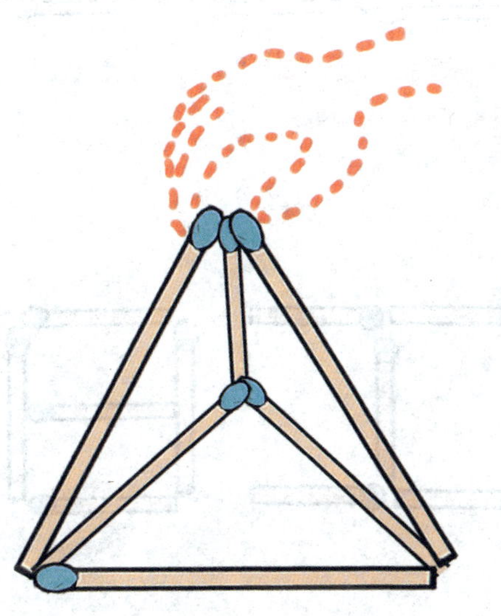

023 5个变7个

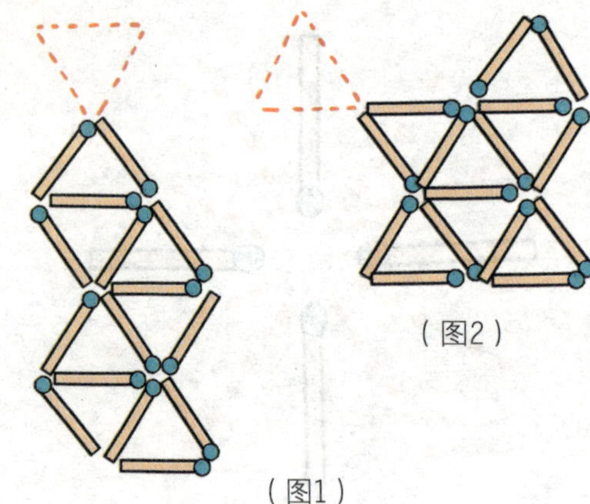

（图2）

（图1）

024 巧变三角形

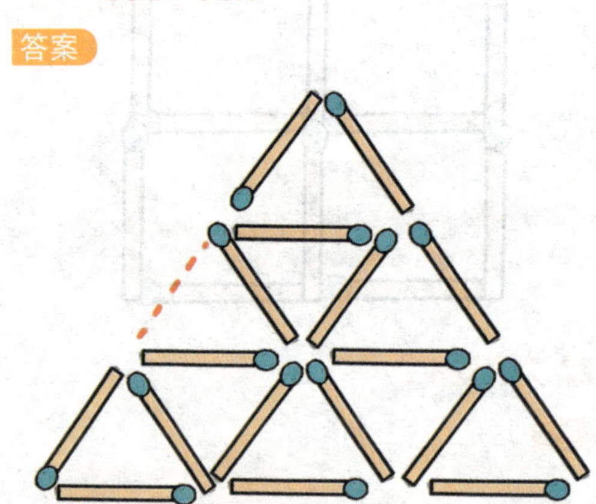

025 添两根组汉字

答案

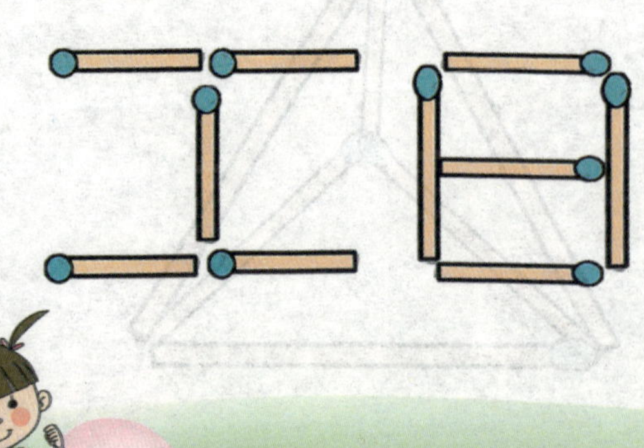

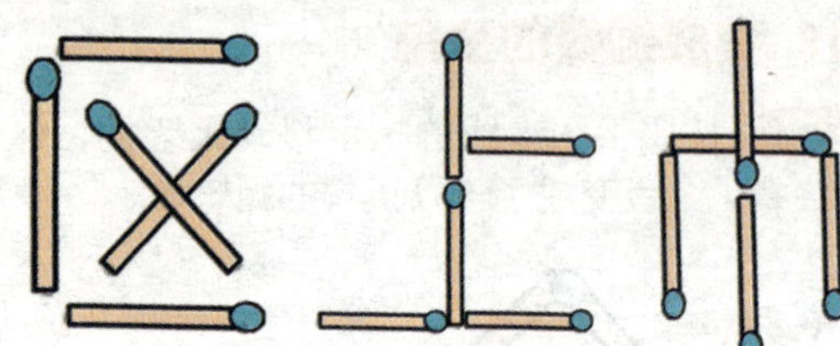

026 网变字

答案

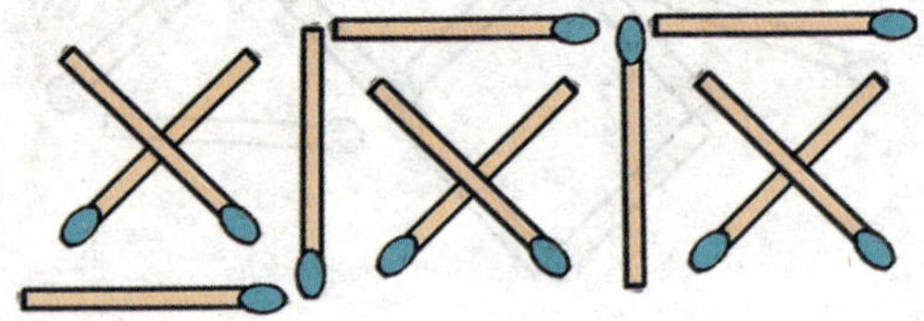

027 连续变化

答案

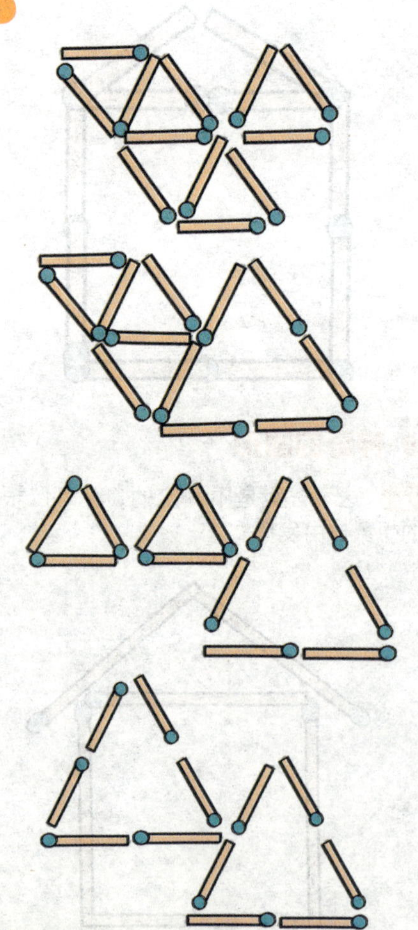

028 方块变省名

答案

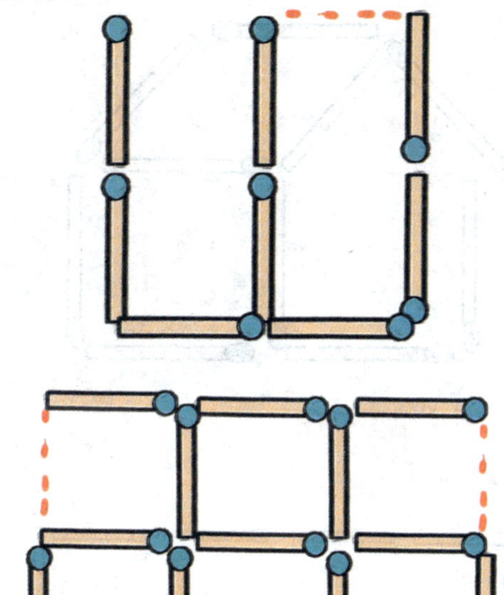

029 4个正三角形

答案

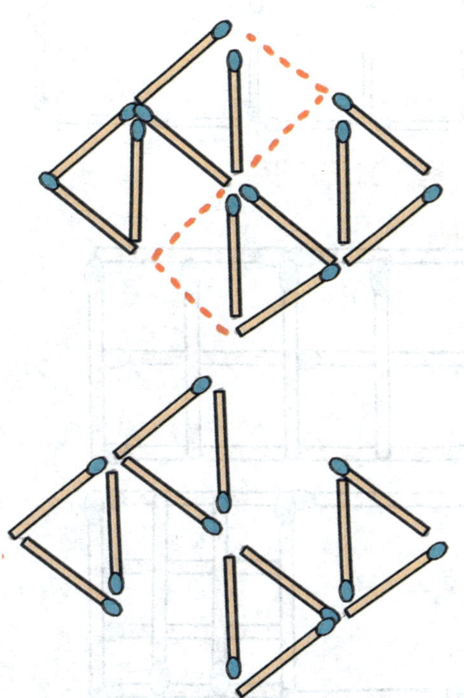

030 2个正方形

答案

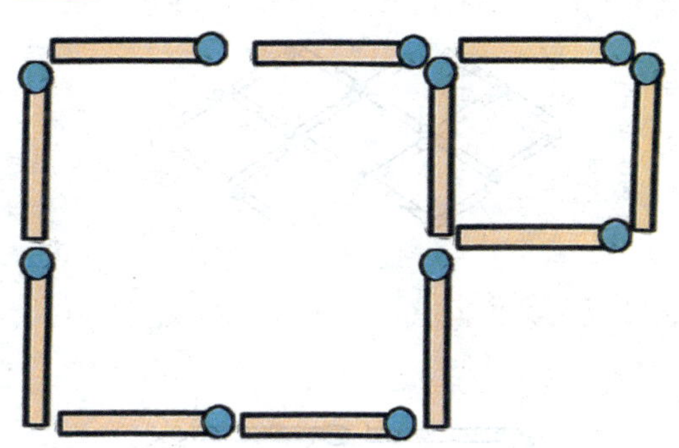

031 3个正方形

答案

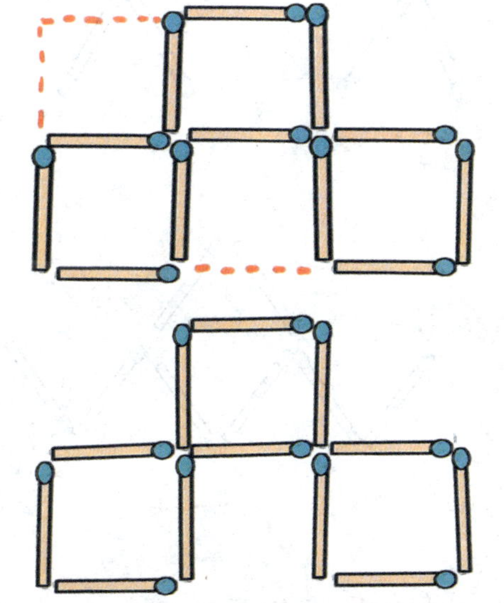

032 变成6个正三角形

答案

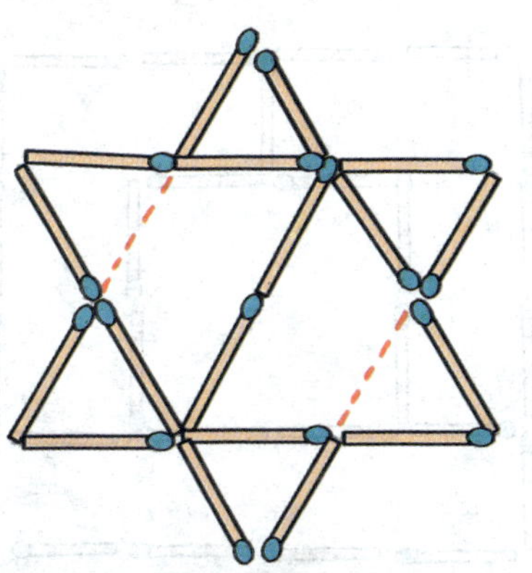

033 5个变9个

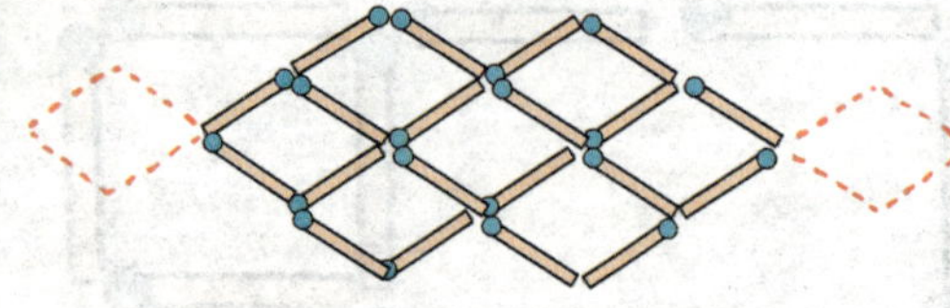

034 小猪转向

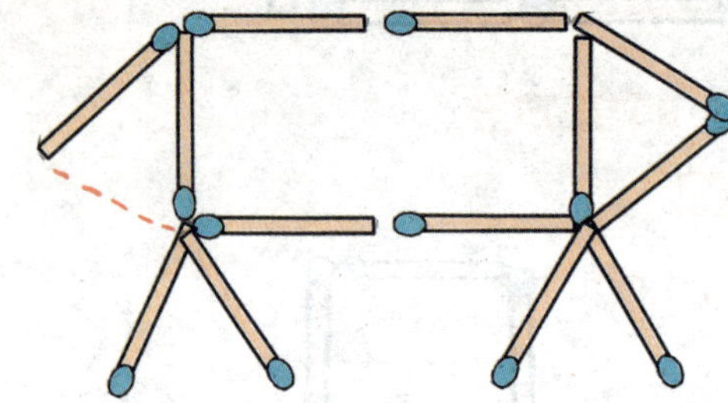

035 燕子翻身

答案

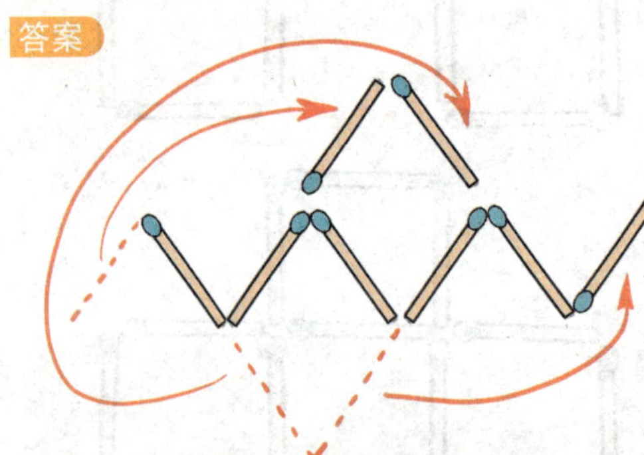

036 一分为四

答案

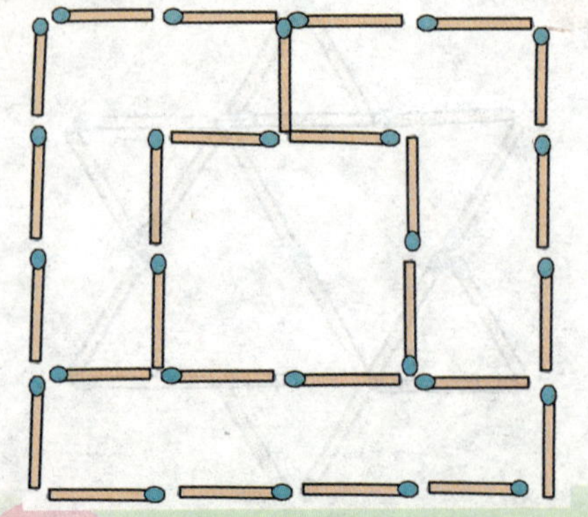

037 巧移房子

答案

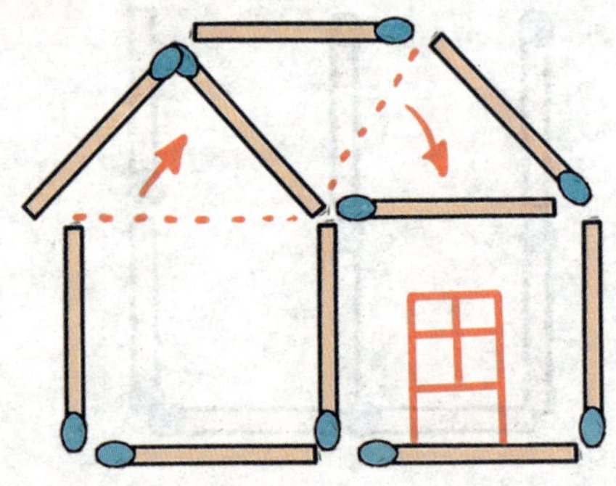

038 栅栏变正方形

答案

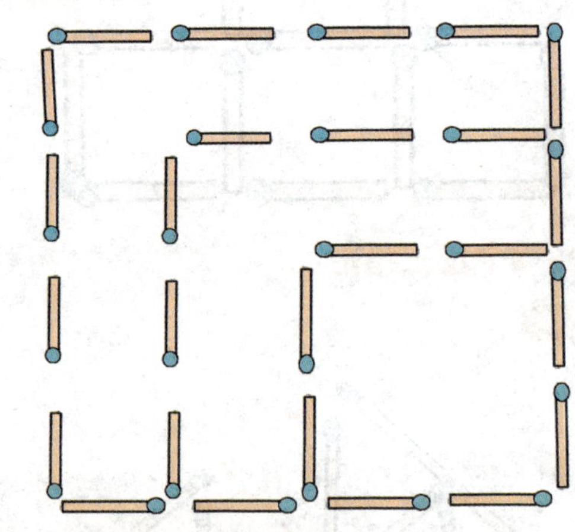

039 房子变正方形

答案

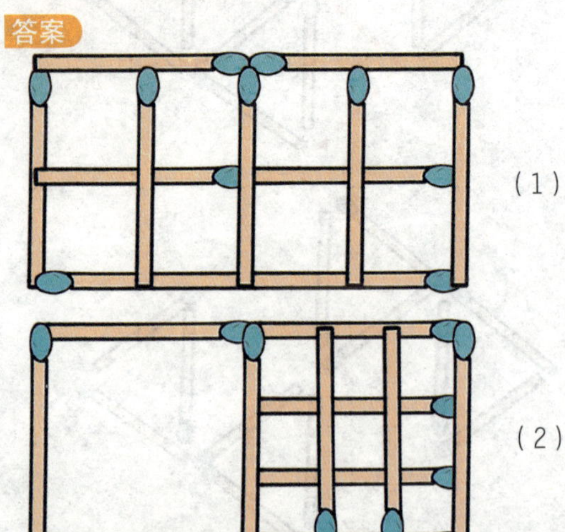

040 井变正方形

答案

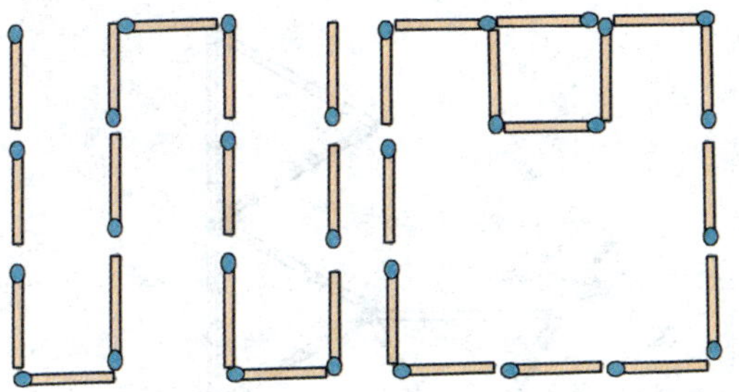

041 变成两倍

答案 可摆成罗马数字六，这样就是3的两倍了，你想到了吗？

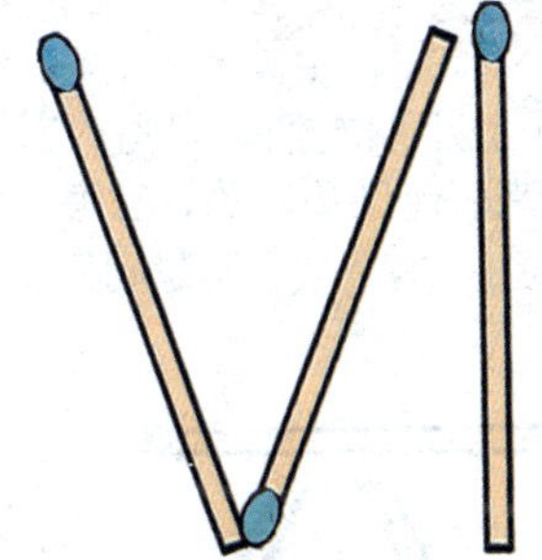

042 6变72

答案 先把“6”倒过来看，再按下图办法摆即可。你想到了吗？

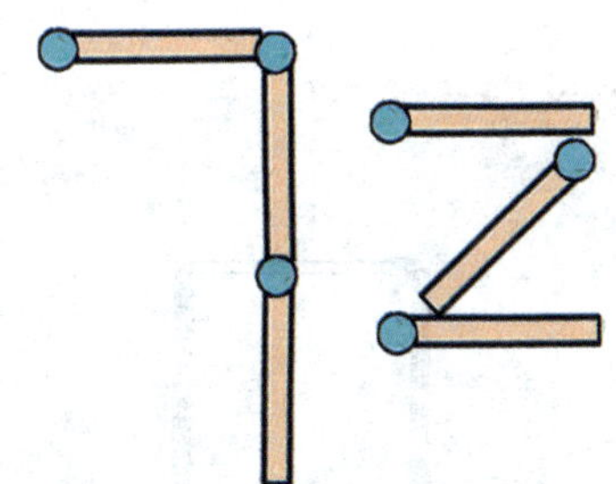

043 六一儿童节

答案 按照图示的方式移动火柴棍，就能得到数字6和1，你想到了吗？

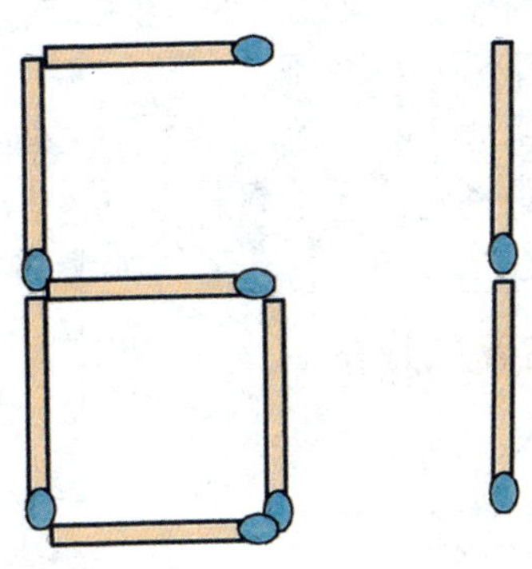

044 结果为100

答案

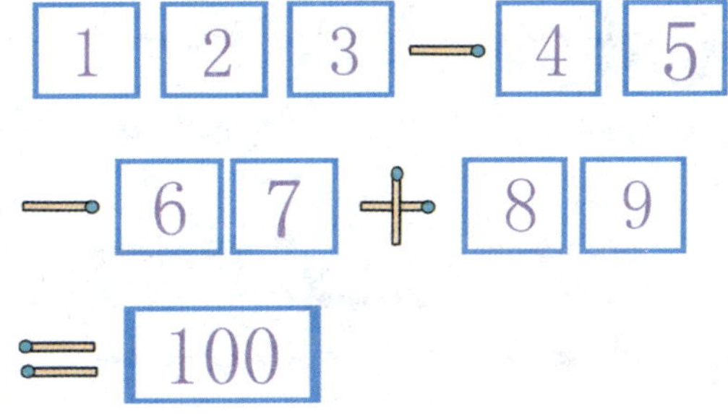

045 最少需要多少根火柴棍

答案 让我们先假设三角形三边的边长分别是a、b和c，那么三角形两边之和必定大于第三边，两边之差必定小于第三边的定律，可以总结出以下的规律：

数一下，我们就可以知道，要摆出10种不同的三角形，最少需要19根

a	1	2	3	3	4	4	5	5	5	9
b	9	8	7	8	6	7	5	6	7	6
c	9	9	9	8	9	8	9	8	7	7

046 数目是偶数

答案 如果是你先拿，那么第一次应该拿的火柴根数目就必须为2根，然后根据对方拿的火柴根的数量，来确定下一步应该拿多少根噢。看看下面的表格吧：

对方所取火柴数	偶数	奇数
你取后留给对方的火柴数	6的倍数加1	6的倍数减1（或6的倍数）

047 哨兵的分布

答案

048 每堆有几根

答案 小朋友们，这个游戏可以转换一种思路，想想看，27要怎么有1、4、7、10这四个数字组合起来呢？这六堆火柴的数目应该分别是1、1、4、4、7、10.

049 3根火柴组成的4

答案 不要忘记前面游戏中已经提过的罗马数字“四”。

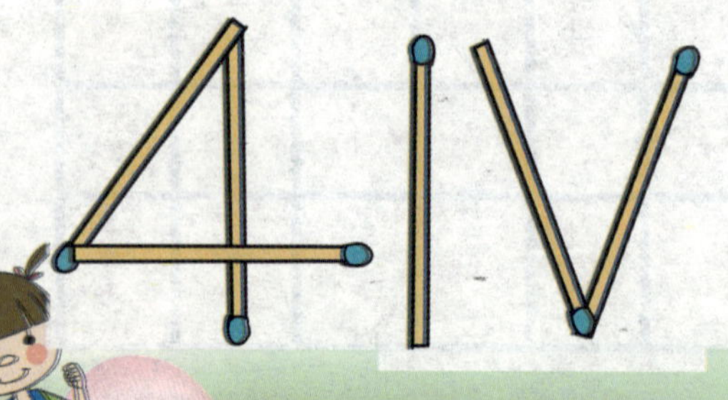

050 看，斧子的变身

答案

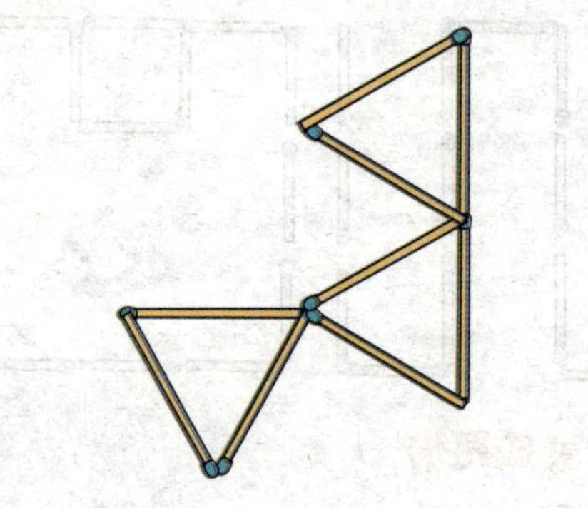

051 比3大比4小的数

答案 这个数小朋友们认识吗？它是一个希腊字母，用来表示圆周率的，它有一个约值，是3.1415926……这个数字不是刚好比三大又比四小吗！

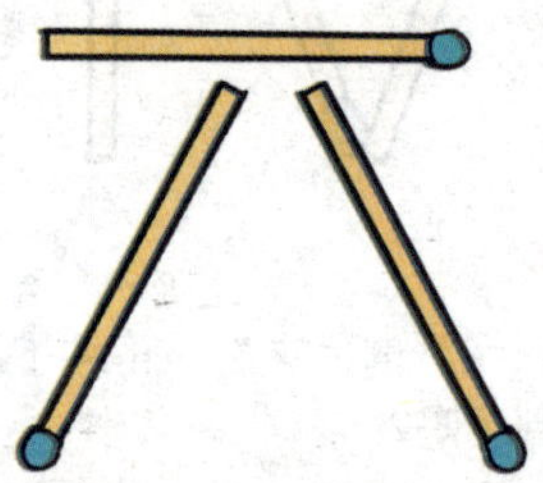

052 钥匙变正方形

答案

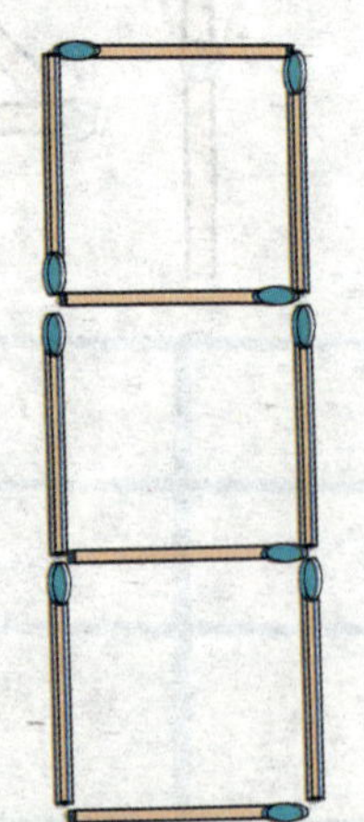

053 变化的台灯

答案

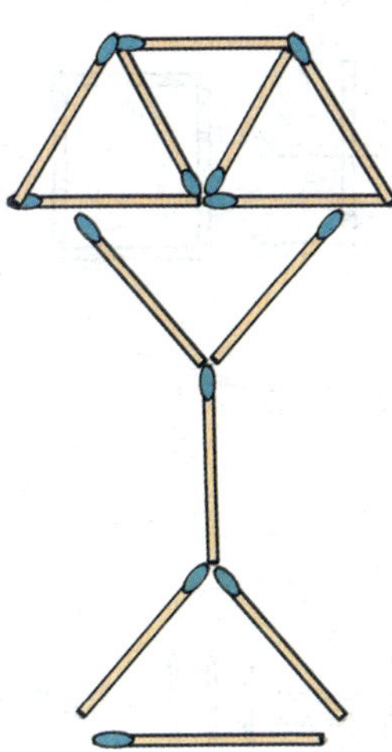

054 摆椅子

答案

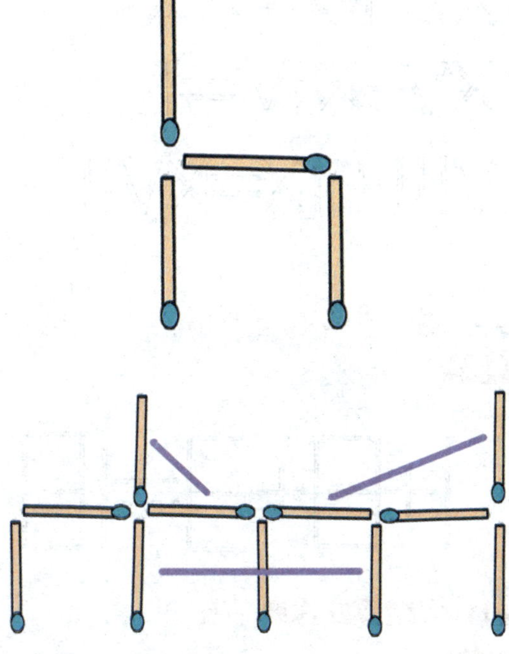

第三章 数字算术堂

001 变1为4

答案 最后的图案应该如下所示：

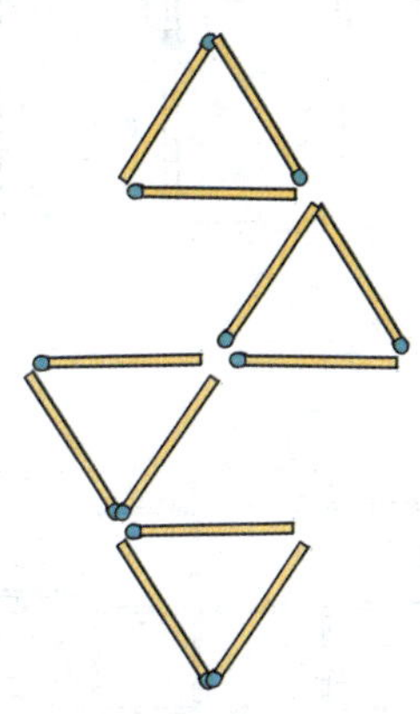

002 错误的等式

答案 把不等式右边1983中9的右上角的一根火柴棒移到左下角，就把9变成6，从而使得等式成立了。

003 改错题

答案

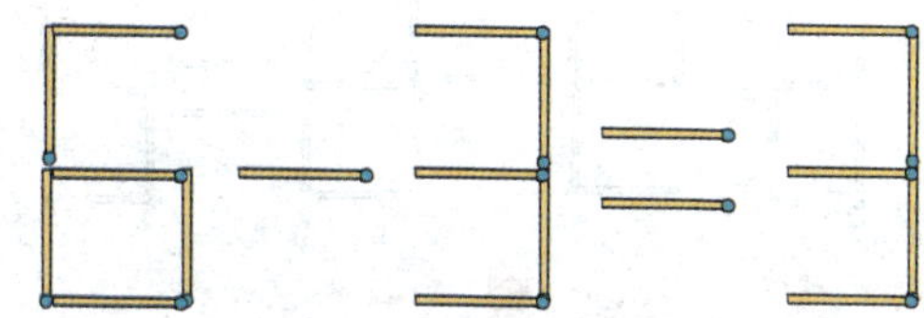

004 最大的数

答案 3根火柴棍可以摆出的数字：

2 4

三 十一 4

III IV VI IX XI

4根火柴棍可以摆出的数字：LX(60)

005 奇怪的变形

答案 3根火柴棍可以摆出的数字：

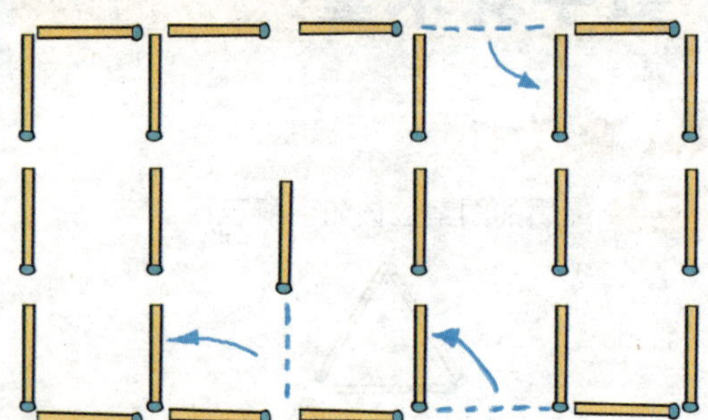

006 一题三解

答案

7+5-6=6

1+9-2=8

1+9-8=2

007 火柴算式比赛（一）

答案 将那些数字看成罗马数字，我们很快就可以找到答案。

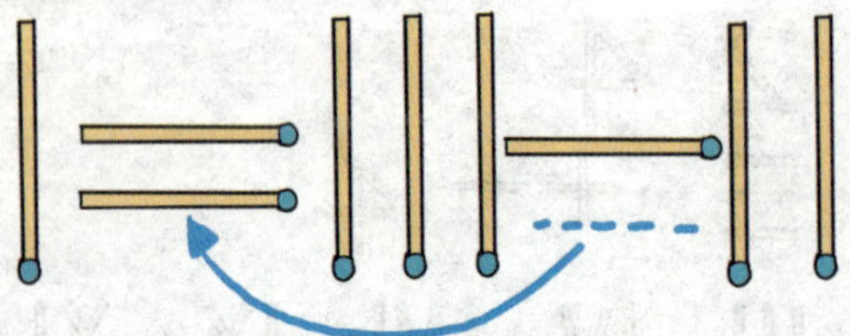

008 火柴算式比赛（二）

答案

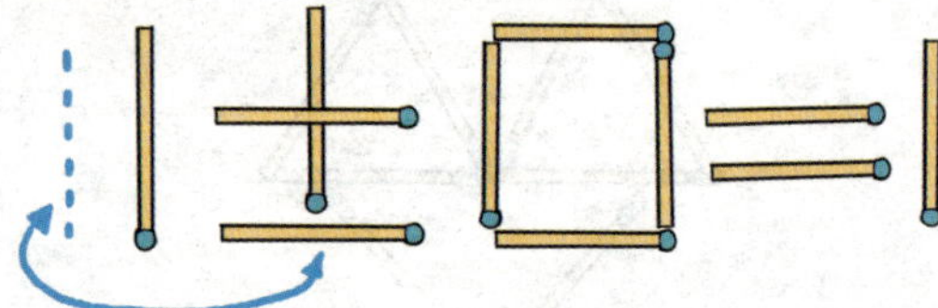

009 火柴算式比赛（三）

答案

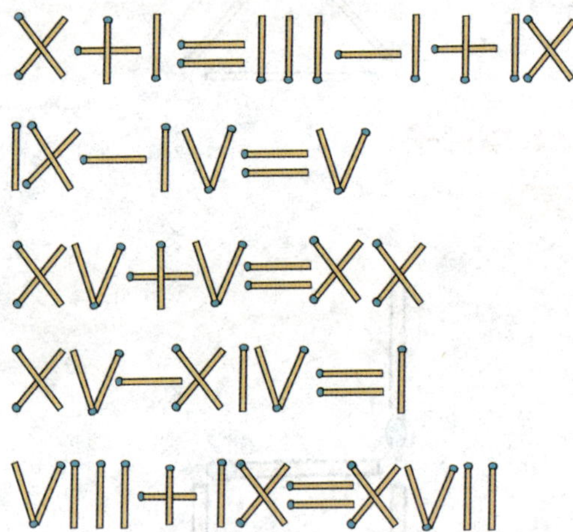

010 火柴算式比赛（四）

答案

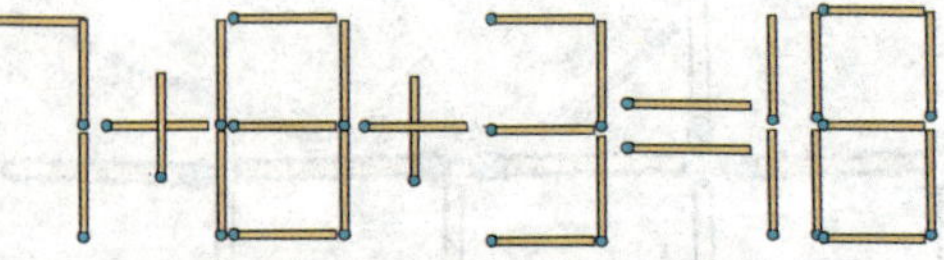

011 火柴算式比赛（五）

答案

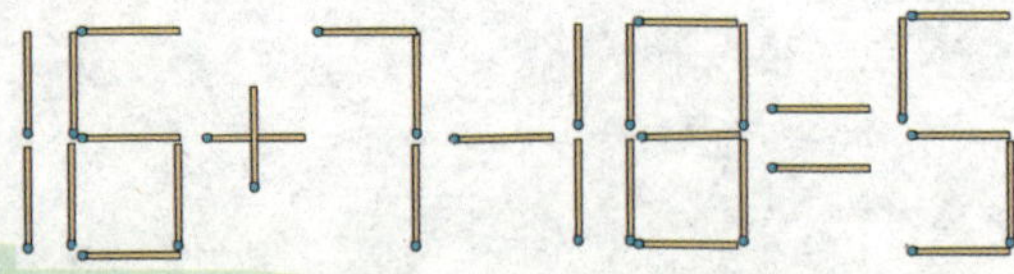

012 移动1根火柴的算式（一）

答案

12-4-3=5

013 移动1根火柴的算式（二）

答案

8×8-8=56

014 移动1根火柴的算式（三）

答案

68+27=95

015 移动1根火柴的算式（四）

答案

88-13+25=100

016 移动1根火柴的算式（五）

答案

44-36=8

017 移动1根火柴的算式（六）

答案

9+8+1=18

018 移动1根火柴的算式（七）

答案

114-111=3

019 移动1根火柴的算式（八）

答案

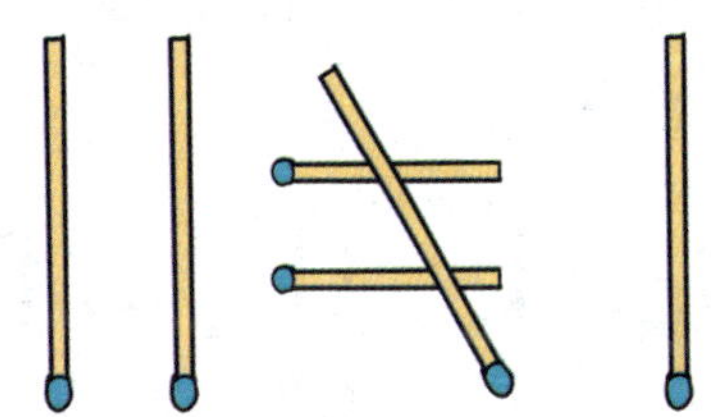

020 移动1根火柴的算式（九）

答案

9+8-1=16

021 移动1根火柴的算式（十）

答案

91×32=2912

022 移动1根火柴的算式（十一）

答案

6+3-4=5

023 移动1根火柴的算式（十二）

答案

Z-Z+Z=Z

024 移动1根火柴的算式（十三）

答案

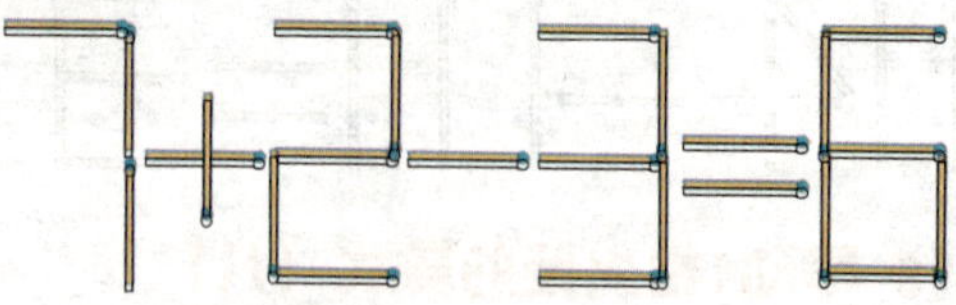

025 移动2根火柴的算式（一）

答案

026 移动2根火柴的算式（二）

答案

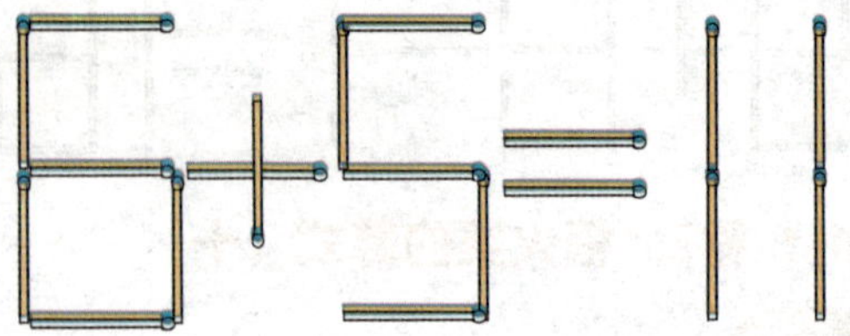

027 移动2根火柴的算式（三）

答案

028 移动2根火柴的算式（四）

答案

029 连续成立的算式

答案

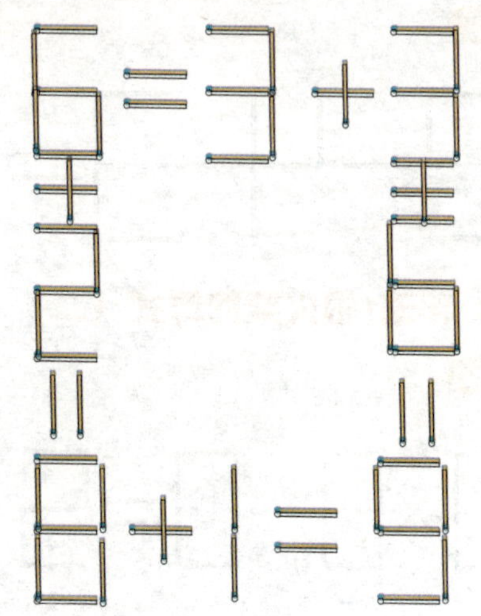

030 添1根火柴

答案 在15的5字右上角添1根火柴，让15变成19就行了噢。

031 罗马算式

答案

032 拼十八

答案

033 除法的火柴棍游戏

答案

034 结果是30

答案

2+5+6+8+9=30

035 最大和最小

答案

55+39=94

50-39=11

036 不变的和

答案

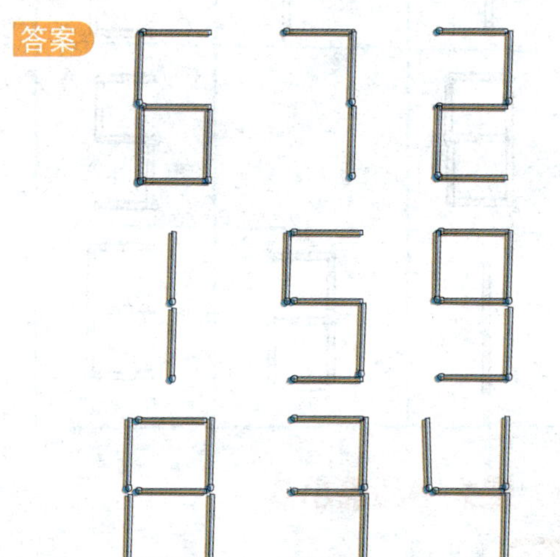

037 有趣的算式

答案 移动2根火柴棍

41-41+111=111

141-11+11=141

答案 移动3根火柴棍

111+41-11=141

038 分数运算

答案

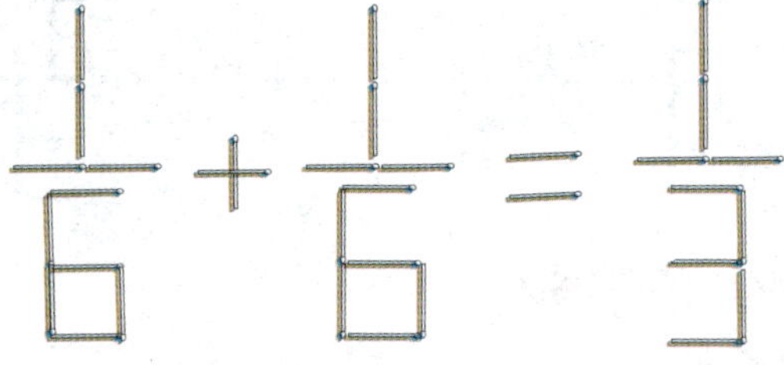

039 不等式变等式

答案

1234-1=1234-1

040 数学娱乐

答案

14=7+7

17+7=7+17

1+1+11+1=14

041 烂摊子

答案

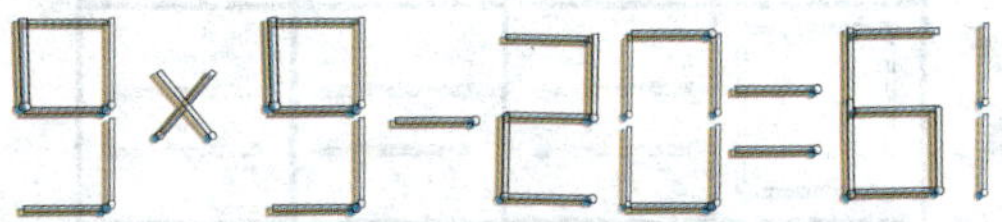

042 算式连等

答案

9=4+5+9=7

043 追根溯源

答案

5×9=45

6×9=54

6×8=48

044 最后一格放什么

答案

045 变动的路标

答案

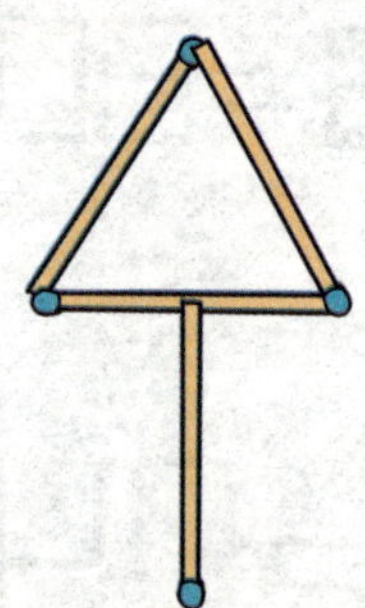

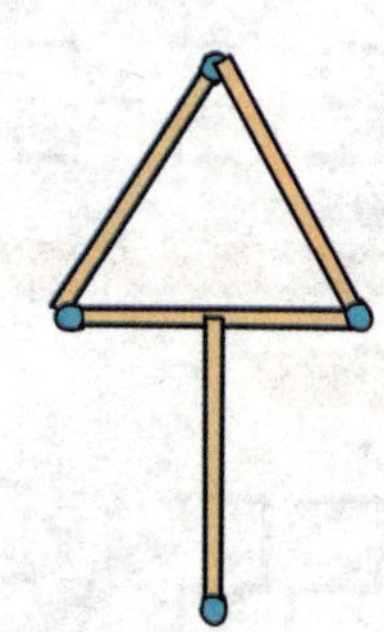

046 数字之和相等

答案

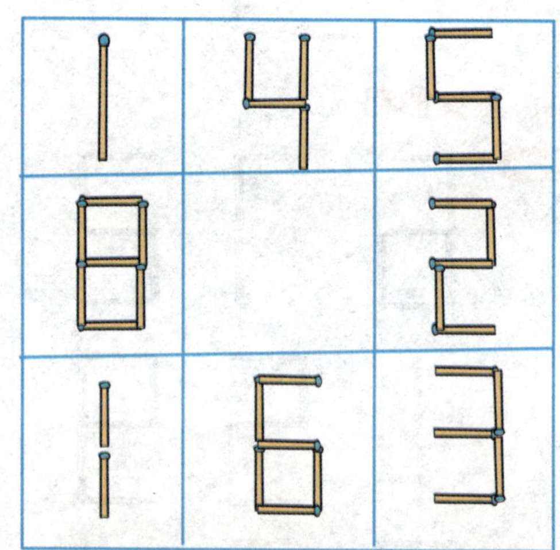

047 最大值和最小值

答案 最大值

68+33=101

最小值

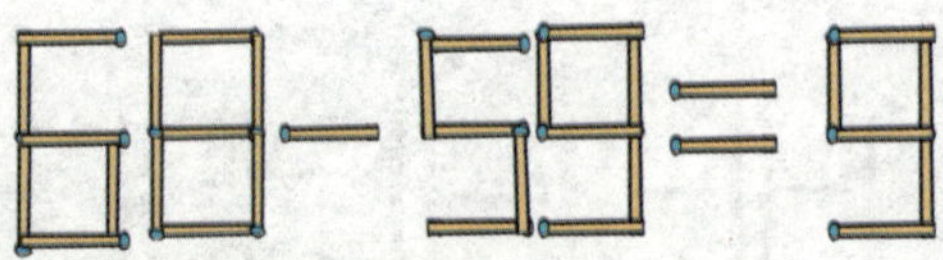

048 搭三角形

答案

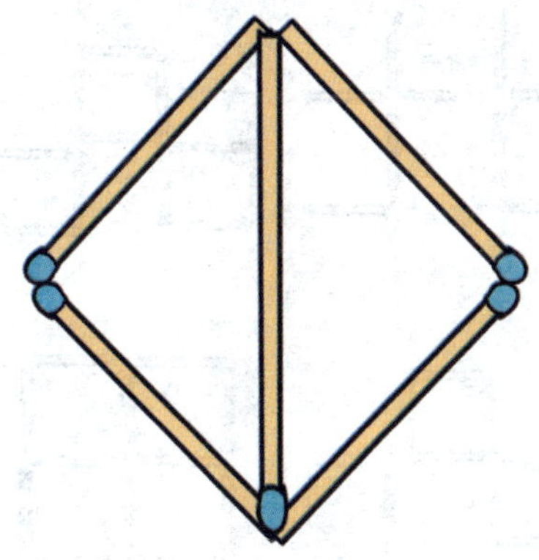

049 计算面积的火柴棍游戏

答案

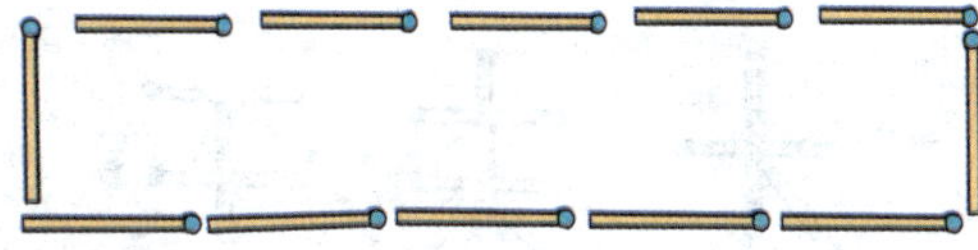

050 巧组符号成等式

答案

051 12个直角

答案 数数看，OE和OF分别和OA、OB、OC、OD成直角，而且，OA、OB、OC、OD彼此之间也构成垂直关系，总共加起来，就是十二个直角了。

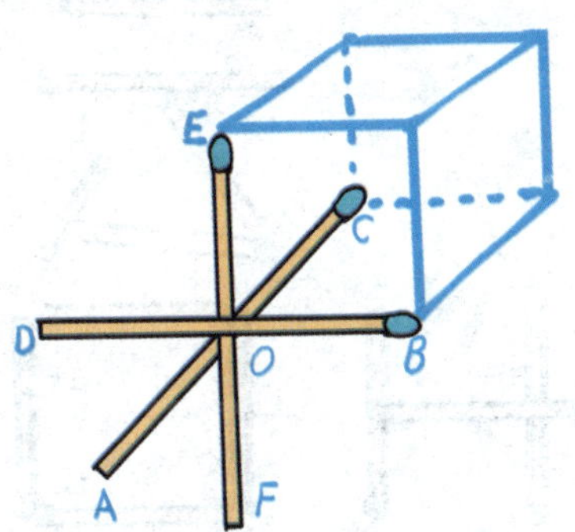

052 摆3个正方形

答案

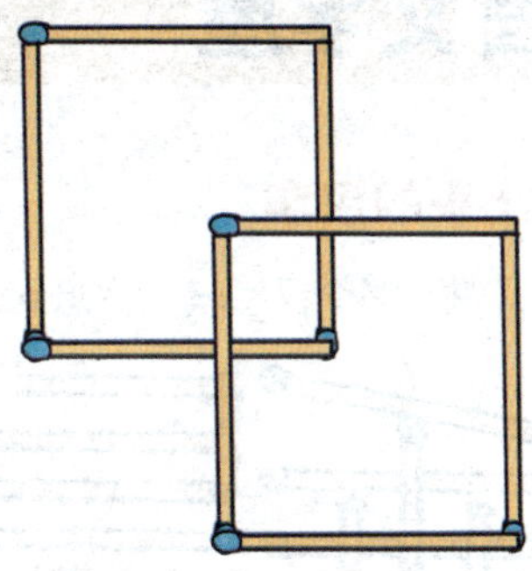

053 再次组符号成等式

答案

9×8+7+6+5+4+3+2+1=100

054 不等式的成立

答案

8×4×6-29=163

055 4+5=10

答案

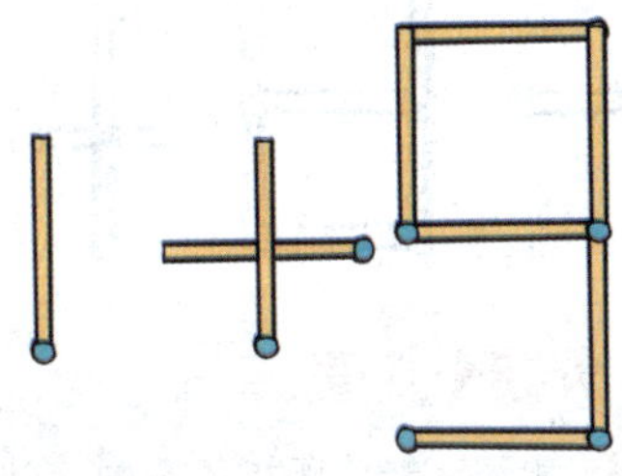

056 奇怪的正方形也来了

答案

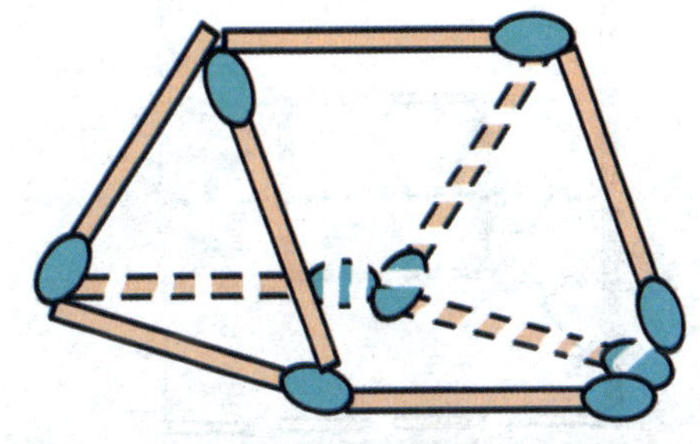

第四章 语言文字屋

001 拼出来的汉字

答案 可以拼成4个汉字噢！你想到了吗？

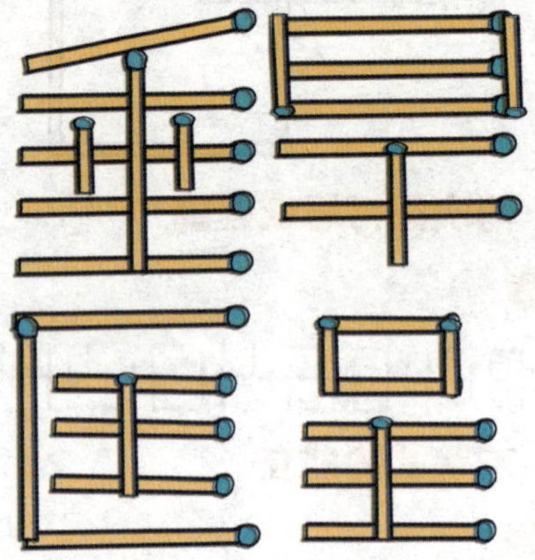

002 巧组成语

答案 移动4根火柴棍之后，组成的成语应该是“一日千里”，如下图所示：

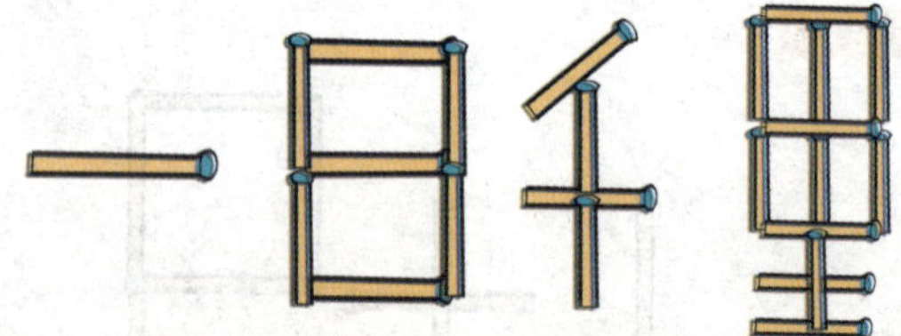

003 火柴十八弯

答案 如图：箭头所指的方向，就是火柴应该移动的方向。按照图上指示移动其中的8根火柴，就会得到一个“回”字。

004 井变品，品变田

答案 可以拼成4个汉字噢！你想到了吗？

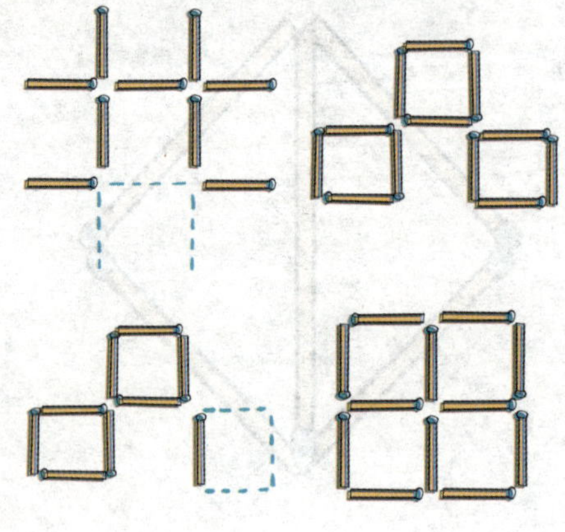

005 字变字

答案

006 变动的省名

答案 如图，移动其中两个火柴棍之后，我们会得到云南的简称“云”和吉林省的简称“吉”。

007 火柴棍里的影名

答案

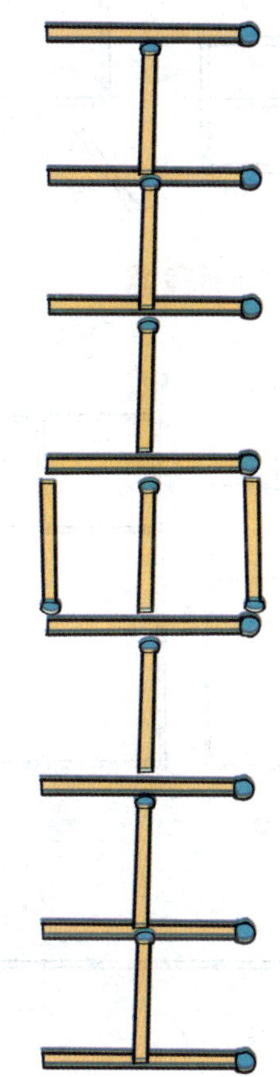

008 添棍变字

答案 答案不唯一，比如可以拼成：工，日，区，上，巾等。

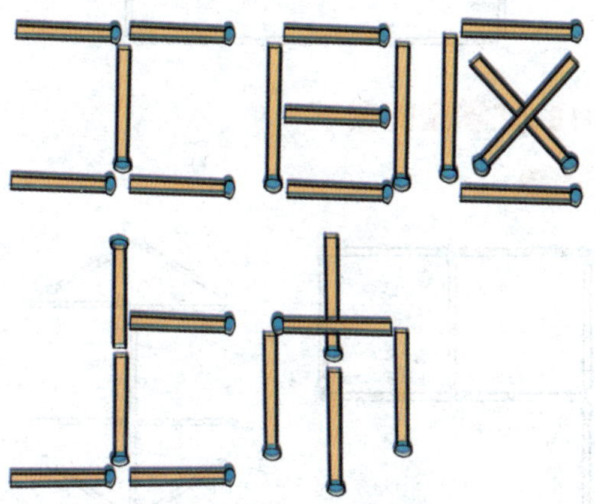

009 渔网变汉字

答案 即：凶，冈，区，三个字。

010 点“石”成“全”

答案 点“石”成“全”

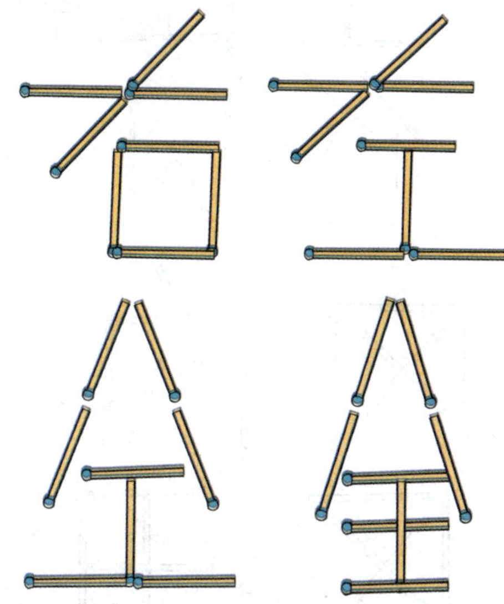

011 多多益善

答案

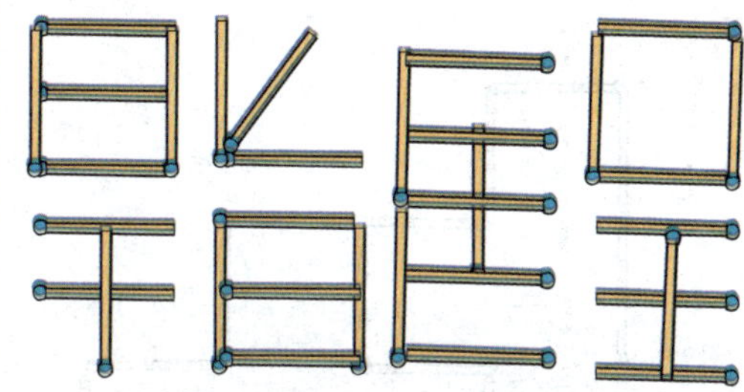

012 不止一个

答案

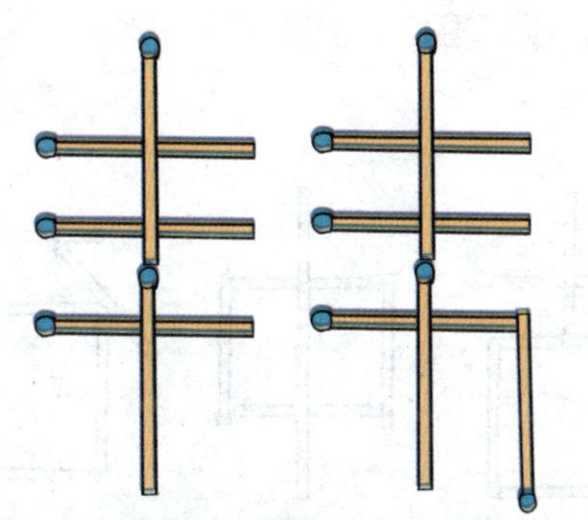

013 巧摆汉字

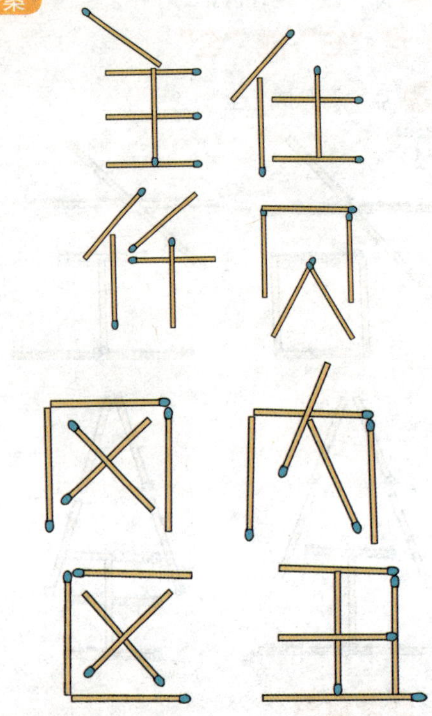

014 两个“凸”字

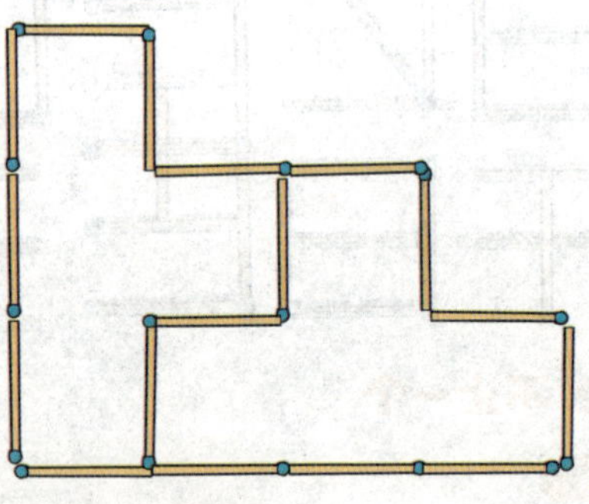

015 拆“田”组字

答案

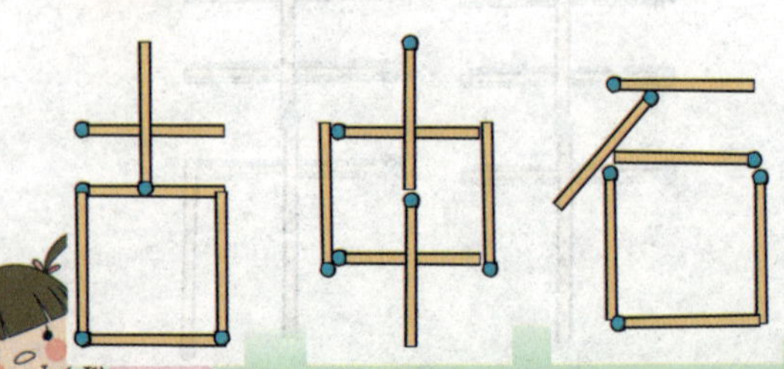

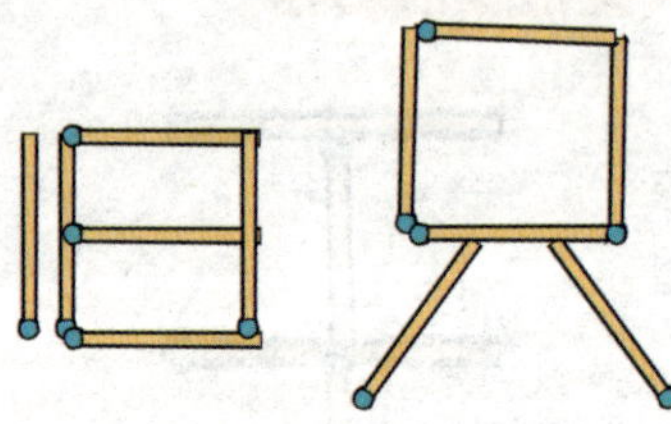

016 南美洲的国家名

答案

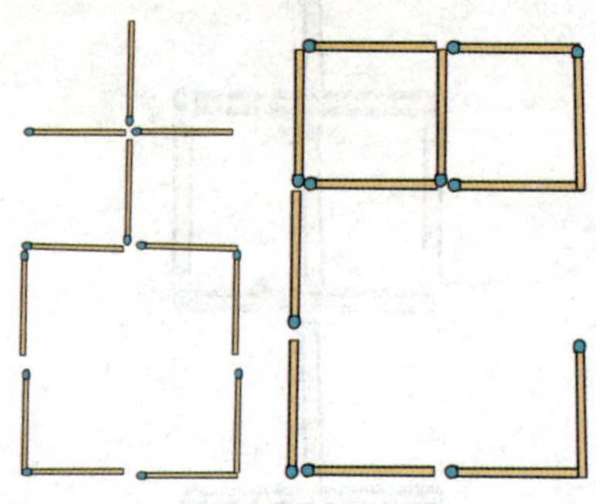

017 铜钱变字

答案

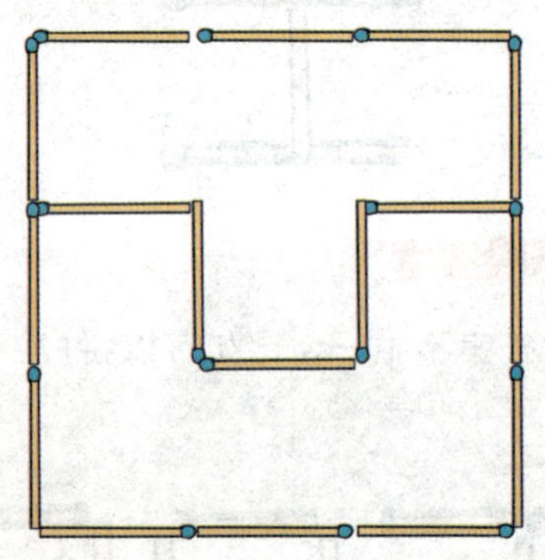

018 文学家的名字

答案

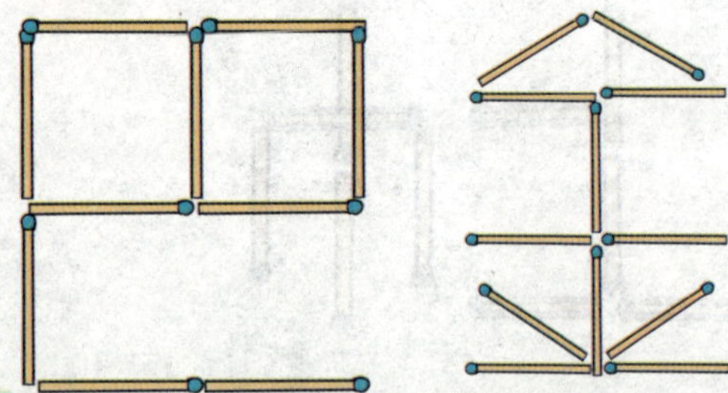

019 书画家的名字

答案

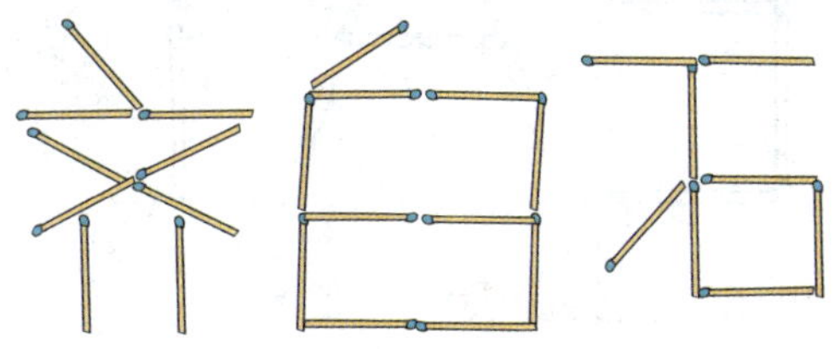

020 3根火柴拼出来的汉字

答案

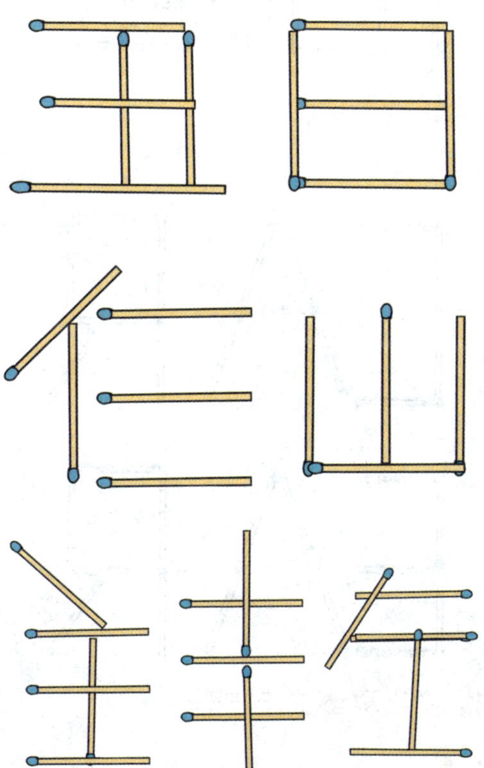

021 “三”连组

答案

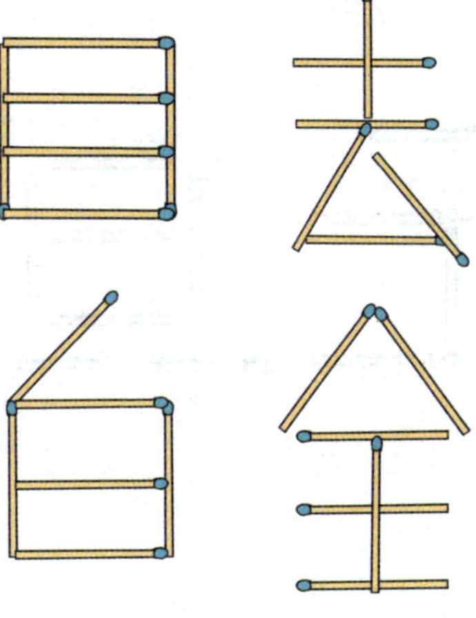

022 看我“七十二变”

答案

023 图形变汉字

答案

024 组拼"元旦"

答案

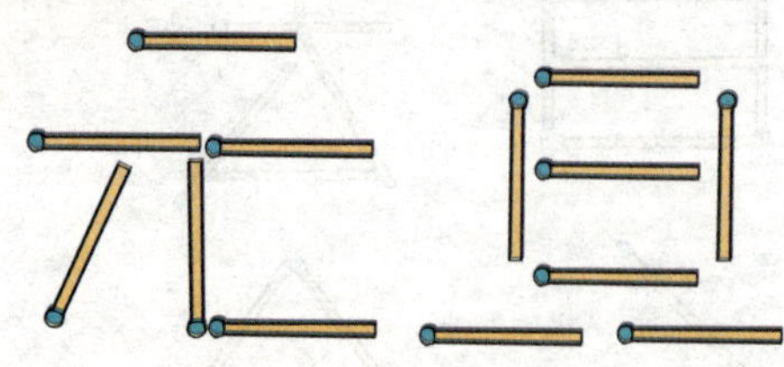

025 拼出来的省名

答案

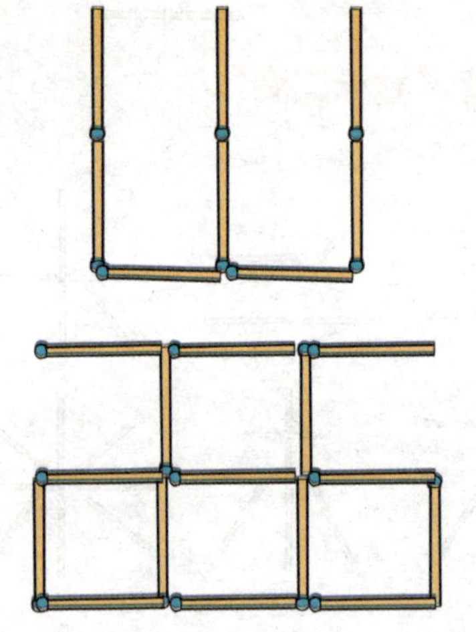

026 鸭子变形记

答案

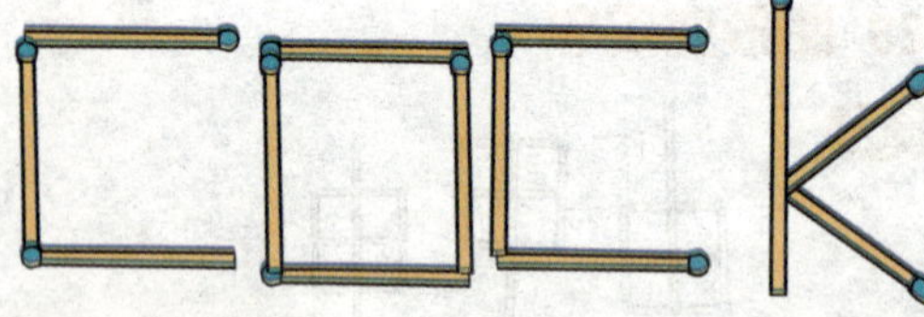

027 加1减1

答案

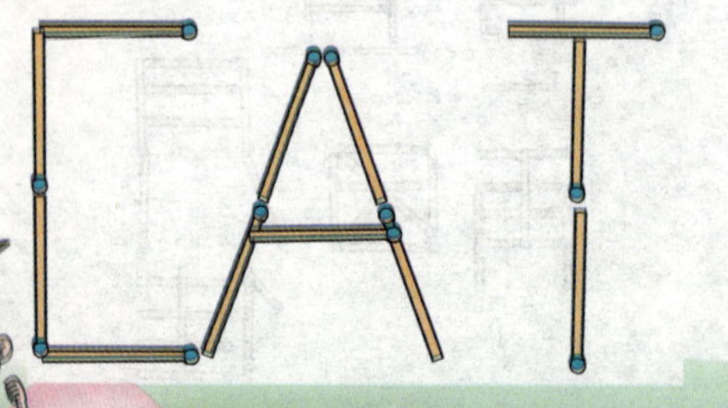

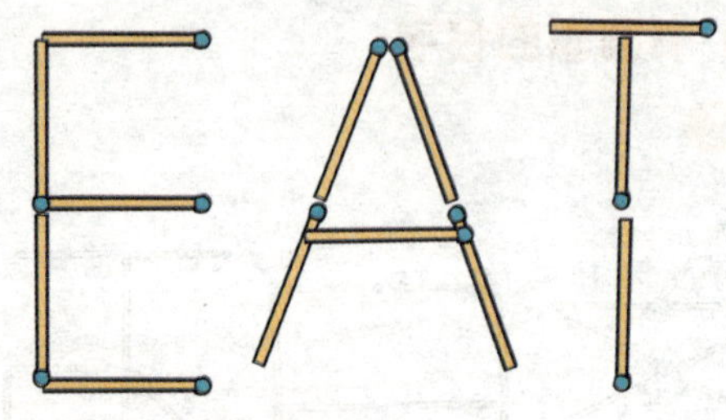

028 HOTEL的改变

答案

NOVEL

029 趣味测试

答案

030 摆出最多的正方形

答案

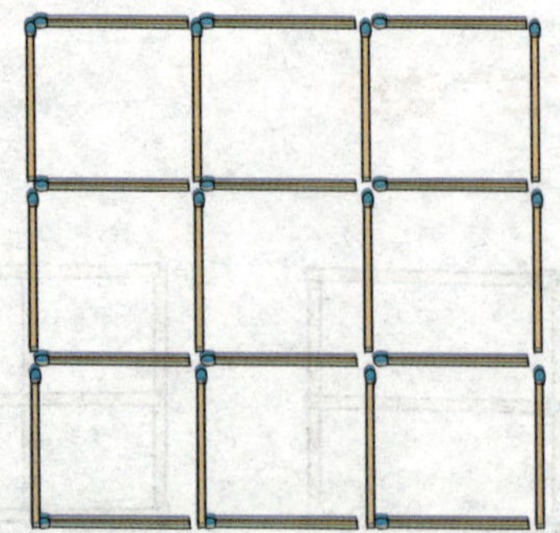

031 拿掉2根火柴棍

答案 拿掉两根火柴棍后，“田”字可以变成口、王、山。

032 分田组字

答案 可以组成的字有：古、右、占、石、尺、已、中、卫、囚、贝、击、生、只、圭、任、全、丰、毛、旧、庄、手、仙、冉、刃、住等等

033 “儿子”引出的矛盾

答案

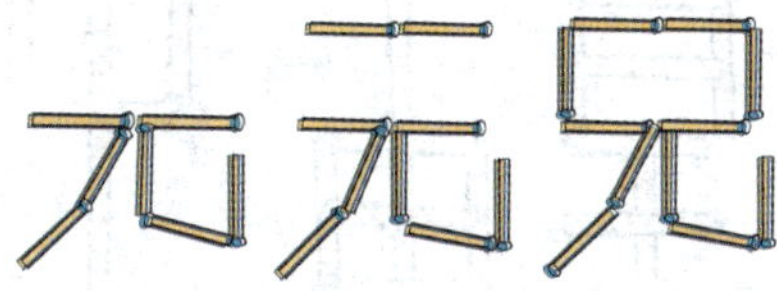

034 多变的“亚”字

答案 添加1根、2根、3根、4根、5根和6根火柴棍后，“亚”字会变成：

035 变化的字母“A”

答案

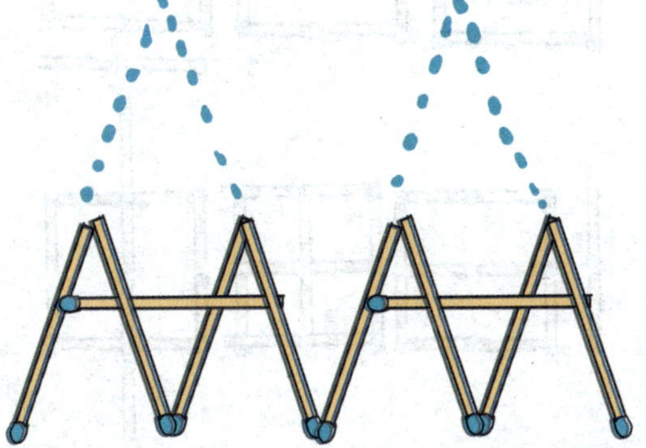

036 盯着看的电影

答案

037 火柴变身英文字母

答案 在第二根火柴棍和第三根火柴棍之间加1根火柴棍的话，这4根火柴棍就会组成一个“in”。你是这么做的吗？

038 今天你“热”了吗

答案

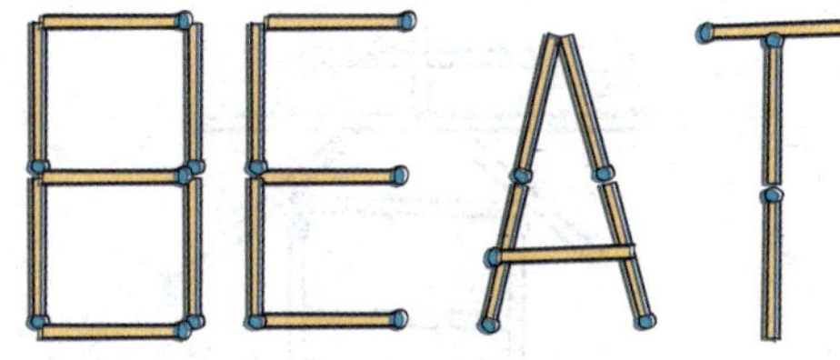

039 一较“高”低吧

答案

040 趣连唐诗

答案 其实，这个游戏很简单，你只要知道这首唐诗的内容，很快就可以完成任务的。

送朱大入秦　孟浩然（唐）
游人五陵去，宝剑值千金。
分手脱相赠，平生一片心。

041 再连唐诗

答案

剑客　贾岛（唐）

十年磨一剑，
霜刃未曾试。
今日把示君，
谁有不平事。

042 “回”字的变化

答案

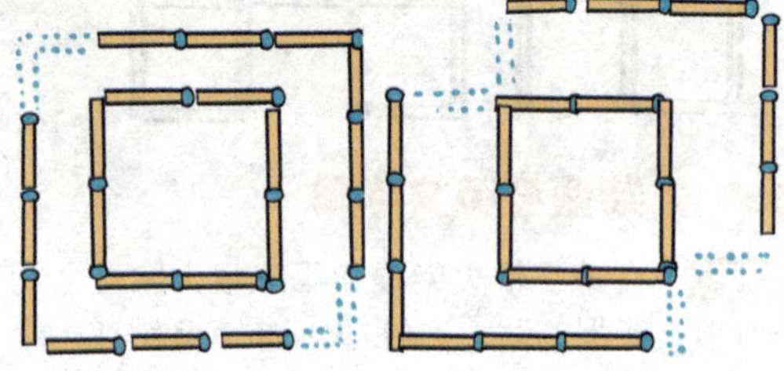

043 青春

答案

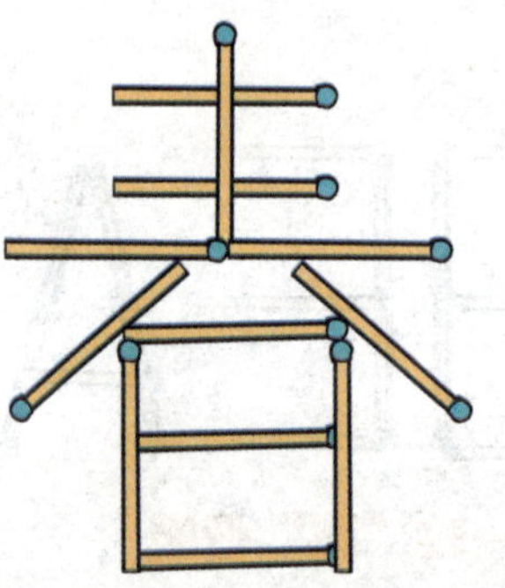

044 负变右

答案

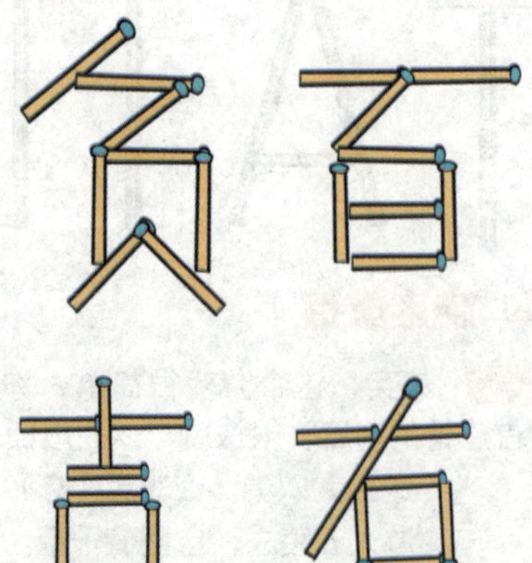

045 吉变中

答案

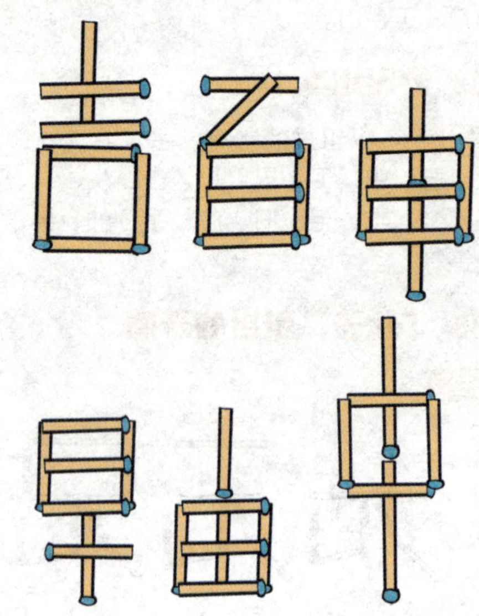

046 向变中

答案

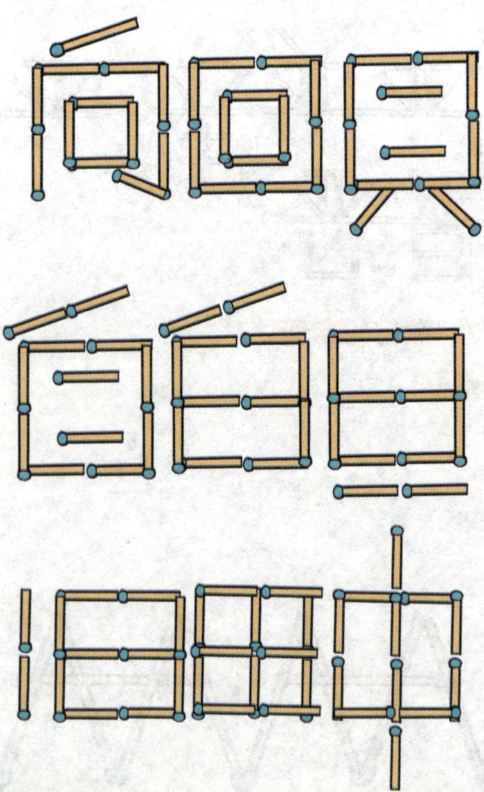

047 “三”的超级变化（一）

答案

048 “三”的超级变化（二）

答案

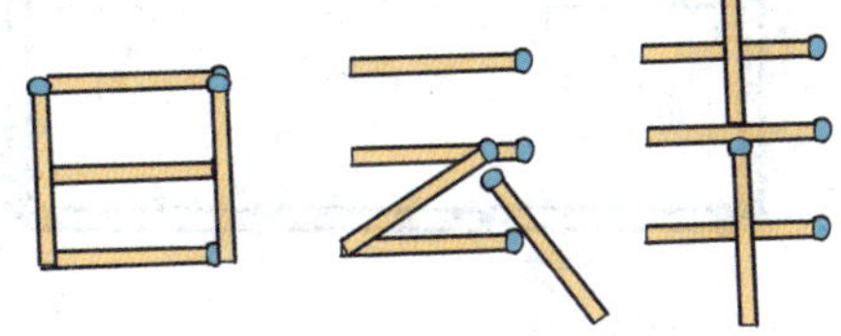

049 “三”的超级变化（三）

答案

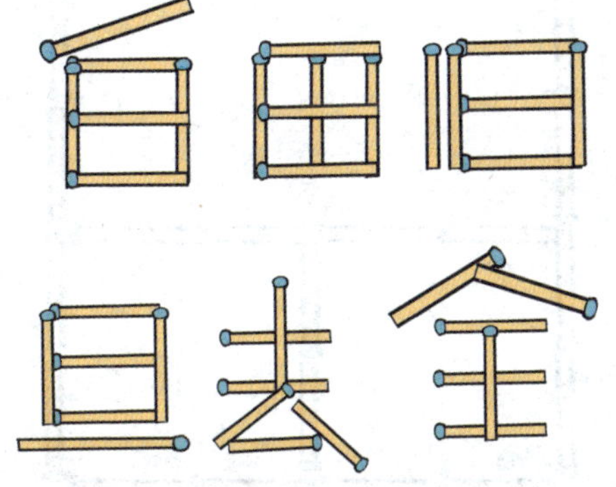

050 趣变“日”字

答案

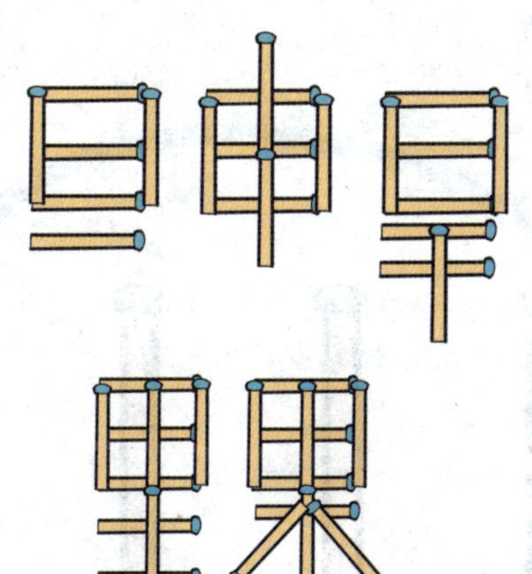

051 一直添加（一）

答案

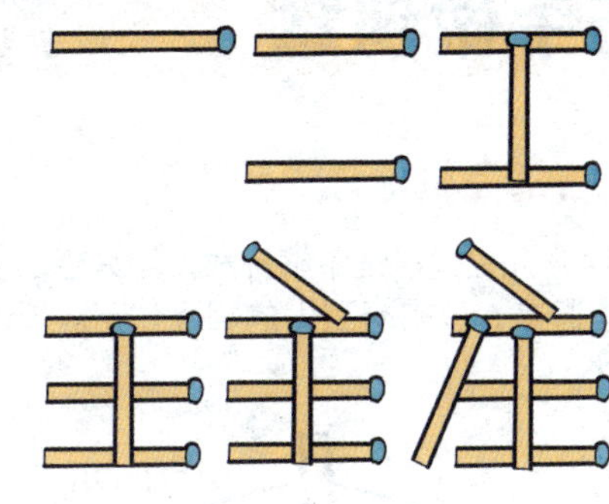

052 一直添加（二）

答案

053 趣变元旦

答案

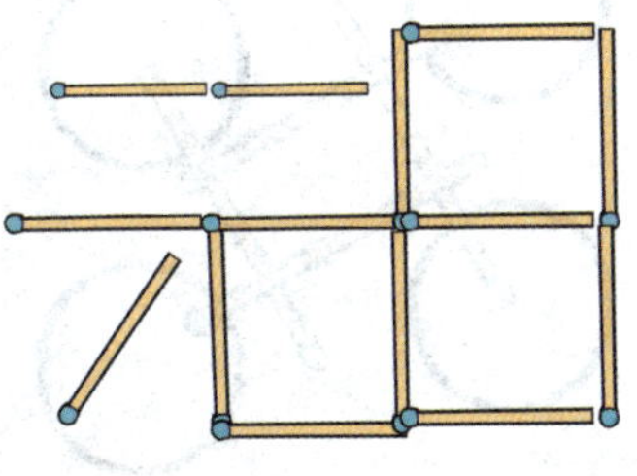

054 “S”变“U”

答案

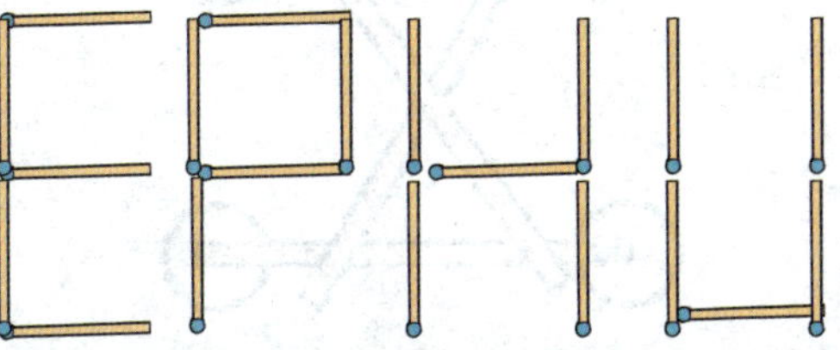

第五章 巧手做创意

001 巧搭飞机

答案 巧儿只是思维不够开放，她只想到要把火柴连起来，没有想到力的相互作用。所以没有成功。

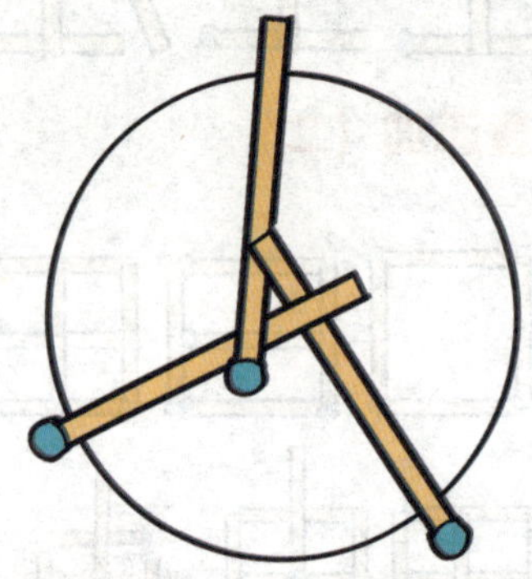

002 杯上搭桥

答案 将4根火柴棍交错变成井字，将其另一端搭在杯口上，见图（1）和图（2）。

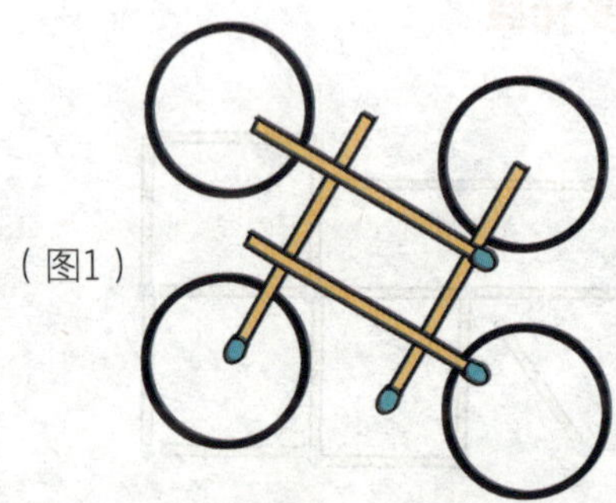

（图1）

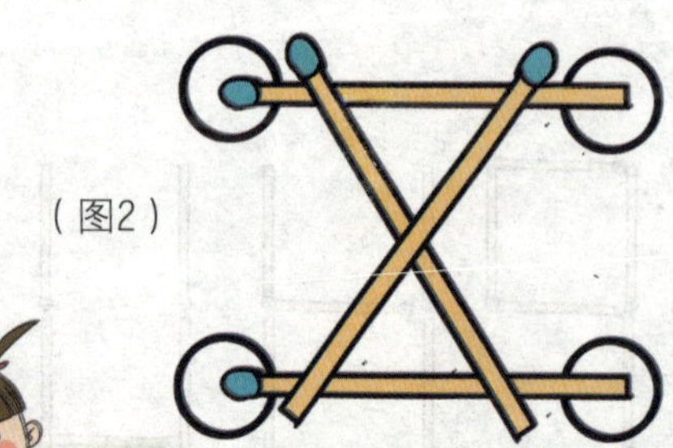

（图2）

003 未来的魔法师

答案

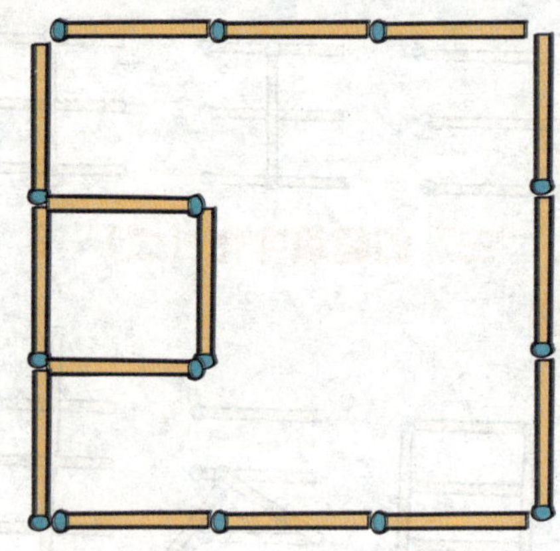

004 图形变换

答案

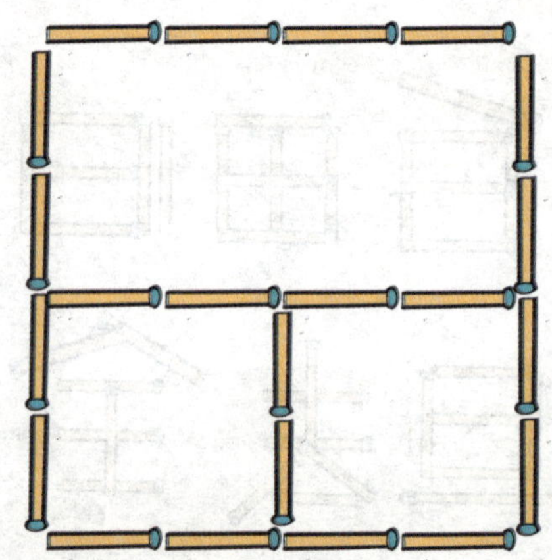

005 拆“川”字

答案

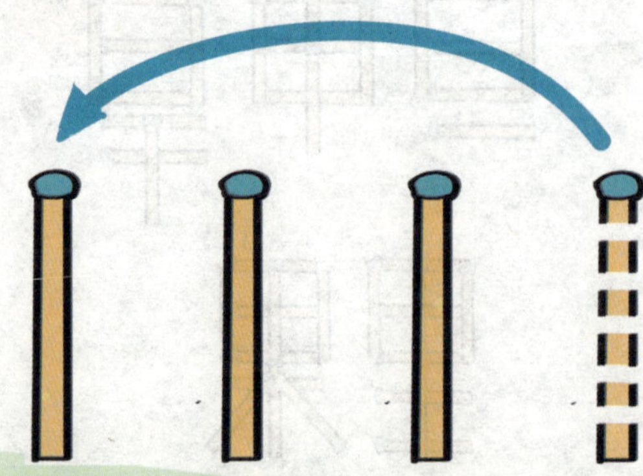

006 3种火柴棍

答案 听着问题很复杂，其实非常简单，不要被2，4，10锁困惑就可以了。

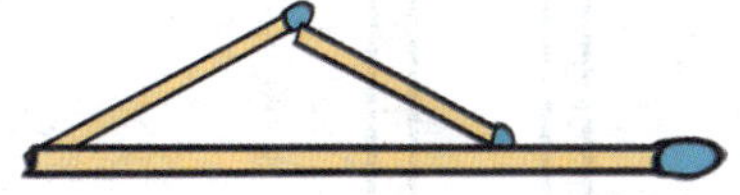

007 抽火柴棍

答案 点燃上面的两根火柴，在没完全燃烧之前熄灭。这样，上面的两根火柴就会连接在一起了。即使拿走下面的火柴，它们也不会分开。

008 3根火柴棍

答案 将一根火柴在1/4处折断，再按照下图方法摆放即可。（边长比为3：4：5的为直角三角形）。

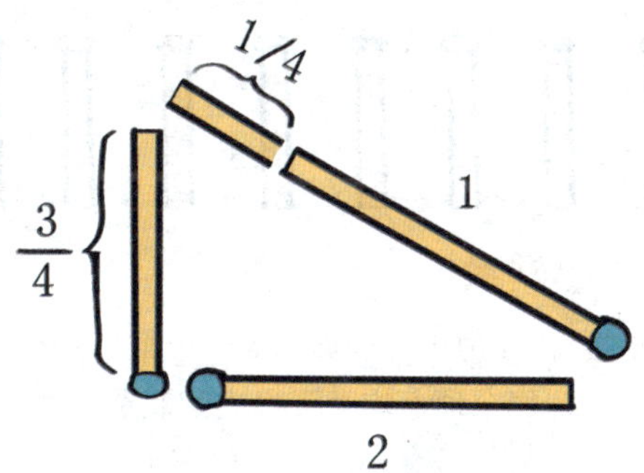

009 你中有我

答案 将图中一根火柴棍折断后可摆成下图，图中含有10个三角形和3个正方形，你找到了么?

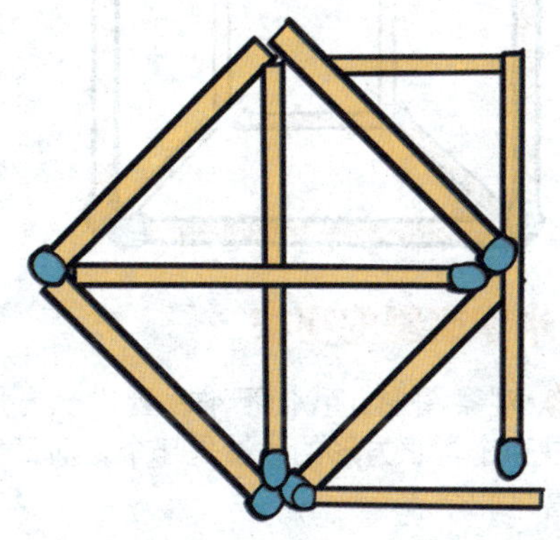

010 4个直角

答案 答案不唯一，见下图。还有很多其他答案，聪明的小朋友们自己想想吧！

011 3个立方体

答案 见下图，可与原图对照。

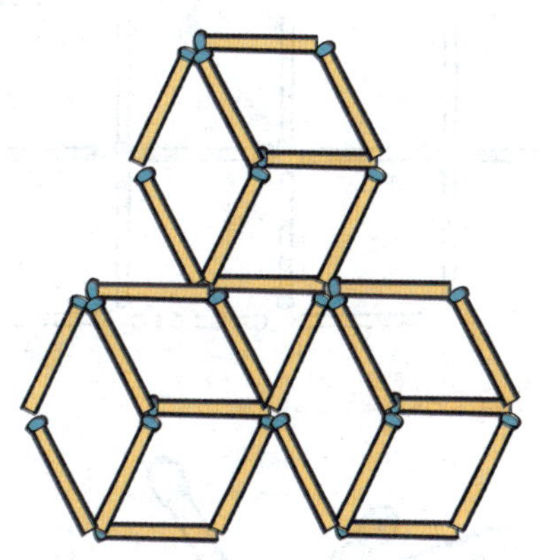

012 分分小马蹄

答案 原来两根火柴棍就可以做到切分这个小马蹄成5块，仔细数数，巧儿分的对不对?

013 小小五边形

答案 同学们仔细看看是不是5条边都与这条直线相交了呢？

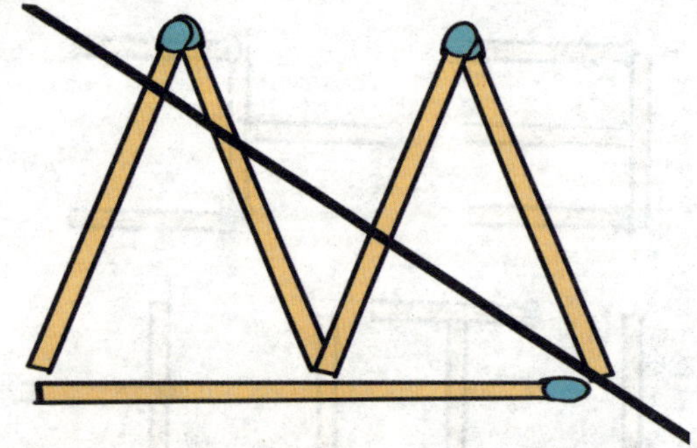

014 留下的正方形

答案

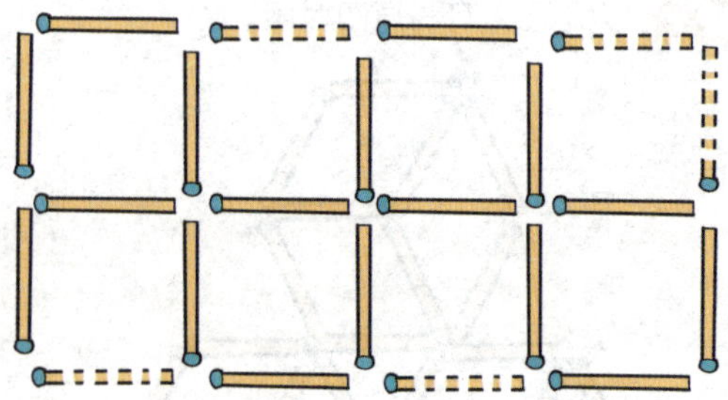

015 提火柴棍

答案

016 又对又错

答案 从算式的角度出发，很明显，这是一个错误的算式。但是，如果从拼成算式的火柴棍数量上出发，则是8根火柴-1根火柴=5根火柴-4根火柴。因此，这个算式是又对又错的。

017 变为1

答案

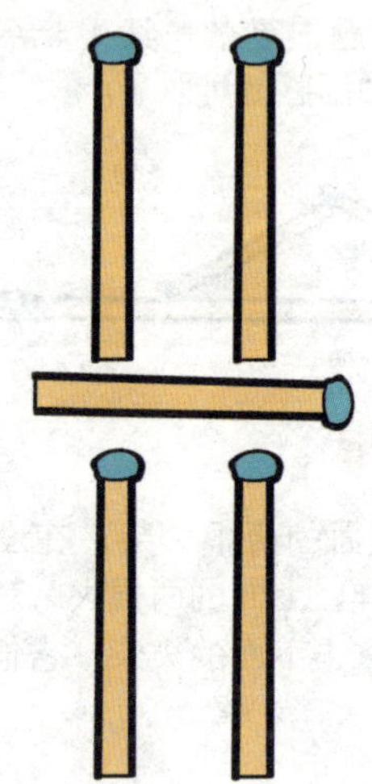

018 4色火柴棍

答案 答案就在这里，小朋友们对照一下是不是符合妈妈的要求呢？

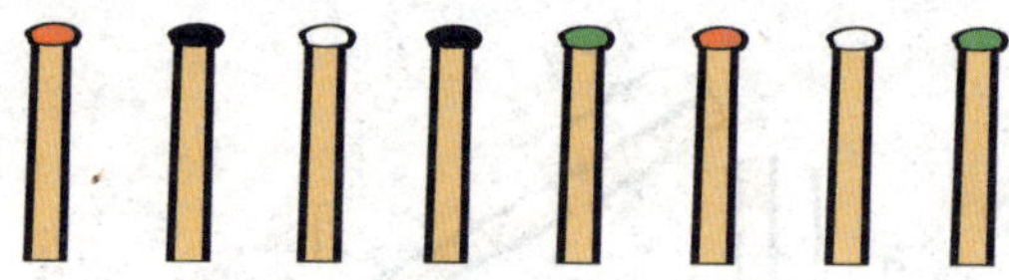

019 小聚会

答案 用16根火柴摆成下面得图形，图中有8个顶点，每个顶点均有三根火柴汇聚，大家看看是不是啊？

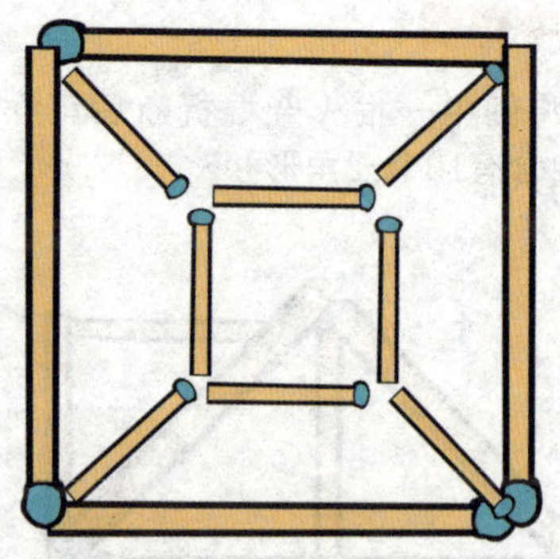

020 米字旗里的秘密

答案 观察图形，我们不难发现，长方形的数量是34个，正方形的数量是15个，而三角形的数量是42个。

021 没有正方形

答案 至少要拿掉10根火柴棍噢。下图就是拿掉火柴棍之后出现的图案：

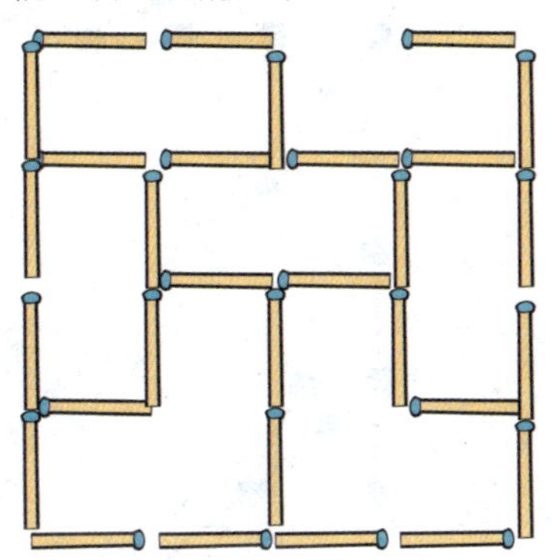

022 3变7

答案

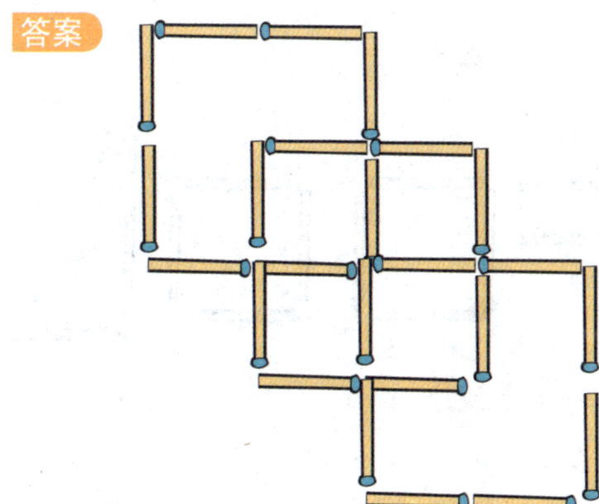

023 巧迎国庆

答案

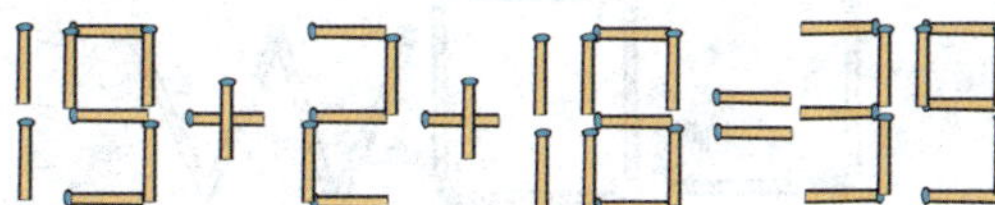

024 最奇怪的火柴棍游戏

答案 其实，这个游戏不是让你拼字，而是拼出一个人在船上的图形，如下图所示。

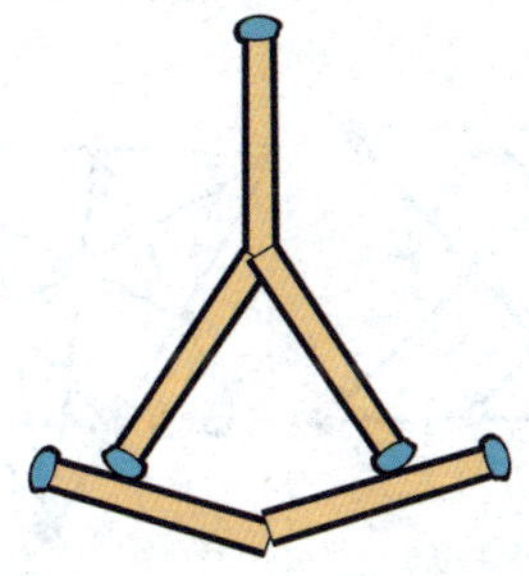

025 巧搭地名

答案

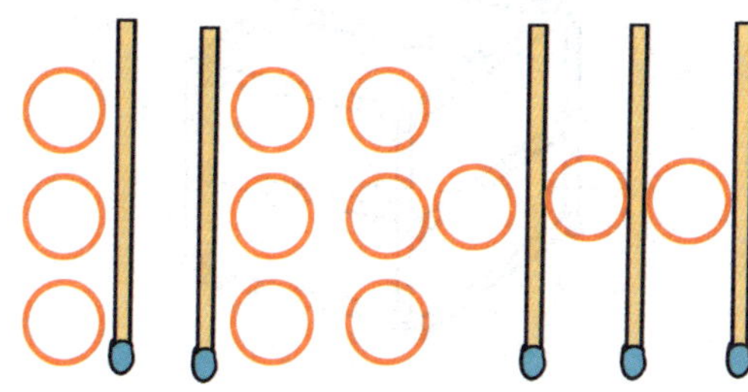

026 搭梯形

答案

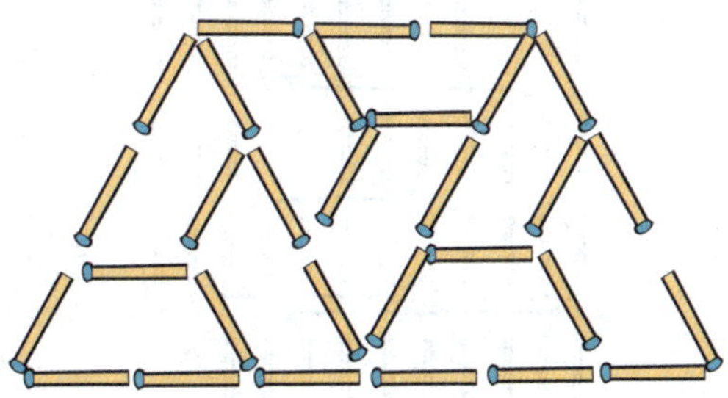

027 搭菱形

答案

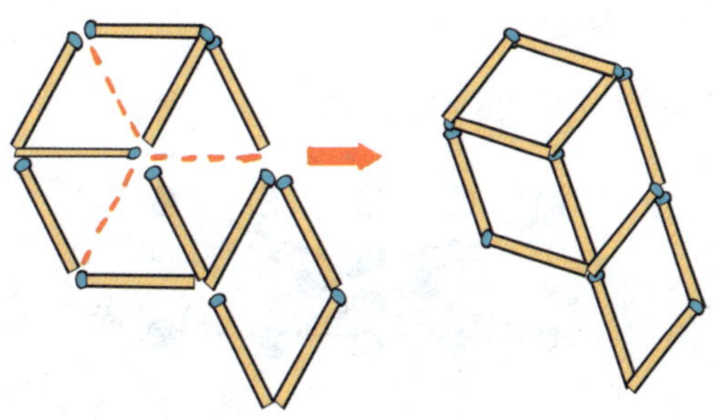

028 搭正方形

答案

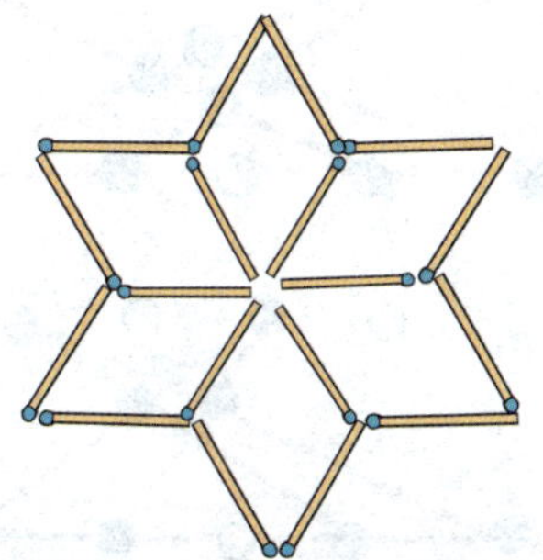

029 搭平行四边形

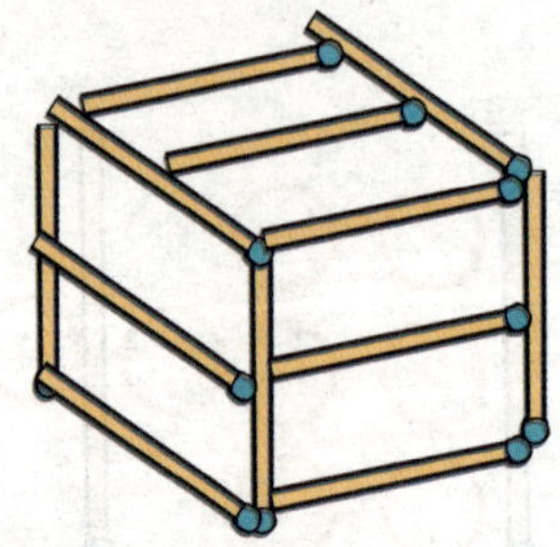

030 翻跟头的火柴棍

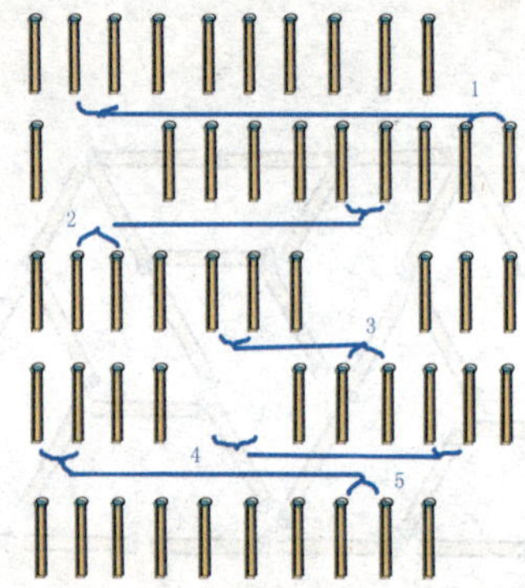

031 火柴棍的移魂大法

答案 最后一共要移动24次。

032 插火柴

答案 火柴棍的移动方式可不止一种。

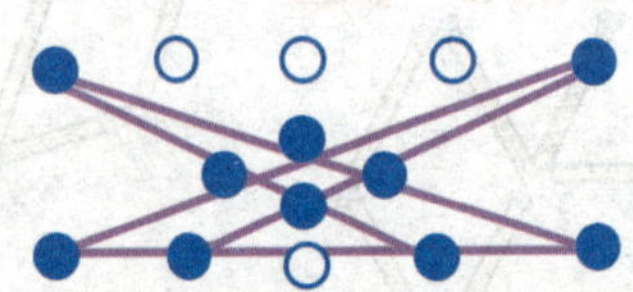

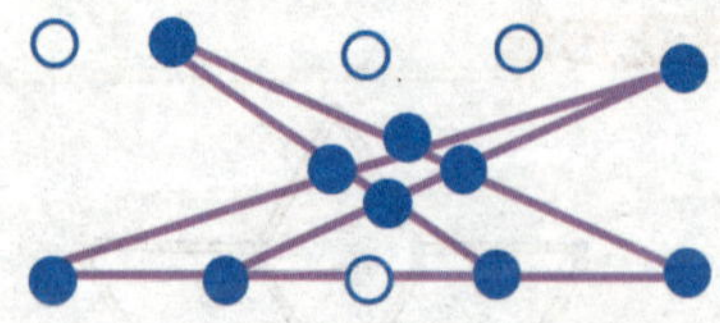

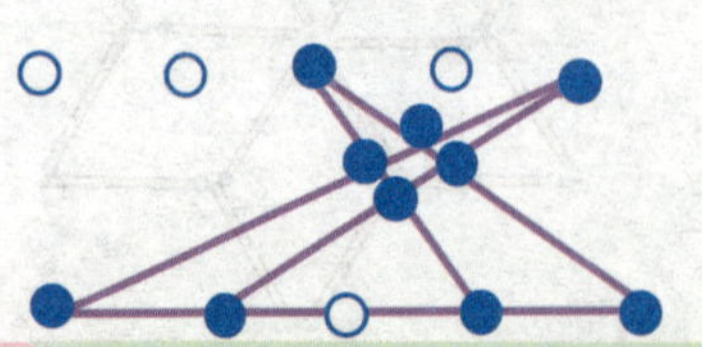

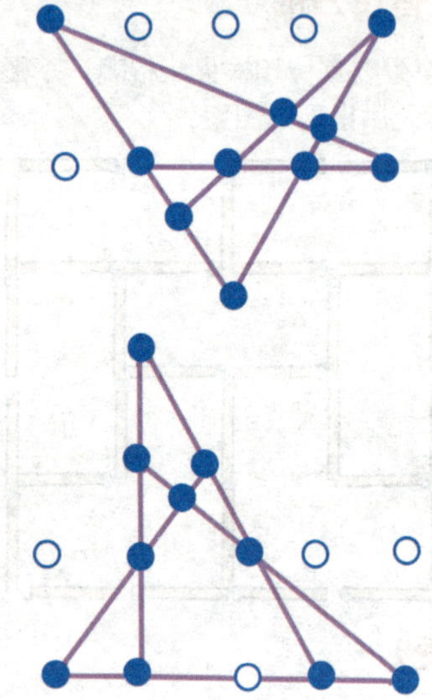

033 变化的脚

答案

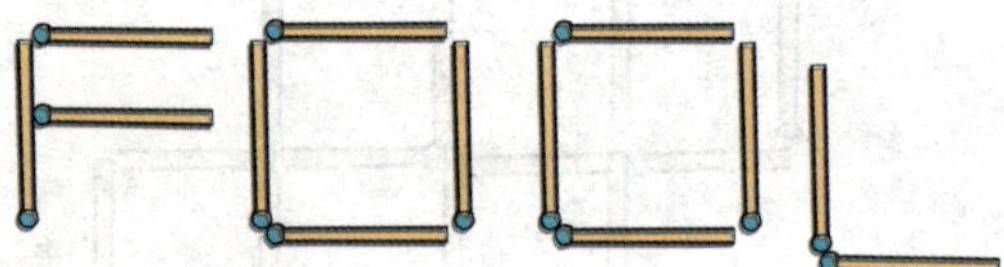

034 狐狸变形记

答案

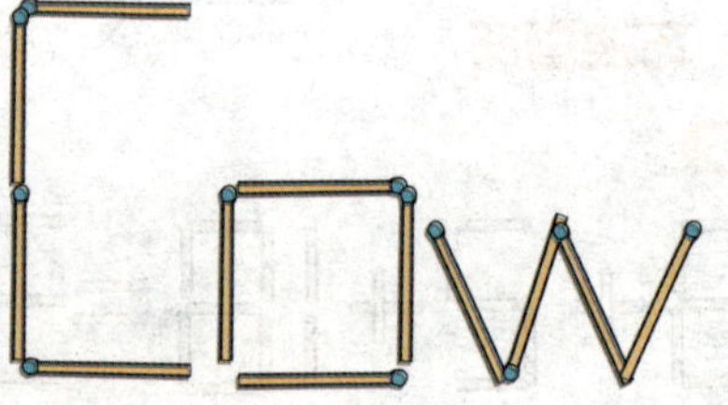

035 六角星的变化

答案

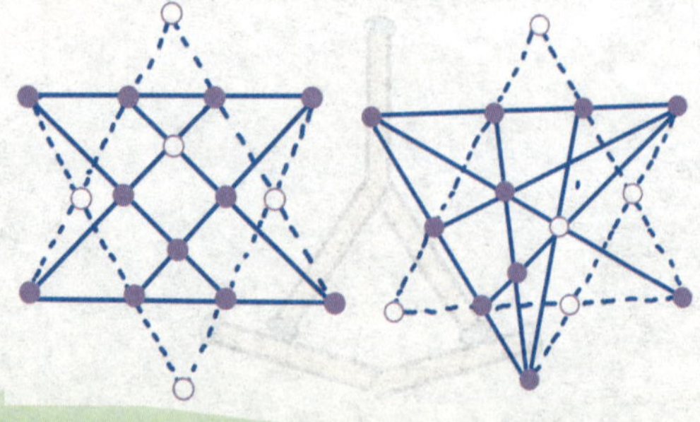

036 用得少，搭得好

答案 13根火柴棍：　　12根火柴棍：

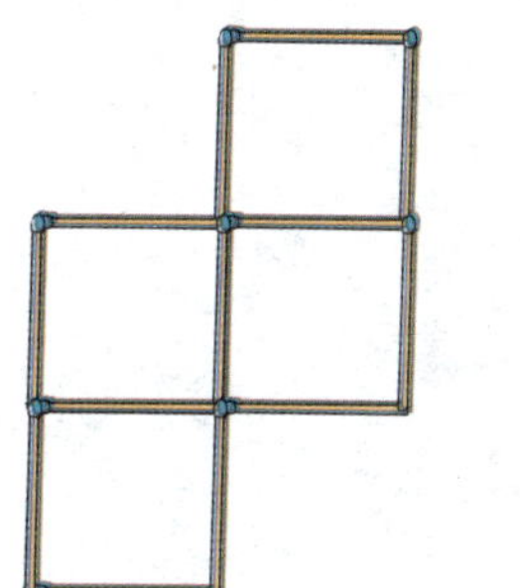

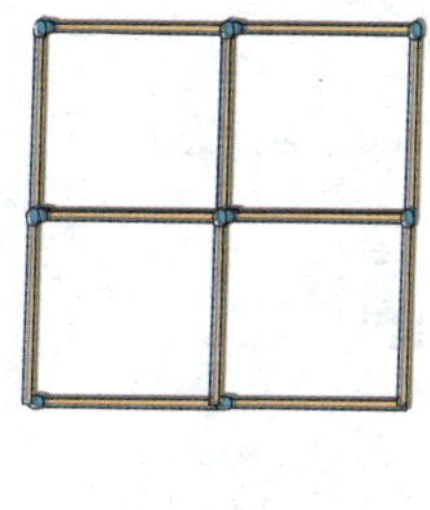

14根火柴棍：

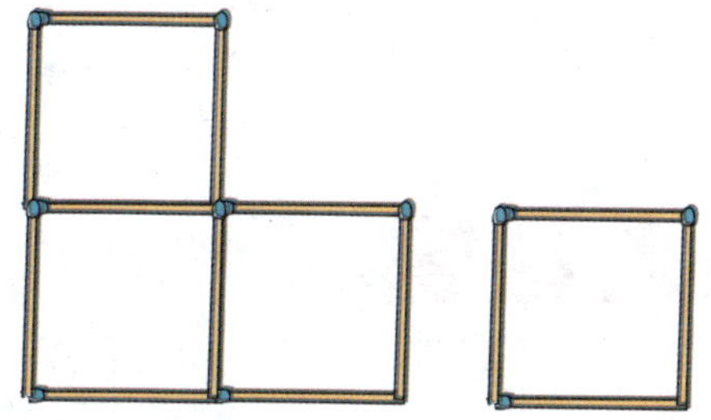

15根火柴棍：

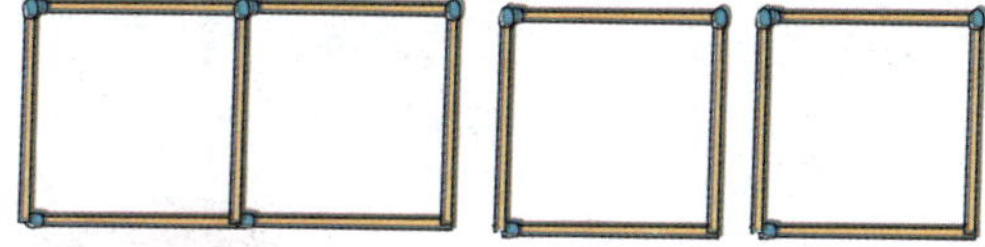

037 成双成对

答案 把第一根火柴棍移到第四根火柴棍附近，第三根移到第七根火柴棍附近，第五根移到第九根火柴棍附近，第二根移到第八根火柴棍附近，第六根移到第十根火柴棍附近。

038 房子变窗子

答案

039 火车掉头

答案

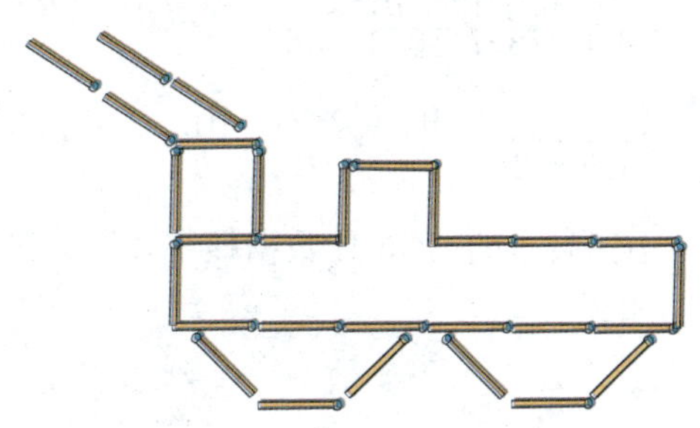

040 换年份

答案

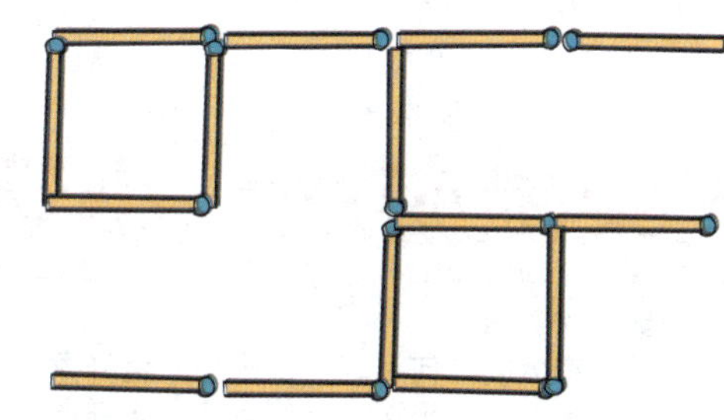

041 8根火柴棍的用法

答案

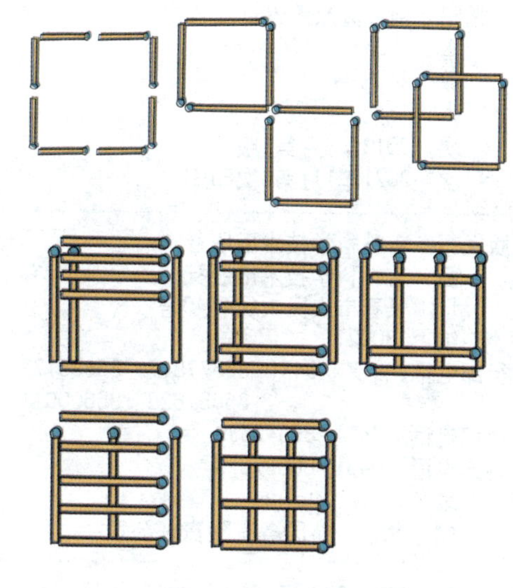

图书在版编目（CIP）数据

火柴棍游戏：小玩意大智慧 / 李文勇主编. -- 长春：吉林科学技术出版社，2013.3（2021.1重印）
ISBN 978-7-5384-6562-4

Ⅰ. ①火… Ⅱ. ①李… Ⅲ. ①智力游戏—少年读物
Ⅳ. ①G898.2

中国版本图书馆CIP数据核字(2013)第037611号

火柴棍游戏：小玩意大智慧

主　　编　李文勇
编　　委　李冰凌　何利轩　何国松　孟祥龙　刘玲玲　余景玲　王玉玺
　　　　　崔振明　杨深桃　闫哲美　宋彩丽　王浩然　郝先田
出 版 人　李　梁
选题策划　李文博
责任编辑　高小禹　李文博
封面设计　南关区涂图设计工作室
技术插图　南关区涂图设计工作室
开　　本　710mm×1000mm　1/16
字　　数　240千字
印　　张　13
版　　次　2013年8月第1版
印　　次　2021年1月第2次印刷

出版发行　吉林科学技术出版社
实　　名　吉林科学技术出版社
社　　址　长春市人民大街4646号
邮　　编　130021
发行部电话/传真　0431-85677817　85635177　85651759
　　　　　　　　　85651628　85600611　85670016
编辑部电话　0431-85642539
邮购部电话　0431-86037579
网　　址　www.jlstp.net
印　　刷　北京一鑫印务有限责任公司

书　　号　ISBN 978-7-5384-6562-4
定　　价　39.00元